LES
DERNIERS
MANANTS

LES
DERNIERS
MANANTS

Collection « Arpenteurs de mémoire »

Camille MAIRE
Lettres d'Amérique
Des émigrants d'Alsace et de Lorraine écrivent au pays
 (1802-1892)
1991, 100 pages

© Editions Serpenoise
B.P. 89
57014 Metz Cedex

ISBN 2-87692-104-9

Lucien BORGER

LES DERNIERS MANANTS

Editions Serpenoise

AVANT-PROPOS

Les gens simples n'ont pas d'histoire. Ils survivent quelque temps dans la mémoire de leurs proches, puis sombrent dans l'oubli.

Et pourtant chacun, à sa manière et selon ses moyens, a apporté sa modeste contribution à l'œuvre commune. C'est à eux que j'entends d'abord rendre hommage.

Je vous invite à me suivre dans nos petits villages des bords de la Nied, semblables à tant d'autres en Lorraine. Les hommes et les femmes y étaient durs à la tâche ; ils travaillaient une terre souvent ingrate, mais à laquelle ils étaient passionnément attachés. Leur univers immuable y avait des contours bien définis : l'Eglise dictait sa morale, le Maître représentait le savoir, la tradition imposait les règles de conduite.

Ballottées au gré des guerres et des traités entre deux nations rivales, les populations de nos villages des Marches de Lorraine étaient imprégnées de culture germanique, mais profondément attachées à la France.

Nous sommes leurs héritiers.

Mais l'accélération foudroyante du progrès a précipité les mutations et provoqué un bouleversement total des structures. C'est la fin d'une époque. Celle des « manants »...

L.B.

REMERCIEMENTS

Ils s'adressent :

- aux anciens du village qui ont fouillé dans leurs souvenirs pour évoquer le passé de leurs jeunes années ;
- à Céline, mon épouse, qui m'a encouragé, apporté son assistance par des conseils judicieux et assuré le travail matériel de dactylographie.

A tous, ma gratitude.

UNE FAMILLE PARMI D'AUTRES

Le Jean et la Lisa
Premières années
Tendres souvenirs
Travaux domestiques
Retour au bercail
Changement de décor
La demi-douzaine au complet
Un village au Pays de Nied

LE JEAN ET LA LISA

Il s'appellera Jean.

Ainsi en avait décidé la Rocke Bibi lorsque naquit son premier fils le 15 août 1889. Elle avait la fibre patriotique tenace, ma grand-mère. C'était sa façon à elle, au travers du choix de ce prénom francophone, de protester officieusement contre l'annexion allemande et d'afficher publiquement son attachement à la France. Est-il besoin de préciser que les équivalents de Jean ne manquaient pas dans notre patois germanique? Johan, Johannes, Hannes, Hänschen, Gehannessé, etc. Dans cette panoplie de dérivés patronnée par Jean le Baptiste et Jean l'Evangéliste, il y avait l'embarras du choix.

Non, c'était Jean; ça sonnait français, elle n'en démordrait pas.

Pour les gens du village, ce fut, à la sortie de son adolescence, le Boria Jean, car la coutume faisait précéder le prénom du patronyme qui fut massacré en la circonstance par les caprices du francique[1].

Mais ce prénom monosyllabique, à consonance latine, donna bien du fil à retordre aux cordes vocales germanisées de la Lisa, incapable de maîtriser la diphtongue française. Alors, elle le dépouilla de ses artifices orthographiques, avala allègrement deux lettres et le prononça «Ja» tout simplement. Notre Jean ainsi simplifié ne trouva pas ce changement d'état civil très heureux. Et, avec sa pointe d'ironie habituelle, il fit remarquer à sa Lisa qu'elle ne serait sans doute jamais polyglotte, et qu'elle aurait probablement bien du mal à maîtriser tant soit peu la nouvelle langue officielle d'une Lorraine redevenue française entre temps. La Lisa, vexée, lui retourna le compliment.

L'avenir leur donna raison à tous les deux.

Les événements n'allaient accorder que peu de temps au Jean pour courti-

---

1. Patois des Pays de Nied qu'on appelle de nos jours le francique.

ser la Lisa. En revanche, la conjoncture lui laissa tout le loisir de mûrir longuement son projet. Celui-ci avait pris naissance durant la courte période qui se situait entre son retour au foyer après un service militaire de trois ans et son rappel sous les drapeaux pour aller défendre le *Vaterland* durant la guerre de 1914-1918.

De l'avis unanime, la Lisa était une belle femme, grande et mince, convoitée soi-disant par beaucoup de «drôles» qui admiraient son allure décidée et la fraîcheur de son teint.

«C'était une belle plante vigoureuse et saine», disait l'un de ses soupirants probables de jadis, résumant ainsi ce qu'on attendait en priorité d'une future épouse de l'époque: la force et le courage indispensables aux tâches pénibles qu'avait à assumer une mère de famille vouée aux travaux multiples du ménage et des champs, et une hérédité sans taches qui était une assurance pour la postérité. On pouvait faire confiance aux caciques de village qui radiographiaient les arbres généalogiques. Dans la famille de la Lisa, on ne trouvait nulle trace de ces tares congénitales qu'on redoutait tant pour la progéniture.

Le 19 mai 1919, le Jean, pressé, épousa la Lisa consentante et la mit à l'épreuve. Neuf mois après, jour pour jour, allait naître le premier mouflet de la famille.

Le parcours de Jean fut celui d'un homme juste et généreux, d'un ouvrier méthodique et consciencieux, d'un père tolérant et respecté.

Son passage à l'école primaire y laissa le souvenir d'un élève studieux, éternel second derrière l'un de ses camarades, le Kieffer Nicolas, futur maire de la localité. L'ambitieuse Rocke Bibi ne concevait point cette situation comme définitive et priait pour que le rapport de force s'inversât lors de classements ultérieurs. N'avait-elle pas été première de sa classe? Dieu merci qui lui avait fourni l'occasion de fréquenter l'école française au début de sa scolarité. L'annexion allemande de 1871 interrompit cette mémorable expérience au bout de deux ans et demi; elle en conserva un souvenir ému. Elle était toute fière de son menu bagage de culture française amassé en ce temps-là.

Quant au Jean, second ou premier, il savait qu'à l'âge de quatorze ans – treize pour les filles – sonnerait pour lui la fin de la scolarité et qu'il n'échapperait pas au destin qui était celui du fils aîné de la famille; il retrousserait les manches et... au boulot!

Travailleur saisonnier, bûcheron à l'occasion, il était cocher chez un docteur de la petite ville voisine lorsqu'il fut embauché à la *Lothringer Walzen-*

giesserei von Busendorf en 1907, à l'âge de 18 ans, en qualité de formeur. Cette société, dont le siège social était à Siegen, en Westphalie, avait débuté la construction de son usine en 1901 à l'emplacement de l'actuelle Guirling et fabriquait d'énormes laminoirs.

Dans nos campagnes, on allait ainsi sauter de plain-pied dans le début de l'ère industrielle. La création de plus de trois cents emplois, c'était une merveilleuse aubaine pour nos villages du terroir où s'ébauchait dès lors une lente mutation conduisant vers une timide évolution des mentalités et des modes de vie.

Et voilà qu'un jour de l'an 1910, le Jean se trouve conscrit, un peu honteux d'être nu comme un ver de terre dans une frileuse colonne de bétail humain qui défilait devant un aréopage d'officiers galonnés et hautains, de toubibs épluchant sommairement les anatomies et de maires de la circonscription étonnés, se demandant pourquoi ils étaient là. Il fut reconnu bon pour le service armé, happé sur le perron de la mairie de Bouzonville par des marchands rapaces qui épinglaient des rubans multicolores et des colifichets en pagaille aux héros du jour consentants, participa à la collecte faite au village et prit ce jour-là une cuite mémorable comme tous ses pareils.

Et c'est ainsi que le Jean fut incorporé pour son service militaire le 29 septembre 1910 à Wilhelmshaven, dans la *Kriegsmarine*. Sur leur navire, les jeunes recrues sans qualification étaient affectées aux tâches les plus subalternes. Jean, à fond de cale, était chauffeur et enfournait à pleines pelletées le charbon dans la gueule brûlante d'une chaudière vorace. La chaleur étouffante de la chaufferie, le bruit assourdissant de la salle des machines, la sueur et la poussière, c'était l'enfer quotidien des soutiers durant leur quart.

Ce n'était pas payer d'un prix excessif la découverte d'horizons nouveaux, de ports méditerranéens ensoleillés dans cet Orient insolite aux villes grouillantes, colorées, nauséabondes qui harcelaient l'étranger de leurs sollicitations mercantiles. Dans des campagnes lumineuses et arides poussaient, comme par miracle, l'olivier, le citronnier, l'oranger. C'était pour notre déraciné un total dépaysement en même temps qu'un perpétuel émerveillement.

Il découvrait dans ces pays fascinants une civilisation dont les minarets et les muezzins chantaient un autre dieu. Les gens s'y emmitouflaient pour se protéger de la chaleur, les femmes n'avaient point de visage, les gosses naissaient cireurs et les hommes barbus et placides, sur leurs petits ânes dociles et fatalistes, poursuivaient Dieu sait quel rêve ancestral sous leur chéchia colorée. Au hasard d'une escale à Port-Saïd, il fut outré de voir des colonnes de femmes transportant sur leur tête, depuis le quai jusqu'aux soutes, le charbon dans leurs paniers de raphia.

Libéré le 1er octobre 1913, le Jean revint au pays, riche de souvenirs et d'expériences. Il ramenait aussi dans ses bagages ces babioles que rapporte tout voyageur pour concrétiser son passage en terre étrangère. Plus tard, ces bibelots trôneront sur le *Wertikof* familial, en dessous de la gravure du fier croiseur *Berlin* puis disparaîtront dans la tourmente de l'évacuation en 1939.

Il ne disposa que de quelques mois, le Jean, pour ébaucher une idylle avec la Lisa. Le 2 août 1914, il fut incorporé dans le service armé à Wilhelmshaven, pour la durée de la guerre.

De marin il passait aérostier, des soutes il remontait vers les hangars de dirigeables. A cette altitude il n'était exposé ni au mal de l'air ni aux tentations de finir en héros glorieux. Comme tous ses compatriotes, il n'avait pas envisagé le sacrifice suprême pour un *Vaterland* imposé.

Faut-il rappeler que quarante-cinq années d'annexion n'avaient point entamé le culte de la fidélité à la France, transmis à la génération qui n'avait point connu les événements de 1870 ? Chaque revers subi par les armées allemandes s'accompagnait d'une exhortation à l'espérance. L'Alsace-Lorraine, Terre d'Empire *(Reichsland)*, avait résisté à toutes les tentatives de germanisation et les «Prussiens» avaient été incapables de gagner les cœurs de ses habitants.

Le deuxième classe Jean fut tout surpris de se trouver dans une unité non combattante, loin du front, ce qui le classait, à son corps défendant, parmi les planqués de cette guerre atroce qui «approvisionnait» tragiquement les listes des disparus dans tous nos villages. Il prenait part, à son niveau, aux manœuvres de départ des zeppelins, à celle de leur problématique retour aussi, car ces grandes saucisses, impotentes au sol, maladroites et vulnérables dans les airs, partaient pour de périlleuses missions d'observation et de recherche du renseignement. La modeste participation du Jean à l'effort de guerre allemand laissait à la Lisa de sérieuses chances de revoir son soupirant vivant.

Elle avait 23 ans à la fin des hostilités ; c'était une ménagère aguerrie. Depuis l'âge de 15 ans, elle menait la barque en qualité d'aînée dans la maison du père Ory, remplaçant sa mère, morte en couches. Elle assumait ses responsabilités avec un courage éprouvé, gérant la pénurie, supprimant tout superflu et faisant des prodiges pour réaliser quelques petites économies afin de payer comptant ce qui s'achetait hors du cercle d'autoproduction.

La Lisa n'apporta aucune dot dans sa corbeille de mariage. La Rocke Bibi le déplora sans doute en secret. Quelques lopins de terre, susceptibles d'étoffer le patrimoine familial, auraient certes consolidé avantageusement la bonne opinion qu'elle avait de sa future bru. Mais elle ne dit rien, sachant le Jean peu disposé à écouter des conseils maternels bassement intéressés.

— A son âge, il doit savoir ce qu'il a à faire, disait-elle, résignée.

Il paraît que le mariage organisé par la Rocke Bibi fut cependant une totale réussite.

PREMIÈRES ANNÉES

Toute naissance est une délivrance et la mienne n'échappa pas à cette règle, d'autant que le nouveau-né qui vint au monde ce 19 février 1920, à 19 heures, était un bébé d'une anormale grosseur. Son poids ne fut pas enregistré à l'état civil, mais très vite la rumeur publique amplifia la réalité et «la chose» accumulait des grammes supplémentaires au cours de chaque bouche à oreille. Décidément, je ne faisais pas partie de ces beaux bébés devant lesquels tout le monde s'extasie plus ou moins hypocritement au-dessus des berceaux!

Durant mes premières années, je me résumais à une grosse tête ronde sur un corps trapu supporté difficilement par des jambes arquées. Je manquais visiblement de classe, à tel point que ma mère, un peu honteuse, faillit un jour renier publiquement sa progéniture. Ce jour-là, maman était au lavoir lorsqu'elle fut abordée par une de ses amies de retour au pays.

– Mon dieu, mais c'est la Lisa! Tu n'as vraiment pas changé.
– C'est'y bien toi, la Marie? Te voilà donc revenue au pays! Que de souvenirs communs à évoquer après une si longue absence!

Je rôdais par là, flairant l'étrangère parfumée.
– A qui est ce gosse?
La Lisa bredouilla une réponse inintelligible.
– Quelle santé! Il est superbe, ce gamin.

La magie des mots rétablit sur-le-champ la filiation. Fallait-il que la belle étrangère possédât un gringalet maigrichon pour s'extasier ainsi sur mon solide portrait!

Ce ne fut que bien plus tard, lorsque mes coordonnées naturelles se normalisèrent pour s'harmoniser aux espérances de ma mère, que celle-ci me conta cette histoire en riant de bon cœur.

Pour un jeune couple, le problème crucial était déjà, à cette époque, celui du logement. Faute de ressources suffisantes, le village s'était figé dans son immobilisme et pendant des décennies il se trouva condamné à végéter comme si l'on avait décidé une fois pour toutes que sa croissance était définitivement achevée.

Aussi était-il courant de voir trois générations cohabiter harmonieusement sous le même toit. La terre était une maîtresse exigeante qui demandait des bras nombreux pour la satisfaire. Les travaux accessoires : le ménage, la garde et l'éducation des petits-enfants, les repas, autant de tâches dévolues aux « vieux » qui trouvaient là des occasions multiples de se rendre utiles sinon indispensables.

L'attachement de nos gens à la glèbe était une profonde réalité et l'amour de la terre avait des racines si profondes qu'on ne concevait point de s'en séparer ; morceler le domaine familial devenait alors un véritable déchirement. On comprend alors pourquoi tant de frères et de sœurs restaient célibataires, vivant en communauté sous le toit paternel pour continuer ensemble l'exploitation familiale. Dans le contexte de l'époque, les deux formes de cohabitation étaient ainsi des solutions courantes et commodes pour résoudre la crise du logement.

Le Jean s'assura un toit provisoire en louant au Kläsen Anda une vieille demeure sise face à l'entrée de l'église. Détruite depuis la dernière guerre, elle comportait une partie exploitation que le propriétaire s'était réservée pour remiser des récoltes et une partie habitation ; c'était une masure relativement délabrée, comme il en existait d'autres au village.

Le jeune ménage subit dès les premiers jours une forme de cohabitation inattendue. Les souris et les rats, venus de la grange et du grenier d'à côté, s'habituaient à des visites nocturnes quotidiennes. Arguant de leur droit de premier occupant, les rongeurs impertinents narguaient les pièges que le Jean disposait aux points de passage supposés. Mais leur connaissance des lieux les rendait inopérants. L'humour proverbial du Jean avait bien du mal à faire admettre à la Lisa que la promiscuité avec ces hôtes indésirables et le délabrement des lieux pussent être compensés par la proximité de l'église et du bon Dieu, ce que la Lisa, fervente catholique, était censée apprécier pleinement. Il prédisait à son épouse que ses amies crèveraient de jalousie le jour où elle enfilerait son manteau de martre pour s'approcher du banc de communion.

C'est qu'entre temps le Jean avait affiné sa technique ; il pourchassait à présent les intrus chez eux, à domicile. Et c'est ainsi qu'il avait attrapé, à sa grande surprise, une martre à robe magnifique, une première, puis une seconde que le vieux Léon, un honorable juif, marchand de bestiaux et de peaux en tous genres, lui avait apprêtées. La Lisa était prise au piège ; elle n'avait plus qu'à prendre son mal en patience et attendre que son Tartarin fanfaron remplisse son contrat.

Sept années comme deuxième classe sous l'uniforme de la marine ne vous renflouent pas une trésorerie défaillante. Dieu soit loué! Notre nouveau couple ne connaissait pas ces folles exigences de la jeunesse actuelle. Après l'indispensable mobilier qui assurait aux trois unités un confort très primitif, l'inventaire des articles de ménage se révéla satisfaisant. Lors du mariage, la générosité des invités avait pourvu à l'essentiel: batterie de cuisine, service de table, couverts, serviettes, etc., le tout à la douzaine. Qui aurait offert un «tête-à-tête», se serait trouvé déconsidéré.

Il fallait, dès à présent, passer aux acquisitions de subsistance. La truie de la Rocke Bibi avait été bien inspirée de mettre à bas en cette période. Elle fournit deux gorets gloutons dont le destin était fixé à l'avance. Dans son clapier, le Patté Ory sélectionna une femelle pleine dont la fécondité était garantie et la livra avec sa cage grillagée. Les tractations avec le Léon durèrent longtemps; une chèvre toute blanche fut probablement troquée, en cette occasion, contre deux peaux de martre. Enfin, près de la cuisinière, bien au chaud, une poule mouchetée, en mal de descendance, essayait, avec quelque inquiétude de déterminer le sexe de ses œufs étalés sous ses ailes. Ainsi était en place la petite troupe disparate des quatre acteurs classiques qui assuraient l'intendance d'une famille de ce temps-là. Indispensables aussi, le jardin attenant à la maison, deux lopins de terre empruntés à la Rocke Bibi et beaucoup d'huile de coude pour mettre le tout en valeur.

Le Jean et la Lisa entraient à présent de plain-pied dans l'existence à deux. Pardon! Déjà à trois, car j'affirmais haut et fort ma personnalité par des braillements nocturnes incessants. Ce furent «des nuits bien agitées», dira plus tard la Lisa.

Le Jean, dès sa démobilisation, fut réembauché à la *Fabrik* comme on l'appelait ici. Celle-ci, tout en poursuivant ses activités antérieures, s'appelait à présent «Delattre et Frouard». Elle aussi avait changé de nationalité sans pour autant changer de philosophie.

Quant au Jean, libéré depuis peu, il était revenu au pays avec des idées toutes neuves. Il aurait refait à sa façon la Révolution de 1789 et renouvelé celle de 1848 si on l'avait écouté. Le salaire qui se réglait en francs au lieu de marks était, à son avis, aussi miteux que du temps des «Prussiens» et la journée de dix heures toujours aussi longue et pénible. De par son mariage, il était devenu ouvrier journalier comme la plupart de ses semblables. C'était, dans nos campagnes, la nouvelle classe sociale depuis la coexistence assez heureuse de l'usine et de la terre. Notre révolutionnaire pacifique prêchait dans le désert car cette situation nouvelle améliorait très sensiblement la condition sociale de nos gens qui n'avaient nulle envie d'épouser ses idées d'avant-garde.

Dès l'instant où il avait épousé la Lisa, ne se trouvait-il pas comblé ? Il possédait une épouse et, en sus, une chèvre, deux cochons, bientôt des lapins et des poules, un jardin et du terrain. La Perette du pot au lait n'en demandait pas davantage. Il fut confronté dès cet instant au choix de son laboureur. Il lui sembla convenable de choisir pour cette fonction le Kläsen Anda, son propriétaire. Mal lui en prit ! Il devenait de ce fait taillable et corvéable à merci.

Le Anda était célibataire. La Anné, sa sœur, tenait son ménage et il avait un domestique du nom de Houbat. Le bonhomme Anda était un gars rugueux et autoritaire, fort en gueule mais dont les colères de façade étaient sans lendemain ; il n'était ni meilleur ni pire que les autres. C'est la tradition qui fixait les règles du contrat tacite passé entre le laboureur et son journalier. Le premier exécutait les gros travaux relevant de sa profession : labour, semis et hersage, charrois des récoltes. Le second aidait le premier aux travaux des champs : fauchage, chargements et déchargements de récoltes, moissons, battage, etc. En position de force, le laboureur disposait trop à sa guise de son journalier, censé être disponible à tout moment en dehors de ses horaires de travail à l'usine. Les épouses, servant de relais, passaient la consigne aux maris dès leur retour de la *Fabrik*.

Les femmes aussi étaient mises à contribution dans le système, et souvent davantage que les hommes. Elles participaient à tous les travaux saisonniers, besognant tantôt dans leurs champs, tantôt dans ceux de leur laboureur. « A treize ans, racontait la Grété, j'étais déjà journalière chez le Anda. A cet âge-là, je manquais encore de résistance et j'avais bien du mal à suivre le rythme de mes compagnes. Sous le soleil implacable, la sueur aveuglante brûlait les yeux et, comme dans un mirage, je voyais l'extrémité du champ jouant à un cruel jeu de cache-cache. Mais la fierté était un bon aiguillon pour ranimer un courage défaillant, et la Lisa du Jean, mon aînée d'une dizaine d'années, me plaçait à ses côtés, piochait ici et là dans mes rangées, me faisant ainsi recoller au peloton. Je me souviendrai toujours de sa force et de sa gentillesse. »

En veine de confidences, elle continua : « Quelle mouche avait donc piqué le Anda lorsqu'il se mit en tête de courtiser la Lisa ? Celle-ci s'en amusait fort et en rigolait avec ses copines. Devint-il trop pressant ? Le Jean, averti, décida d'aller y mettre bon ordre ! Après son poste à l'usine, il arriva par surprise sur notre lieu de travail, comptant bien y trouver le soupirant. Le hasard voulut qu'il fût là. Tous deux s'expliquèrent au creux d'un sillon et le Anda ne trouva son salut que dans une retraite précipitée. »

Cet esclandre vint à point pour commémorer la nuit du 4 août 1789. Jean y trouva l'occasion de proclamer en plein champ une nouvelle abolition des privilèges. Il rappela avec véhémence l'interdiction du droit de cuissage et proclama la suppression de la corvée dont fut dès lors exemptée sa Lisa.

TENDRES SOUVENIRS

A quatre ans, un événement fera date dans la vie du mouflet de la Lisa et constituera pour lui un repère dans le temps et dans l'espace. Une petite sœur allait naître – il n'en savait rien – qui bouleverserait durant quelques semaines ses habitudes.

J'étais bien trop jeune pour comprendre le mystère de la vie; c'était là l'avis de nos pudiques parents qui se refusaient à tout dialogue sur ce sujet tabou. J'étais né, sans l'objet d'un doute, dans le creux d'un de ces saules centenaires de la vaste prairie. Je chercherai en vain, plus tard, le long de la rivière et des fossés ce saule procréateur.

En attendant, j'en tirais une certaine vanité et traitais avec quelque mépris les rejetons enfantés dans les têtes de choux. D'abord, je détestais ce légume. Et puis, imaginez donc un instant le résultat de quelques chenilles cannibales sur une tête de chou fécondée. Quelle scène d'anthropophagie!

A califourchon sur le dos de Jean, qui portait aussi mon baluchon, me voilà en route, sans beaucoup d'explications, vers la maison de mes grands-parents paternels pour ne pas être témoin de l'événement. Je pénétrais ce jour-là dans un univers feutré dont je devenais rapidement le centre d'intérêt presque exclusif. Patté et Godé – diminutifs de Pat et God, désignant dans notre patois local le parrain et la marraine et par extension le grand-père et la grand-mère – allaient déverser sur le polisson de quatre ans leur trop-plein d'affection et de tendresse.

Nos villages des Pays de Nied formaient habituellement un ensemble continu et compact d'habitations soudées par leur pignon mitoyen et disposées le long d'une rue tortueuse. La chaussée défoncée s'élargissait jusqu'aux façades grâce à l'usoir, cet espace communal qui devait son existence à l'absence de cour facilement accessible. On y entreposait le fumier et l'on y remisait les instruments aratoires; c'était aussi le domaine privilégié des volatiles domestiques.

«L'usoir c'est le foutoir» ne cessera de répéter Patté Grincheux, pas celui dont il va être question, mais l'autre, du côté de ma mère, qui était garde-champêtre chargé de faire respecter l'ordre et la loi. Il y régnait en effet un magnifique désordre qui donnait à nos villages un cachet de négligence débonnaire et d'abandon.

Mes grands-parents habitaient face à l'école ; c'était la rue principale, faute d'appellation officielle ; on n'en était pas encore au stade où l'on baptisait les rues en les affublant de noms de célébrités qui ne trouvaient aucune résonance dans le fond de notre culture rustique. Par contre : la *Zweachgass* (rue transversale), le *Hénechtecken* (impasse du haut), le *Gässelchen* (ruelle), autant de noms suggestifs qui correspondaient à la topographie des lieux !

La demeure de mes grands-parents était une construction typiquement lorraine, avec ses deux travées séparées par un corridor qui reliait l'usoir à l'arrière-cour. La travée gauche constituait l'habitation à un étage, celle de droite correspondait aux dépendances : grange, étable, porcherie, cave au rez-de-chaussée, grenier et fenil sous les toits. Les communs s'étendaient en profondeur vers l'arrière, extensibles vers le jardin en cas de besoin.

Avec sa façade soignée, ses encadrements de fenêtres en pierre de taille, ses persiennes peintes, son huis de chêne garni de ferronnerie d'art, je n'avais aucune peine à me convaincre que c'était la plus belle maison du village. Pourquoi le Jean n'avait-il pas construit, comme le Patté, une maison d'angle avec des baies sur trois côtés et des chambres spacieuses et claires ?

La Godé était née le 16 septembre 1862 et fut inscrite à l'état civil sous le nom de Barbe Schmitt, fille de Catherine Schmitt, et de... Ici la plume du secrétaire de mairie hésita. Fallait-il marquer « de père inconnu » au risque de faire un faux puisque tout le monde connaissait le coupable ? Fallait-il sauter plus loin, laisser un blanc, un vide accusateur qui de toute façon marquerait la Catherine du sceau indélébile de fille-mère ?

Bref, elle était le produit illégitime des amours d'une bonne et de son patron, le châtelain du village, qui habitait une vaste demeure désignée aujourd'hui encore sous le nom de « Château ». Y eut-il consentement mutuel ou exercice du droit de cuissage ? Nous ne le saurons jamais, faute de témoin. Quoi qu'il en soit, la Schmitt Barbe fut rebaptisée en un tour de main et devint la Rocke Bibi[1], appellation pour le moins malicieuse qui était un rappel de ses origines.

---

1. La Bibi à Rocke, Rocke étant le châtelain du lieu.

Souffrirent-elles, les deux femmes, de cette situation équivoque? Possible! Car nos gens n'étaient ni tendres, ni tolérants à cette époque-là pour une pauvre pécheresse et le fruit de ses amours.

Mais la Rocke Bibi, devenue adulte, n'en fit aucun complexe. Ce n'était qu'un petit bout de femme fière, d'une volonté inflexible, décidée à prouver à la face du monde qu'une bâtarde pétillante de vie et pétrie d'énergie pouvait être meilleure que les produits de croisements conformistes. Elle réussit si bien que personne n'en douta plus.

La Rocke Bibi était maître à bord dans son ménage, privilège que son époux ne lui disputa jamais. N'avait-elle pas un art consommé de l'économie et des économies? Sa gestion rigoureuse et son sens inné de l'organisation étaient à l'origine d'une certaine aisance du couple qui reconvertissait en achat de terres la plus grande partie de ses ressources.

Et pourtant, elle savait être tendre, douce et persuasive, la Godé, lorsque derrière sa machine à coudre elle chantait pour moi des complaintes de jadis. C'est qu'elle était couturière de métier; elle avait ses clients parmi les notables de Bouzonville, avait fréquenté l'école française, était la seule à oser discuter dans cette langue avec la femme de l'instituteur – pensez donc –, n'avait que de bonnes terres, une maison à elle, la chance d'avoir eu «un père inconnu» et trois gosses sans tare: le Jean, le Nicolas et la Marguerite, un maximum, disait-elle, pour les élever dignement.

Quant au Patté, né le 11 juin 1862, il était originaire de Tromborn, petit village perché très haut sur le sommet d'une colline à deux lieues d'ici. On ne prisait guère, en ces temps-là, l'étranger qui venait d'ailleurs pour «soulever» une fille du cru. On le disait courtois, le Péta[2] mais peu communicatif, victime au début de l'ostracisme de ses nouveaux concitoyens. Il avait épousé son petit bout de femme le 24 juillet 1888.

Tailleur de pierres, il façonnait le grès des Vosges qui habillait les voûtes des tunnels de la Compagnie des Chemins de Fer de l'Est. La petite ville proche devenait un nœud ferroviaire assez important, situé au croisement de plusieurs lignes. Dans notre pays vallonné, celles-ci avaient du mal à trouver leur cheminement et on leur taraudait un passage à même les collines.

Vingt kilomètres en moyenne, c'était le parcours pédestre quotidien du Péta pour se rendre sur les chantiers et en revenir. Au début du siècle, il troqua son métier contre celui d'ouvrier d'usine, ses longues absences contre une

---

2. Pierre, en français.

présence douillette dans les jupes de la Bibi et son pas alerte contre une allure nonchalante d'homme heureux.

Il avait vécu lui aussi, comme gamin, la déchirante annexion de l'Alsace-Lorraine; avait été, comme adulte, soldat du *Kaiser*; était revenu du service avec le respect de l'autorité, la soumission à l'ordre établi et la traditionnelle photo de soldat de première classe qu'il avait remisée délibérément dans une chambre du premier étage, loin de la galerie des portraits de famille, à cause de cet indéfinissable sentiment d'infidélité éprouvé à l'égard de sa vraie patrie.

Qu'il était beau, mon Patté, sous l'uniforme des cuirassiers! Campé fièrement sur un magnifique cheval gris pommelé, sabre au clair, sanglé dans sa tenue d'apparat toute blanche, on aurait dit le *Kaiser* en personne! Quand, par anachronisme, je lui demandais combien il avait tué de Boches, il me répondait qu'il n'avait pas fait la guerre de 1914-1918, étant trop vieux à l'époque. J'étais déçu d'un héros sans blessés ni cadavres et persuadé qu'il me cachait la vérité quand il affirmait: «En ce temps-là, on était du côté des Allemands». Alors je le regardais, soupçonneux; assis au coin du feu, paisible et souriant, il n'avait pas l'air d'un foudre de guerre, capable de pourfendre ses ennemis, mais d'un brave homme tranquille, sans méchanceté et sans rancune.

Nous étions fin février 1924. Les journées étaient encore courtes et glaciales. Je venais donc d'arriver, sur le dos de mon père, dans la maison de mes aïeuls. Pendant que je commençais à faire l'inventaire des lieux, le Jean s'esquiva sous prétexte d'aller à la recherche de mes grands-parents. La Kama[3] était une pièce spacieuse, éclairée sur deux côtés. Dans le coin de la cuisinière je repérai six yeux de braise qui lançaient des éclairs. Deux chattes noires, tachetées de blanc, dérangées dans leur rêve, s'étirèrent paresseusement, livrant leur dos rond à mes caresses.

Où donc était passé le troisième, un énorme matou au pelage de feu? On l'appelait Tigre. Je partis donc à la chasse au tigre. Il me promena sous la grande table ronde disposée au milieu de la pièce, sous les chaises empaillées, sortit ses griffes sous le bahut et cracha son fiel avant de filer sous la grosse armoire lorraine où ma corpulence m'empêcha de le suivre. J'allais me saisir du tisonnier dans le seau à charbon lorsque le Patté fit irruption dans la Kama pour calmer mes ardeurs belliqueuses.

— Sois prudent; seule la Godé peut le caresser, me dit-il. J'étais bien décidé à vérifier.

---

3. Pièce commune.

Je suivis Patté dans la cuisine où il allait faire un brin de toilette. Elle servait de fournil, de fumoir et de pièce d'eau. D'une ancienne cheminée d'angle il ne restait plus que le haut du manteau et l'énorme conduit de fumée qui finissait en tronc de cône sur un bout de ciel bleu. C'était le fumoir ; en-dessous, dans le coin du mur extérieur, s'ouvrait l'entrée cintrée du four à pain, se prolongeant dans le jardin par un appentis. L'évier, sous la fenêtre, n'était qu'un bloc de pierre monolithique alimenté par une pompe à levier, branchée sur un puits dont l'eau était fraîche et cristalline.

Le mobilier comportait un lourd bahut sans prétention, une table rustique, un pétrin et un modeste vaisselier qui exposait de vrais trésors. Sur deux rangées d'assiettes polychromes s'ébauchait l'aventure guerrière des Campagnes d'Italie. Lodi, Arcole, Rivoli, Solferino, Magenta, autant de noms qui chantaient victoire et que la Godé s'évertuait à me rendre familier. Des plats de faïence de taille décroissante représentaient en gris-bleu des scènes de la vie champêtre, tandis que fleurettes et rameaux poussaient sur les soucoupes d'un riche service à café.

La nuit tomba très vite. Patté alluma la grosse lampe à suspension, selon un rituel qui ne variait jamais : vérification du réservoir, grattage de la mèche, nettoyage du verre à l'écouvillon, allumage à la bûchette et réglage de la flamme. Elle jetait au plafond son auréole de lumière par le trou de l'abat-jour qui concentrait ses rayons sur la table et les environs, plongeant le reste de la pièce dans une pénombre inquiétante. Godé arriva à ce moment-là avec un seau de lait crémeux.

Une longue soirée d'hiver commençait par le dîner pris de bonne heure.

Nous voilà tous les trois autour de la table, debout, les mains jointes, pour la prière traditionnelle avant chaque repas ; deux têtes inclinées invoquent pieusement la bénédiction divine, tandis qu'un mouflet exhorte le Seigneur d'exterminer la race des cochons, fixant d'un air suppliant trois chats en cercle pour demander leur collaboration.

C'est qu'on avait tué récemment le porc qui allait imposer dorénavant sa présence à tous les repas ; je détestais la cochonaille au menu du soir : saucisse maison trop grasse, foie trop amer, pâté indigeste, boudin écœurant, fromage de tête où subsistaient les bouts cartilagineux d'une oreille craquant sous la dent.

Patté, intraitable sur la qualité de ses produits, me chargea l'assiette. J'en fis de petits tas que je glissai doucement vers le bord ; avec mille ruses, ils passèrent sous la table pour les convives à quatre pattes.

Le manège n'échappa pas à l'œil averti du grand-père.

– Pour être un homme plus tard, il faut que tu apprennes à manger le cochon sous toutes ses formes, dit-il.

A ce prix-là, je n'étais pas pressé de le devenir.

Passée la saison des cochonnailles, le menu du soir devenait plus varié. C'était l'omelette aux fines herbes, accompagnée de salade et de la tranche de pain frottée à l'ail, s'imprégnant de vinaigrette dans le fond du saladier. C'était les pommes de terre coupées en fines baguettes qui doraient sous haute surveillance et chantaient dans le saindoux de la poêle jusqu'à pâmoison ; elles s'accommodaient de lait froid ou de *Brockel*[4]. C'était les fameuses tartines de grand-mère qui rencontraient inévitablement l'hostilité du Patté ; il me menaçait régulièrement de m'élever à la dure. Mais j'étais sans doute trop tendre encore pour une éducation spartiate et lui, trop faible pour ne pas en reculer l'échéance à chaque fois.

Alors il me gavait des grands principes du savoir-vivre gastronomique : prier avant et après chaque repas, manger de tout, vider l'assiette, éviter le gâchis, se taire à table, penser à ceux qui ont faim, respecter le pain et le gagner à la sueur de son front.

J'assimilais par petites potions la morale de l'aïeul, l'adaptant à ma convenance et ignorant délibérément les grands principes philosophiques qui échappaient d'ailleurs à mon entendement. Je continuais à préférer les énormes tartines au tout-venant quotidien ; je chicanais au sujet de l'assiette à moitié vide quand Patté la trouvait à moitié pleine ; je faisais confiance aux chats pour éviter tout gâchis et consultais dans mes prières le géant Goliath de la Bible pour trouver une recette de croissance sans contrainte ni astreinte.

Par la suite, alors que je continuais à me nourrir presque exclusivement de tartines, Patté se fâcha.

– Jamais tu ne grandiras ; tu es le plus petit de ta classe. Sais-tu que tu me fais honte ?

Je le savais, hélas ! Ce jour-là, je ressentis une profonde humiliation de voir ma petite taille traitée d'infirmité. Epris de gigantisme, je me mis dès lors au régime carné, je grandis à vue d'œil et rattrapai tous mes camarades.

Grand-père avait eu bien raison d'établir un lien de causalité entre l'amour du cochon et la croissance d'un marmouset.

---

4. Lait caillé.

Patté venait de sortir de la Kama pour sa dernière ronde, accompagné de ses trois chats qu'il envoyait en mission de nuit. Il dit deux mots à ses laitières de l'étable aux noms adorables et bien français de Babette et de Mazette — la Godé introduisait son patriotisme jusque dans l'étable — poussa les verrous des portes, promena sa lampe tempête dans la cour et le hangar et bloqua la chatière du poulailler. C'était l'ultime inspection avant le coucher.

Dans la Kama, le feu ronflait dans la cuisinière, quelques briques chauffaient dans le four et la machine à coudre ronronnait, actionnée par les petits pieds d'une petite vieille manœuvrant le large pédalier. A genoux sur une chaise, j'admirais les magnifiques gravures anciennes qui illustraient la Bible familiale dont je tournais les pages avec une gravité d'ecclésiaste. C'était Jonas dans le ventre de la baleine, Elie montant au ciel avec une longue échelle, Job, malade, étendu sur le fumier, Abraham, Moïse, l'Arche de Noé, etc. Grâce aux commentaires patients de la Godé, je finissais par connaître l'Ancien Testament aussi bien que Monsieur le Curé.

Je trouvais aussi de quoi alimenter mes rêveries dans l'imagerie du *Hinkende Bot* (*Messager Boiteux*, célèbre almanach édité encore de nos jours).

Mais les contrepoids de la grande pendule tiraient inexorablement les aiguilles vers les marches du sommeil.

Alors je montais à l'étage, accompagné de ma suite : mes deux aïeuls et la lampe tempête. Il y avait là quatre pièces dont trois chambres à coucher et une autre, désaffectée, servant de local à grains. Que de chambres ! Que de place ! Que d'espace !

— Godé, tu me donneras une chambre pour maman !

— Godé, on viendra habiter chez toi.

Je trouvais très vite des solutions à l'inconfort du logis paternel.

Ma chambre donnait sur la cour ; elle était censée être la plus chaude, car elle se trouvait au-dessus de la Kama. Et pourtant, elle était glaciale. Quelqu'un avait glissé au préalable deux briques dans le lit qu'il avait bassiné. Je me coulai entre les draps de futaine, sous une montagne d'édredons moelleux, me calai une brique aux pieds, l'autre dans les reins et bredouillai, sur ordre, un *Pater* et un *Ave* inintelligibles, enseignés par maman.

Pour la Godé, le compte n'y était pas. Après quelques répétitions, j'enregistrai aisément les paroles de cette magnifique prière pleine de poésie, adressée à l'ange gardien et à sa suite. Comment redouter, après cela, la solitude dans une chambre obscure, lorsqu'un protecteur invisible veille sur vous et que quatorze petits angelots montent la garde dans la nuit d'encre! Des années durant, la musique de cette belle prière allait bercer mes songes d'enfant.

Patté était redescendu depuis un moment; j'embrassai affectueusement la Godé et jetai un regard admiratif au beau cuirassier, dans son cadre magnifique suspendu au-dessus de mon lit. La lampe s'éloigna vers l'escalier; il ne resta bientôt plus que sa lueur vacillante au plafond. Alors je glissai doucement vers le pays des rêves.

Pendant ce temps, deux têtes grises égrenaient avec ferveur le chapelet, à genoux sur le prie-dieu, devant le crucifix de la Kama.

Grand-mère fera plus tard quelques tentatives infructueuses pour m'associer à la complainte du rosaire; mais cette musique monocorde avait le don de m'assoupir rapidement. Elle ne désespérait pas pouvoir me convaincre à y participer activement. Quant à moi, j'étais bien décidé à éviter à la Sainte Vierge la répétition obséquieuse d'une cinquantaine de « Je vous salue... »

Je devinais que je n'étais pas au bout de mes peines dans le cadre de mon apprentissage apostolique. La dévotion de la grand-mère me fournissait la mesure de l'effort à accomplir encore pour apprendre les innombrables oraisons de son répertoire et pour me persuader de leur utilité. Faisaient déjà partie de mon bagage: le Pater, l'Ave, les prières avant et après le repas et celle à l'Ange gardien. Restait la kyrielle des autres: le Credo, à réciter matin et soir; l'Angélus, trois fois par jour; les Actes de Foi, d'Espérance, de Charité, de Contrition; les Dix Commandements de Dieu, les Sept de l'Eglise, la liste des Sept Péchés Capitaux... et j'en passe. Enregistrer tout cela n'était pas un problème. Mais saurais-je utiliser un jour ces moyens de communication avec la divinité et ces instruments de méditation avec la profonde conviction et la foi inébranlable de mes grands-parents?

La clarté blafarde du jour me réveilla. Les vitres étaient légèrement gelées et mon haleine transformée en buée argentée. Qu'il faisait bon sous les duvets! Godé montait les escaliers. Un Pater, un Ave, une prière à l'Ange gardien prolongèrent cette béatitude.

– Godé, je n'ai pas vu l'Ange gardien.

– Ecoute, mon petit, rappelle-toi qu'il est invisible comme Dieu et qu'il veille sur toi, même dans la journée. Si tu es sage, il t'empêchera de faire des bêtises.

Quelle évidence! Et puis, n'était-ce pas engager un peu trop loin la responsabilité de mon ange protecteur? Le petit déjeuner fut un régal. Godé avait pour habitude de charger les tranches de pain de campagne comme il faut, sans lésiner.

Je n'avais pas renoncé à apprivoiser Tigre. Au moment ou je sortais de la cuisine, il sortait de l'étable dont la porte se referma derrière lui. Dans le clair-obscur du corridor, deux yeux brillaient comme des boutons de manchettes. Il avait compris la situation sur le champ. La porte donnant sur la cour était fermée, il en était de même de toutes les autres du couloir; toute retraite devenait impossible. J'allais enfin forcer Tigre à la caresse.

– Viens Minou!, viens, approche!

La main tendue, j'essayai d'être rassurant et avançai d'un pas; il recula d'autant.

– Mizou, viens! Pst-Pst-Pst. Viens, Mizou! Viens!

Ce langage était pourtant bien connu du peuple des Miaou. A l'invite courtoise, on vous répondait habituellement par un hypocrite regard de vierge offensée. Puis, après une courte hésitation, un museau humide embrassait la main tendue en signe d'abandon, un corps lascif se coulait sous la paume, ronronnant de plaisir et épuisait jusqu'à l'extrémité de la longue queue la jouissance de la caresse.

Pourquoi Tigre se montrait-il si récalcitrant? N'était-il pas des fois jaloux de ses femelles et de leurs amours libertines? Rassurez-vous, ce ne sont plus là réflexions de quatre ans!

Je recommençai doucement ma progression, il continua lentement sa retraite. Plus je devenais persuasif, plus il se montrait farouche. Se coulant le long du mur, il essaya de prendre la tangente. Mais à quoi bon, il ne déplaçait le problème qu'à l'autre bout du couloir.

Dos au mur, Tigre tournait sur lui-même comme une toupie folle. Il s'arrêta, l'espace d'un instant, cracha sa fureur en un affreux rictus, dégaina ses griffes et gonfla son poil roux et hérissé. Alors il se recroquevilla pour retrouver au fond de ses tripes son instinct ancestral de défense. Et soudain, je ne vis plus qu'une boule de feu aux yeux flamboyants, catapultée vers une caboche ronde. «Le coup passa si près...» qu'une griffe laissa sa trace sur le haut d'un front têtu. Plus de peur que de mal! J'étais guéri à jamais de la chasse au Tigre.

Autant que je me souvienne, c'était les mardis soir le jour de la veillée chez le voisin, le Franze-Joseph. Les deux demeures n'étaient pas contiguës, mais réunies par un mur élevé, construit dans le prolongement des façades. A l'arrière, les deux jardins attenants se trouvaient complètement isolés de la rue.

La maison du Joseph était une construction récente, édifiée en lieu et place de celle qui avait été détruite l'année précédente par un incendie (1911). C'était typiquement la maison lorraine à trois travées, comprenant, en façade, l'habitation, l'écurie prolongée vers l'arrière par l'étable et la porcherie, la grange avec sa batteuse et son manège. Elle était conçue pour une exploitation relativement importante mais, contre toute attente, elle n'abritait qu'un vieil homme célibataire, sa servante, son domestique, deux chevaux poussifs et quelques vaches faméliques. Rasée durant la dernière guerre, comme bien d'autres, par l'occupant, elle mourut au champ d'honneur, Dieu sait pour quelle cause !

Fallait-il vraiment que l'administration allemande fût cynique pour appeler *Wiederaufbau* (reconstruction) un service dont l'unique mission fut la destruction d'une vingtaine de nos maisons du village sans que jamais l'une d'elle ne revît le jour ! Par dérision, nos gens parlaient prudemment d'*Abreisskommando* (commando de destruction). Dans toutes nos localités, il en fut ainsi.

Quant à la maison de mes aïeux, elle traversa bien des vicissitudes. Elle prit le deuil de Patté, son regretté maître qui décéda en 1933 après une courte maladie. Le règlement de la succession l'attribua à Marguerite, la sœur de Jean, mariée, deux enfants. En 1939, à la veille de la guerre, la famille de la Marguerite fut évacuée à Frouard où son époux était requis civil dans un complexe industriel. Ils partirent quatre ; il n'en revint qu'un. Les Stukas de l'aviation allemande n'avaient pas fait de détail...

Elle abrita ensuite la solitude du Janglé, le seul rescapé et le vit mourir de désespoir en 1943. Elle apprit, par le glas, la mort de la Godé réfugiée chez son fils Nicolas, laquelle décéda l'année suivante. Hélas ! tout un océan me séparait à cette époque de mon adorable petite grand-mère. Elle accueillit enfin, à bras ouverts, le Franze-Joseph et sa suite, continuellement à la recherche d'un nouveau havre. Enfin, durant les dernières journées avant la libération de la localité, un obus, fut-il allemand ou américain (peu importe) lui infligea des dommages irréparables. Mise aux enchères, elle fut certes reconstruite, mais défigurée à jamais par une maladroite opération de chirurgie esthétique.

De cette première veillée chez le Franze Joseph, il ne me reste aucun souvenir précis, sinon un certain étonnement devant l'état des lieux et des personnages. Par la suite, avec l'âge, je me rendis compte qu'ici l'originalité prenait le pas sur le conformisme. Nul souci de rangement ! Toute chose semblait définitivement en place là où on l'avait utilisée précédemment. Les dalles lépreuses de la cuisine étaient humides et froides comme la terre battue d'une grange. La cuisinière de fonte grise ronronnait doucement, tenant au chaud, en dehors du temps, l'eau de plusieurs marmites et casseroles en attente d'être récurées. Un gros matou noir lisait la gazette étalée sur la table encombrée, tandis que plusieurs de ses congénères se trouvaient à l'aise là où il y avait un coin de meuble dégagé.

Quelle affinité existait donc entre mon couple d'aïeuls et leurs étranges voisins ? Le Joseph, élevé chez les Jésuites, avait été désigné comme maire de la commune vers le début du siècle, sous l'occupation allemande. Sa formation et ses connaissances fort diverses le prédestinaient à être un conseiller avisé pour ses concitoyens. Mais son originalité et son absence totale d'organisation le coupèrent peu à peu de la population, et il avait fini par vivre en marge de la société.

Le Patté, casanier et d'habitude un peu taciturne, trouvait enrichissantes les discussions avec Joseph. L'âge, la condition sociale et les bons rapports de voisinage rapprochaient les deux hommes. La Godé n'avait rien de commun avec la Rousse, la servante du lieu. Elle ne faisait qu'apporter son concours bénévole et sa compétence pour sauver de la détresse la garde-robe du trio. Elle appréciait à sa juste valeur la devise du lieu :

– Laisser dire et laisser faire.

– Ici on ne s'occupe pas des autres.

Une fois en âge de comprendre, il m'arrivait de suivre avec intérêt la conversation des deux hommes. Joseph argumentait en jésuite, arrondissait les angles, trouvait des explications inattendues, émettait des avis incompréhensibles pour l'esprit plus fruste de son partenaire. Sur certains problèmes de société, il réfléchissait longuement, semblait dériver sur son nuage puis s'en remettait au jugement de Dieu pour engager une démarche capable de transformer cette société marquée, disait Patté, par l'injustice et l'inégalité.

Quand le Péta déclarait que les Prussiens étaient un peuple arrogant et conquérant, son interlocuteur lui faisait remarquer que tous les Allemands n'étaient pas des Prussiens.

Lorsque le premier condamnait à la pendaison le *Kaiser Wilhelm*, réfugié en Hollande et responsable de la boucherie de 1914-1918, le second rétorquait :

– Que d'empereurs et de rois auraient alors mérité le même sort !

– *Wir leben wie Gott in Frankreich,* disait l'un.

Traduction de cet aphorisme : la France est un pays de cocagne.

– Doucement, Péta ! Ici, comme ailleurs, il faut gagner son pain à la sueur de son front.

– Les Français sont des gens épris de liberté.

– De révolution en révolution, leurs libertés ainsi conquises sont un bien difficile à gérer.

Que répondre à pareille argutie ?

L'un et l'autre ne connaissaient de la France que leur coin de Lorraine pour la possession duquel deux pays se déchiraient périodiquement, que cette frange nord du département de la Moselle où depuis presque quinze siècles, par suite des caprices de l'Histoire, la langue maternelle était un dialecte germanique.

Mais ils appréciaient sans réserve l'esprit de tolérance de leur nouvelle patrie. Ils savaient gré à la France de préserver leur identité culturelle, de respecter leur particularisme comme en témoignait le maintien de certaines lois dites locales datant de Bismarck, d'admettre enfin le bilinguisme.

Ah ! Si ces Français, par ailleurs pétris de qualités, avaient aussi le goût du travail, de l'ordre et de la propreté au même degré que les Allemands ! Alors !...

Et voilà nos deux philosophes partis pour élaborer le profil du citoyen idéal qui serait la synthèse de ce que deux civilisations proches avaient de meilleur.

– Ça ressemble bizarrement à un Lorrain, disaient-ils en riant de bon cœur.

Ils faisaient déjà l'Europe sans le savoir et s'entendaient comme larrons en foire pour privilégier leur nouvelle patrie.

Et pourtant ! Ils avaient de quoi être déroutés ces Lorrains, incompris, ballottés, éternellement orphelins, subissant au fil de l'Histoire l'évacuation, l'émigration, l'expulsion, la transplantation, la réinsertion.

Pendant des décennies, « le Français de l'intérieur » – comme disaient nos pères – ne comprenant rien à l'Histoire, nous appelait « les Boches », confondant langue et patrie. C'était pour nous la pire des humiliations, l'impardonnable maladresse. Annexés au Reich, l'Allemand nous traitait de « maudits Français », ce qui nous portait à rire sous cape. N'était-ce pas reconnaître implicitement notre vraie citoyenneté ?

Qu'il était donc difficile de gérer ainsi une double nationalité !

TRAVAUX DOMESTIQUES

Le Péta et la Bibi vaquaient à leurs occupations domestiques sans hâte apparente, travaillant ensemble dans une parfaite harmonie. Je m'intégrai aisément dans l'équipe dont, a priori, je n'améliorais pas le rendement.

A l'entrée de l'étable, Godé enfila ses sabots après avoir noué un fichu sur la tête. Sur la litière toute fraîche, elle planta son escabeau, retroussa ses jupes à hauteur des genoux, cala son récipient entre les jambes et enfonça la tête dans le flanc de la bête. Et soudain, deux jets alternés, puissants et saccadés chantèrent dans le fond du seau métallique. Deux mains agiles rythmaient une musique qui finissait en descrescendo par les pschitt... pschitt des giclées de lait fusant à travers la mousse crémeuse et fumante.

Mazette finit par se rendre compte de ma présence. Elle tourna lentement sa grosse tête, me regarda d'un air bonasse, souffla une double volute de vapeur méprisante et, placide, replongea son mufle dans le râtelier. En dépit de tous les conseils de la Godé, elle ne lâchera jamais une goutte de lait sous mes doigts inexpérimentés. La seconde rangée de mamelles remplit le seau à ras bords. Grand-mère donna une tape amicale à Mazette soulagée qui la remercia en fouettant ses flancs de sa longue queue.

Pendant ce temps, Patté détacha le petit veau de deux semaines. En deux cabrioles il se trouva sous le pis de Babette. Jambes écartées, il aspirait goulûment le lait généreux qui débordait sur les coins du mufle et bombardait allègrement le pis de sa mère de coups impatients et rageurs, rythmés par sa queue frétillante.

La lampe tempête éclairait la scène. Les ombres s'allongeaient démesurément sur les murs blanchis à la chaux de la petite étable borgne et basse comme c'était la coutume. Ce qu'on perdait ici sur la hauteur, était gagné par le fenil qui s'étendait sur toute la maison jusqu'aux tuiles ; la trappe au-dessus du râtelier faisait communiquer directement les deux espaces. Dans la journée, une pâle clarté était parcimonieusement distribuée par une porte à deux battants qui s'ouvrait sur la grange donnant sur la rue. Un pavage en pente douce drainait le purin vers la rigole qui l'évacuait par la

« zou » vers la Bach. Véritable pièce d'antiquité, la mangeoire était polie par le col de générations de Mazette et son bord raboté par le frottement des chaînes.

Dans les deux énormes placards de la Kama s'alignaient les grosses jarres de lait; il y avait encore là: la baratte, une balance Roberval, des claies à fromage et à fruits et le grand filtre au tamis constitué d'un bout de tissu lavé et relavé après chaque usage. Grand-mère était en train de tamiser le lait de Mazette. Au bout de quelques jours, la crème, de faible densité, remonterait à la surface, surnageant sur le lait caillé et serait récupérée dans la jarre à crème avec une large cuillère évasée.

On n'arrête pas le progrès! Ce fut une petite révolution lorsqu'une écrémeuse mécanique Alfa-Laval fut fixée sur le lourd bahut de la cuisine. On ne fournit généralement pas d'explications détaillées à un môme de mon âge, surtout lorsqu'on n'est pas convaincu de sa propre science. J'appris toutefois que dans le lourd bâti il y avait une boule à ailette mystérieuse mise en rotation par la manivelle. Au tintement d'une clochette, on ouvrait la vanne du large entonnoir et le miracle se produisait: deux filets, mince pour la crème, plus épais pour le lait écrémé s'écoulaient des goulottes dans un bruit de pipi.

Suspendu après la manivelle, pesant de tout mon poids pour vaincre l'inertie de la grosse boule, combien de fois n'ai-je pas mis secrètement en route la mécanique qui atteignait peu à peu son régime de croisière au chant des clochettes rameutant les chats de la maison!
– Tintez clochettes, approchez matous!

Ils arrivaient en effet, les gourmands, dans l'espoir du lait frais. La mécanique perfide tournait hélas à vide face aux félins désappointés.

Le jeudi était consacré à la fabrication du beurre. La collecte de crème de la semaine était versée dans la baratte, ce tonneau de forme ovoïdale corseté dans ses cercles de cuivre rouge.

J'avais droit à la mise en route. Dès le premier tour de manivelle, j'écoutais le clapotis régulier des pales qui barbottaient dans la masse liquide. Grand-mère prenait rapidement le relais car la réussite dépendait en partie de la régularité et de la vitesse de rotation des aubes. Les globules graisseux, propulsés en tous sens, se heurtaient, s'entrechoquaient et finissaient par s'agglutiner en plusieurs mottes dont les convulsions au sein du babeurre provoquaient des ploufs semblables au bruit de gros cailloux jetés dans la rivière. C'était le moment de ralentir la cadence, l'opération prenait fin. Quand tout se passait bien, elle durait au maximum une demi-heure.

Certains jours, la crème capricieuse résistait farouchement à sa mutation. Nos alchimistes ne s'accordaient pas sur les motifs de son obstination; ils mettaient en cause la saison, la température, le temps orageux – pourquoi pas aussi l'humeur de quelque Mazette, Babette ou autres – autant d'explications, toutes plausibles mais toutes hypothétiques. La prisonnière de la baratte avait de ces facéties! Mais la patience de la Bibi finissait par fléchir son entêtement au prix d'un affrontement qui pouvait durer des heures.

Les mottes étaient battues pour en expulser toute trace de babeurre, puis agglutinées et découpées en portions d'une livre. Grand-mère leur donnait forme et les décorait naïvement avec une fine spatule à bord échancré, y imprimant sa marque de fabrication.

Et c'est ainsi que, le lendemain matin, panier au bras, on voyait trottiner, légère et pimpante, la Rocke Bibi qui s'en allait livrer à Bouzonville, à demeure, son beurre et ses œufs à une clientèle sélectionnée parmi les notables de la ville: notaire, greffier, médecin, cadres d'usine. Il fallait la voir avec sa coiffe en nids d'abeilles, son corsage tiré à quatre épingles, son ample jupe grise bien repassée et ses bottines cirées! Elle était toute proprette, comme une poupée neuve qu'on vient de sortir de sa boîte.

La clientèle se disputait sa modeste production, parce qu'elle y trouvait une garantie de qualité, de fraîcheur et de propreté. Certes, il eût été plus facile pour elle d'écouler ses produits sur l'hebdomadaire marché aux porcelets de la petite ville toute proche, ou même de les vendre à M. Dussart de Vigneulles, ce noble déchu venu de Holling, qui faisait la tournée de ramassage dans nos villages. Il était coquetier et crémier. Deux Labrador dociles tiraient un grand «panier»[1] sur quatre roues; par monts et par vaux, l'attelage et son original conducteur s'en allaient à Sarrelouis vendre le produit de leur collecte.

Mais la fierté de la Rocke Bibi ne supportait pas que le fruit précieux de son travail se retrouvât sur une table anonyme. Et puis, la madrée entendait ainsi court-circuiter les intermédiaires qui «grugeaient le pauvre monde», disait-elle. Ne répétait-elle pas souvent et fort à propos:
> Wer den Pfennig nicht ehrt
> Ist des Talers nicht wehrt.

Littéralement:
> Qui n'honore le centime
> N'est pas digne du décime.

---

1. Voiture à quatre roues, ressemblant à un landau et dont le berceau est un grand panier d'osier.

Ou plus simplement: un sou est un sou.

Dès son retour, la Bibi accomplissait un pélerinage dans la Stouf où elle s'isolait avec son secrétaire. La pièce donnait sur la rue; c'était à la fois un salon et une salle à manger réservée aux grandes occasions, où l'on accédait depuis la cuisine.

Que se passait-il dans ce domaine inviolé? On ne ruse pas impunément avec un drôle curieux et fouineur, intrigué par le comportement insolite d'une grand-mère cachottière. Un jour, par la porte entrebâillée, je me trouvai dans la place, dans le dos de la Godé plongée dans ses comptes.

Qu'elle était belle, la Stouf! Tout y brillait dans le clair-obscur d'une pièce parfumée, régulièrement entretenue. Dans leur cadre, des personnages sérieux, dignes et impassibles, regardaient pour la première fois ce jeune rejeton, le dernier de leur lignée. Dans l'angle, près de la fenêtre, se trouvait le secrétaire qui attirait le regard dès l'entrée: meuble magnifique, élégant, racé, tout en tiroirs et cachettes, avec une tablette, des étagères, des serrures et des clés dorées partout. Maman, un peu jalouse, dira plus tard que ses formes graciles au milieu du rustique lorrain faisaient penser à un escarpin doré égaré dans une assemblée de sabots. Tout le monde n'avait pas de l'argent à confier à un secrétaire!

J'avais complètement oublié la Godé, en train de tenir son livre de comptes! Elle ne sembla nullement surprise de me trouver là et me montra sa petite caverne d'Ali Baba où elle cachait ses économies. Mes quatre ans n'accordèrent que peu d'intérêt aux billets et pièces et, à partir de ce jour, le secrétaire se trouva démythifié.

La matinée du vendredi était consacrée au cérémonial de la cuisson du pain. Ce matin-là, un drôle intéressé se levait plus tôt que de coutume pour ne pas manquer un détail des opérations. Déjà grand-mère dosait dans le pétrin les ingrédients nécessaires: de l'eau, de la farine, du sel et cette poignée de pâte aigrie de la semaine précédente, faisant office de levain. Manches retroussées, Patté entrait en action: la bouillie liquide s'épaississait peu à peu et devenait consistante. Les bras puissants brassaient et malaxaient puis basculaient et culbutaient la pâte dans le fond de la huche avec un bruit assourdi. Quand notre boulanger saupoudrait ses mains de farine et les frottait au-dessus du pétrin pour les débarrasser de leur glu, c'était le signal que l'opération était terminée. Godé traçait alors un large signe de croix au-dessus de la huche qu'elle recouvrait d'un ancien drap hors d'usage. La pâte indolente, livrée aux mystérieuses réactions d'une alchimie ancestrale, gonflait insensiblement pendant que la Bibi s'affairait alors après les deux inévitables tartes qui faisaient partie du rituel: tartes aux fruits (quetsches, mirabelles, pommes, groseilles, rhubarbe, selon les saisons); tartes d'hiver (au fromage blanc, au sirop de sucre, à la crème flambée, aux oignons).

Pendant ce temps, à grands renforts de fagots, le four de briques roses s'échauffait, projetant la lueur de son brasier dans la cuisine devenue fournil. Les langues de flammes léchaient la voûte, se repliaient en nappes de feu qui rampaient vers l'ouverture en plein cintre, avalées brutalement par l'énorme cheminée du fumoir. L'empirisme de Patté tenait lieu de thermomètre. Dans la fournaise, les briques réfractaires passaient peu à peu du rose au blanc cendré; le four était à point. Depuis un moment déjà, on avait arrêté de l'alimenter et, quand l'intérieur n'était plus que braise mourante, la longue raclette la rassemblait dans le cendrier situé sous la porte en fer qui se refermait sur un antre de chaleur et d'obscurité.

Grand-mère n'avait pas chômé. Sa large spatule, tranchant dans la pâte, découpait la portion congrue pour une future miche raisonnable. Dans les familles nombreuses, on débitait plus gros pour des corbeilles plus larges, tandis que la «Katchen aux dix gosses» ajustait ses miches à la dimension d'une roue de charrue. Dans ses corbeilles d'osier, la pâte, moins capricieuse que la crème, réservait parfois de ces surprises! Sage, elle gonflait lentement; fantasque, elle boudait dans le fond et nous préparait une semaine de grimaces; écervelée, elle levait si vite qu'on la retrouvait fuyant les corbeilles.

Je revenais de la cave avec une provision de pommes de terre triées sur le volet, toutes semblables, de la grosseur d'un petit œuf de poule. Prestement pelées, lavées, coupées en deux par grand-mère, j'avais le droit de les disposer dans le fond huilé d'un énorme plat à tarte. Une pincée de sel, quelques lardons et tranches d'oignons... mm! l'eau, déjà, me venait à la bouche.

C'était le moment d'enfourner, l'un des rares où le couple passait à la vitesse supérieure car il ne fallait pas laisser le four se refroidir. Pour ne pas gêner la manœuvre, je me plantais face à l'ouverture sous l'escalier de l'étage.

La Bibi saupoudrait d'un geste rapide la pâte lisse d'une pluie fine de fleur de farine. D'un coup sec, elle renversait la corbeille sur la large pelle en bois toute plate. Vive comme l'éclair, la pointe du couteau la fendait en croix. Le Péta imprimait l'élan à la pelle dont le manche lisse filait entre ses mains et la pâte, dégagée d'un geste brusque, se trouvait à sa juste place dans le four où elle s'étirait, alanguie. Les corbeilles vides, lancées avec adresse, s'emboîtaient et s'empilaient dans le coin de l'évier et la lampe tempête jetait sa maigre clarté dans l'antre ardent. La porte se refermait d'un coup sec; on avait le droit de souffler, l'attente commençait.

Le temps d'une demi-pipe et l'on voyait les miches blondes et gonflées se raffermir et se craqueler. C'était le moment de les ranger par touches légères pour faire de la place aux tartes et aux pommes de terre. Le Péta jetait un coup d'œil au réveil. A partir de ce moment, il était seul maître à bord pour gouverner son four et n'avait pas droit à l'erreur.

La Bibi décapait à la spatule son pétrin qu'elle s'interdisait de laver; elle n'en perdait pas une miette. Une pomme évidée, bourrée de sucre, habillée «des restes», prenait le chemin du four.

Au bout d'une heure environ, on défournait. Un nuage d'air chaud et de vapeur odorante hésitait à la sortie puis s'engouffrait sous le manteau de la cheminée pour porter au voisinage l'odeur du pain nouveau. Les miches dorées souriaient, les patates rissolaient dans leur graisse et les tartes crachaient leurs bulles au travers de leur jus. Toute la maison sentait bon le pain frais, le tubercule croustillant, le fruit confit.

Midi approchant creusait les estomacs. Fraîchement sorties du four, les pommes de terre finissaient de rissoler sur la table ronde de la Kama. J'essayais en vain de compter les truffes dorées. Après la courte prière en usage, chacun les piquait à même le plat, sur le territoire que j'avais arbitrairement délimité à mon avantage. Quel arôme et quel délice! Mes rapides coups de fourchette dégarnissaient trop vite mon espace réservé. Alors je piquais effrontément à droite, à gauche, les plus dorées, repérées d'avance.

— Jamais il n'y en aura assez!

Une petite tête grise souriait d'aise, heureuse de sacrifier sa part, alors que Patté moralisait comme d'habitude. Pourquoi les grandes personnes compliquent-elles tellement les choses? Gourmandise, sobriété, goinfrerie, autant de mots dont il ne restait rien, sur l'heure. Mais il fallait semer avant de récolter. Qui mieux que notre terroir savait cela?

On finissait le repas avec la tarte toute fraîche qui avait eu le temps de refroidir sur le rebord extérieur de la fenêtre. Repas frugal, repas du vendredi, jour de jeûne et d'abstinence, interdit de chair, tel que le prescrivait l'Eglise. Mais quelques lardons jetaient régulièrement le trouble dans la conscience de la brave grand-mère, ces quelques lardons interdits que deux mécréants complices dévoraient en cachette (les chats avaient bon dos). Dans son action de grâce, la Godé implorait sans doute le pardon pour les coupables; quant à moi, je remerciais sincèrement le bon Dieu de tous ses bienfaits, et l'Eglise d'avoir inventé ces vendredis maigres dont je ne manquais jamais les rendez-vous.

Pain sacré, que d'estomacs creux as-tu calmés chez le pauvre monde de nos grands-parents quand tu tenais la première place à table et que tout le reste faisait défaut! N'était-ce pas au père d'entamer la miche après y avoir tracé une croix avec la pointe de son couteau? N'était-ce pas lui qui découpait debout les portions de chacun? Pain bénit, que de jeunes appétits de ma génération as-tu satisfaits à des heures indues, quand les potées quotidiennes étaient en lice avec le monde des tartines!

Elles étaient nombreuses et variées; il y avait les royales de grand-mère, dévorées à «point d'heure», au beurre, à la crème, à la cancoillotte, au miel, aux groseilles et aux mirabelles; les opulentes à doublure (beurre + confiture, beurre + fromage); les modestes au fromage blanc qui collaient des moustaches; celles à la rhubarbe qui faisaient grimacer; aux quetsches ou à la compote de pomme, chargées abondamment. On tombait ensuite dans la panade avec les extravagantes qui étaient souvent celles des fins de mois difficiles de la Lisa, dont l'ingéniosité devait suppléer la carence (tartines à la moutarde, au saindoux salé, à la margarine, tranche trempée d'eau saupoudrée de sucre ou d'un soupçon de cacao, gros croûton accompagné d'une demi-barre de chocolat), imposant un délicat équilibre.

Il y avait enfin les précieuses (framboises et mûres) qui avaient coûté à la Lisa bien du temps, de la peine et des mains écorchées après les piquants et les ronces de la forêt; on les tenait en réserve pour un mal de gorge tenace ou une toux caverneuse.

Qui pourrait oublier le morceau de pain sec, compagnon d'infortune, qu'une main complaisante nous glissait sous les draps, les soirs de sanction paternelle? Ses miettes enragées nous piquaient les fesses et nous torturaient jusqu'aux approches du sommeil. Enfin, c'est bien une croûte de pain que nous avons mâchouillée au berceau pour «nous faire les dents» et c'est bien au pain sec et à l'eau qu'on condamnait, disait le Jean, le prisonnier dans sa cellule. C'était terriblement dissuasif, cette menace du pain sec, pour des prédateurs d'appétissantes tartines!

A six heures, ça bougeait dans les chaumières. L'activité matinale commençait dans les étables et les écuries. Le haut des portes s'ouvrait sur des têtes mal réveillées qui humaient l'air, consultaient le ciel et le coq de l'église, selon la situation et jetaient un regard circulaire sur la rue.

Pendant que la Bibi allumait le feu dans la cuisinière, le Péta nettoyait l'étable. La pelle ramassait les énormes bouses de vache éclatées dans le caniveau et la fourche chargeait sur la brouette la litière nocturne souillée. Sur le pavé, brossé au «balai sorcière», on étalait une botte de paille sous les deux bêtes.

La brouettée de fumier frais, culbutée sur le tas de l'usoir, exhalait ses vapeurs dans l'air matinal et l'on voyait peu à peu, tout le long de la rue, s'élever les fumerolles nées dans le souffle tiède des étables. Le ménage fait, Babette et Mazette étaient prêtes à accueillir leur trayeuse et attendaient d'être fourragées.

On accédait au fenil par l'échelle de la grange; celle-ci donnait sur la rue. L'énorme porte charretière s'ouvrait vers l'intérieur par deux lourds battants; un portillon était aménagé dans le vantail de droite. Depuis des années déjà, le sol en terre battue ne connaissait plus le bruit des fléaux accrochés aux murs sans crépi. Les lourdes et hautes charretées de foin et de céréales se glissaient sous le linteau de chêne équarri. Là-haut, de grosses poutres supportaient des planches mal jointes. C'était le grenier, ou *Guenne*, où l'on stockait les céréales au temps des fléaux.

Le fenil, en contrebas, au-dessus de l'étable, s'ouvrait en mezzanine sur la grange. Après la fenaison, il était bourré d'herbes odorantes jusqu'aux tuiles. Il restait tout juste un accès vers la trappe. Impossible de dégager à la fourche le foin tassé, sinon par le sommet qui était pratiquement inaccessible. Patté plongeait son crochet à fourrage dans les entrailles de cette masse compacte, le retirait avec force en lui imprimant un léger mouvement de rotation et ramenait ainsi l'herbe par touffes qu'il secouait au-dessus de la trappe dans le râtelier.

Plus tard, je manierai le Hoken[2] à mon tour. Parfois l'herbe résistait plus que de coutume à cause du crochet trop gourmand; il fallait toute ma vigueur d'adolescent pour l'arracher au tas. Souvent l'outil refusait de mordre et revenait bredouille. C'était alors la cabriole inattendue vers l'arrière. Durant les vacances, je déchargeais avec plaisir le Péta de cette besogne avec l'idée bien arrêtée de creuser toujours au même endroit une galerie de taupe dans le tas complice. J'en faisais mon tunnel dans lequel je m'imaginais, maçonnant la voûte en grès des Vosges, comme Patté autrefois.

D'autres hôtes attendaient à présent leur pitance et ça grognait fort dans la porcherie où les gorets gloutons reniflaient dans les auges. Le coq prétentieux, ayant réveillé sa basse-cour avant l'Angélus, avait bien du mal

---

2. Crochet à foin.

à calmer les poules. Et, impatients derrière le grillage du clapier, les lapins, assis sur leur arrière-train, faisaient le beau, les narines dilatées, agitées de frémissements gourmands.

La porcherie prolongeait l'étable sans communiquer avec elle et avait façade sur la cour intérieure entièrement close. En face, se trouvait le hangar qui abritait clapier, bois, outils et instruments de culture – à l'arrière un haut mur percé d'une porte pour l'accès au jardin – à l'entrée, la façade arrière du bâtiment. Les stalles étriquées de la porcherie, avec leurs cloisons en bois de faible hauteur, avaient chacune son auge accessible de l'allée. Des groins roses reniflaient à travers les parois en claire-voie et, dans la cellule principale, une truie énorme, couchée sur le côté, allaitait sa tribu de pourceaux qui grouillaient sur son ventre.

Sous le manteau de la cheminée de la cuisine, l'énorme chaudron de fonte, sur son trépied à foyer, travaillait quotidiennement à bouillir les rations de pommes de terre pour le peuple affamé des porcs. Ecrasé au pilon, le tubercule constituait la base de leur alimentation. S'y rajoutaient, pour en faire une bouillie, le petit-lait, le babeurre, les eaux grasses de vaisselle ou l'eau de la pompe, selon les disponibilités. Le menu gastronomique comportait en plus: du son, des tourteaux ou des betteraves râpées et comme dessert des orties délicieuses, des salades de saison ou des pommes aigrelettes. Plus qu'un repas complet, c'était un festin royal pour condamné à mort.

– Rien n'était trop bon puisque, tôt ou tard, tout venait en retour.

Un seau dans chaque main, le Péta s'en allait remplir les auges. Son arrivée était saluée de grognements de satisfaction. Les groins gloutons avalaient des lampées bruyantes de brouet avec des claquements sonores. Deux fois par semaine, le Peta nettoyait la porcherie; c'était une fois de plus que la coutume. Les bêtes quittaient leurs boxes étroits pour la cour. Eblouis par la lumière, aveuglés par leurs longues oreilles pendantes, ils hésitaient sur le seuil, grognaient d'étonnement et d'inquiétude, esquissaient un galop maladroit et retrouvaient avec ravissement un coin de fumier qu'ils fouillaient sans vergogne. Dans les loges exiguës, la technique du ménage était la même qu'à l'écurie. Si la fiente de porc était moins volumineuse que la bouse de vache, elle empestait bien davantage.

Les cochons du Péta étaient indignés de l'usage abusif qu'on faisait de leur nom pour caricaturer sommairement toute créature malpropre. Cuir rose et soies brillantes, on y eût cherché vainement la moindre trace de négligence. Tout aussi malveillantes étaient les insinuations du genre «puer comme un cochon» qui déclenchaient leurs protestations énergiques. Etait-ce de notre faute, disaient-ils, si la nature nous a accablés d'une fiente nauséabonde ? Sots et ridicules omnivores à deux pattes, n'avez-vous point de modestie pour vous moquer ainsi d'une infirmité qui nous est commune ? Pourquoi nous confiner dans une cellule de quelques pieds carrés, alors que nos ancêtres étaient habitués aux grands espaces ?

Tout au plus pouvait-on taxer nos gorets de gloutonnerie, ce modeste défaut dont notre civilisation n'avait jamais pu les débarrasser. Encore que, là aussi, notre responsabilité se trouvait engagée ! Obliger leur groin à happer un brouet plus ou moins consistant alors qu'il était fait pour creuser et fouiller la terre, c'était le comble de la duplicité.

Bien nourris, bien soignés, les cochons du Péta étaient prêts à tous les sacrifices.

C'était à présent le tour du menu peuple qui ignorait les revendications bruyantes. Pendant que grand-père fourrageait les lapins, la Bibi jetait à pleines poignées le blé à son monde coloré et caquetant qui se bousculait pour picorer fébrilement le grain doré.

Déjà, dans l'étable, des beuglements traduisaient un besoin nouveau. Les vaches, détachées de la mangeoire, s'en allaient d'un pas pesant gonfler leurs panses énormes à la fontaine. Leurs grands yeux un peu stupides ne reflétaient point d'état d'âme et nulle coquetterie. Pouvaient-elles deviner pourquoi le Péta leur avait passé si soigneusement l'étrille sur leur robe luisante avant cette sortie matinale ?

Enfin, un moment de répit ! « D'abord les bêtes, ensuite les hommes. » Ce dicton établissait l'ordre de priorité des tâches et des besoins.

Le Péta procédait à sa toilette au-dessus de l'évier de la cuisine. Manches retroussées, chemise largement ouverte sur une robuste poitrine, le savon de Marseille faisait merveille. Les paumes rugueuses frottaient énergiquement jusqu'à rosir l'épiderme, et l'eau puisée dans le creux des mains dégoulinait de partout.

Ça sentait bon le café. Sur le coin de la cuisinière, l'énorme cafetière, dans laquelle le café et la chicorée faisaient bon ménage, contenait la ration journalière. Avec le cidre, quand il était bon et l'eau de la pompe, c'était les seules boissons tolérées à table. La grande bouteille de bière et le litre de vin rouge faisaient partie de ces somptuosités qu'on offrait aux voisins bénévoles, en certaines occasions, avec le schnaps en supplément.

Miche sous le bras, le maître de maison y débitait de solides tranches au couteau de poche. Il taillait dans le jambon, la saucisse ou le lard pendant que le sexe faible se contentait de laitage et de confiture. D'un revers de main il s'essuyait la bouche et la moustache; la lame du couteau claquait dans sa gaine. Et c'était la première pipe de la journée, bourrée lentement avec le tabac gardé au frais dans la vessie de porc desséchée et translucide.

En suivant du regard les premières volutes, sans doute pensait-il déjà aux tâches multiples qui l'attendaient encore avant son poste d'après-midi à l'usine de Bonzonville.

Dans quelques années, à 65 ans, il aurait sa retraite.

Bien sûr qu'il cultiverait encore sa terre! Dans nos campagnes, on travaillait jusqu'au dernier souffle.

RETOUR AU BERCAIL

Cette existence de kidnappé heureux ne pouvait durer. Le Jean disait que j'échappais à son gouvernement et la Lisa que je manquais à sa couvée. Baluchon sur l'épaule, le Jean me traîna cette fois par la main pour me faire réintégrer le domicile familial.

J'y trouvai, après quelques semaines d'absence, l'élément supplémentaire dont la naissance m'avait expatrié à l'époque. La chose s'appelait Jeanny, parce que c'était le prénom de sa marraine et qu'il était normal qu'elle s'appelât ainsi. Ficelée dans ses langes, elle m'accueillit en braillant dans son berceau. Sa bouille ronde, son petit nez retroussé et ses grimaces de bébé insatisfait la faisait ressembler au petit Jeanchen[1] de la Suzanne. Etait-ce vraiment une petite sœur?

Maman la trouvait belle, papa n'avait pas d'avis; quant à moi, j'étais plutôt dérouté, et mes quatre ans six mois se posaient bien des questions.

Elle se mit à sucer le sein comme le petit veau du Patté, mais sagement. Après sa toilette, je fus plus ou moins rassuré quant à son sexe, encore que?... Ça pouvait pousser avec l'âge? Mais au fait... pourquoi une sœur? Voilà qu'on me demandait mon avis à présent! J'aurais préféré un petit frère. Comment expliquer cela!

Dès le premier soir je revendiquai une chambre pour moi tout seul, comme chez la Godé. Hélas, il n'y avait pas quatre pièces à l'étage. J'avais couché jusqu'à présent dans la chambre des parents. La sœurette prenait ma place pendant que j'emménageais dans un petit réduit qu'on avait préparé durant mes semaines d'absence. Avec mon ange gardien et les quatorze angelots, j'allais m'y trouver à l'étroit, mais heureux d'y être seul.

Je retrouvai très vite un environnement familier. Chez grand-mère, je me suffisais à moi-même. Ici, la rue redevenait mon domaine et quelques loupiots ma compagnie.

---

1. Diminutif de Jean.

Nos voisins de droite étaient de braves gens. Sur son banc rustique, à l'abri d'un poirier séculaire qu'il ne taillait plus depuis que l'échelle l'avait trahi, le père Noël réchauffait souvent ses vieux os. Dans sa position recroquevillée de nain au repos, sa longue barbe blanche tombait sur ses genoux comme une draperie. Ses deux fidèles haridelles, blanchies sous le harnais, savaient que la sagesse du patron leur mesurait à chacune sa tâche selon sa force et ses moyens. La Bota Marie (Marie au beurre), sa fille, reluquait la rue derrière les rideaux fumeux de la petite fenêtre presque au ras du sol. On la taquinait bien de temps en temps à cause de son énorme chignon hirsute, véritable tour de Pise, qu'elle ne cessait de redresser lorsqu'elle nous poursuivait d'une voix criarde.

A côté du Noël habitait le Nicke Néckelchen[2], bientôt six ans, mon aîné de presque deux ans. Il prétendait qu'il n'avait pas de père. La Lisa me disait qu'il était mort ; cette explication me convenait davantage. En revanche, il avait trois mères, trois sœurs célibataires : sa vraie, la Marie, qui faisait des ménages à Bouzonville ; sa tante, la Käte, qui restait au domicile ; et la Bibi, employée de maison appréciée – on disait servante, en ce temps-là – qui travaillait au bourg voisin.

– Il est gâté-pourri, disait la Lisa en parlant du Néckelchen. Pensez donc ! A son âge il a toujours des sous dans ses poches et plein de caramels à distribuer.

Plus tard, il m'achètera les billes qu'il perdait au jeu et dont je lui reprenais une partie, derechef.

Il m'arrivait de l'accompagner quand il allait chercher sa tante, la Nicke Bibi, qui avait ses «lunes» périodiquement. Par beau temps, «les gens du Haut» empruntaient le raccourci pour aller à la ville voisine. Ils traversaient le Schmétloch et s'en allaient par le sentier qui, en diagonale à travers champs, rejoignait la grand-route.

C'est là que nous trouvions la Nicke Bibi certains soirs où, recrue de fatigue, elle s'était endormie à l'abri d'une haie. Elle nous suivait docilement, refusant notre soutien, et nous la ramenions presque sans encombre à son logis.

A notre gauche, la maison voisine était séparée de la nôtre par un jardin. C'est là qu'habitait Adolphe, un drôle dégourdi et imaginatif, toujours en

---

2. Surnom de famille, suivi du diminutif de Nicolas.

quête de quelque diablerie. Il était mon aîné d'une année; à cet âge-là, ça compte! J'arrivais chez lui au moment où il se faisait gronder par le Lisse Michel, son grand-père, ce qui n'était pas rare. Il ne s'entendait pas bien avec le Néckelchen et lorsque tous deux entamaient les hostilités, ils abandonnaient leur appellation d'origine et s'invectivaient sous leur nom de guerre; c'était Gaïsse Neckel[3] et Guickel Hänchen[4].

Dès le lendemain, je me retrouvai avec l'Adolphe dans le verger de son père, au pied du Hanseberg, en train de démolir le faîte d'un vieux mur d'enceinte en pierres sèches, pour dessiner sur l'herbe le plan d'une maison imaginaire où chacun avait sa chambre tapissée de mousse épaisse. C'était malheureusement le mur mitoyen qui clôturait le verger du presbytère. Le Bon Dieu, qui voit tout, le dit au curé qui le dit à la Lisa qui le dit au Jean.

– Quelle idée de s'attaquer au mur de Monsieur le Curé! dit la Lisa, outrée, qui redoutait plus une soutane que dix képis de gendarme.

J'échappai ce jour-là, de justesse, à la correction paternelle. Parce que Adolphe était un chenapan et qu'il était mon aîné, il me sauva indirectement la mise.

– Chez la Godé, tu étais un petit ange; ici, tu es un démon, dit la Lisa.

– C'est sans doute vrai! Mais laisse-t-on traîner un ange dans la rue avec de mauvaises fréquentations? répondit le Jean.

L'indulgence du père n'était pas du goût de la mère.

– Après tout, ce sacré mur n'est pas un mur sacré! dit-il.

Du coup, l'affaire en resta là.

A quelque temps de là, se présenta l'occasion de voir de près notre curé chicaneur.

L'homme, en longue soutane boutonnée du haut en bas par un chapelet de billes noires et brillantes, se promenait de long en large dans la cour du presbytère. Derrière le mur d'enceinte et les thuyas touffus, deux paires d'yeux l'observaient avec quelque inquiétude. Il était plongé dans la lecture d'un grand missel à tranche dorée et n'avait pas l'air si redoutable. C'est vrai qu'il était grand et qu'il avait des mains énormes avec lesquelles il fallait compter dorénavant.

---

3. Nicolas aux chèvres.
4. Coq à Gückel.

Le Hanseberg[5] était cette colline qui longeait la vallée de la rivière où, dès la mi-côte, les vergers montaient à l'assaut d'un versant abrupt coupé de talus. Le chemin d'accès quittait la rue après les dépendances du presbytère, coupait bizarrement en deux – habitation d'un côté, étable de l'autre – le dernier pâté de maisons du Héneschtecken, débouchait au pied de la colline et terminait en étroit sentier au sommet.

De ce pâté de maisons il ne reste plus rien de nos jours; la fureur de destruction de l'occupant le fit raser en 1942. C'était de modestes demeures qui abritaient, dans l'inconfort qu'on imagine, des familles nombreuses pourvues de rejetons de tous âges. Il y avait là la maison de l'oncle Nicolas, celle des Menn arrivés avec la *Fabrik*, celle des François léguée à la fabrique de l'église, celle du Terver qui avait abrité bien des locataires différents au gré des mauvaises saisons.

Si la rue était notre terrain de jeu, le Hanseberg était par excellence le domaine des garnements du Héneschtecken[6]. C'était mieux qu'une maternelle – il n'y en avait encore pas – et plus qu'une cour de récréation; c'était notre lieu d'évasion, d'escapades, de formation sur le tas, un livre ouvert sur la nature avec ses bêtes et ses plantes. De découverte en découverte s'établissaient des liens indéfectibles entre nous et notre terroir progressivement exploré.

Les talus foisonnaient de vie secrète. L'orvet cuivré, enroulé en bracelet, nous glissait entre les doigts; on suivait l'escargot à sa trace argentée jusqu'au trou rempli d'œufs translucides; le lézard frétillant disparaissait entre les pierres d'une ancienne ébauche de carrière; on harcelait avec la baguette le grillon-taupe au seuil de son trou et nous condamnions la limace rouge parce que nous l'avions déclarée venimeuse.

Dans les haies et les taillis logeait tout un peuple ailé. Aux différents étages, nous inspections les nids tout en les respectant. L'alouette nichait au rez-de-chaussée, la mésange dans le tronc creux, la fauvette sur une branche fourchue, la pie là-haut, sur le poirier et le corbeau dans les combles d'un grand peuplier.

Selon les saisons on remplissait la petite gamelle d'ouvrier de fraises, de cerises, de framboises, de prunelles. On cueillait des brassées de fleurs sans nom qu'on jetait ensuite pour rouler le long des talus, grimper dans les arbres et filer dès les premiers coups de l'Angélus de midi.

---

5. Colline à Hans (Henri).
6. Quartier du Haut, au sud-ouest du village.

Cette année-là, le printemps avait du retard, paraît-il! Les premières ardeurs du soleil déversèrent le flot des mamans et des petits dans les jardins, situés à la sortie du village, le long de la grand-route. Il y avait là des dizaines de parcelles d'une terre noire et fertile, remuée depuis des siècles. Si le travail des champs était à l'époque une lutte opiniâtre de l'homme et de la bête contre une nature hostile, les travaux de jardinage étaient à dimensions humaines; il était possible d'y infléchir le cours des choses et de maîtriser les impondérables.

Et comme il faisait une journée magnifique, l'on était tout heureux des retrouvailles avec la terre à la suite d'un long hiver. On jasait beaucoup, on travaillait dans la gaîté et la bonne humeur.

Il n'y avait que la Jeanny qui n'appréciait pas le renouveau et qui s'égosillait dans son landau haut perché sur le bord d'un léger talus incliné vers la haie. La Lisa, occupée, m'avait confié bien imprudemment son chérubin que je balançais en pure perte, dans l'espoir de le calmer. Soudain, excédé, je basculai d'un geste rageur le landau dont la momie ficelée roula dans les orties. Les hurlements de la petite se mêlèrent aux imprécations de la Lisa qui accourait, affolée. Je détalai comme un lapin sans demander mon reste. Cette fois, le paternel fut intraitable.

Les chaumières des Nicken, du Noël et du Kläsen Anda dont nous étions les locataires, seront démolies, elles aussi, par l'*Abreisskommando*[7]. Elles étaient nichées en face de l'église et l'on y entendait les trois cloches comme si elles étaient à domicile.

A deux reprises, on avait volé nos cloches, durant la Grande Guerre, puis durant la dernière. Et chaque fois, les deux plus grosses, et chaque fois c'était «les Prussiens». Ils utilisaient, disait-on, leur bronze pour fabriquer des canons et des munitions. Curieux destin! Au lieu d'annoncer la paix et de carillonner pour la victoire, elles déclenchaient le tonnerre et alimentaient la mitraille.

– Nous voler nos cloches, c'est nous arracher nos cœurs! Sans elles, plus de fêtes ni de cérémonies dignes de ce nom.

Sonnées à la volée toutes trois, leur accord parfait majeur s'échappait du clocher, enflait démesurément et la vague bourdonnante déferlait, galopant par-dessus les toits pour porter au-delà des limites du terroir les puissantes sonorités de leurs voix d'airain.

---

7. Entreprise de démolition, ainsi appelée par dérision dans les territoires annexés.

Elles se répondaient de village en village au gré du vent. On les identifiait au timbre de leur voix et à la musicalité de leur chorale; c'était celles de Freistroff, de Remelfang, de Bouzonville. Là-bas aussi, c'était dimanche, on y allait à la messe, on mangeait le pot-au-feu pour midi et l'on était heureux d'oublier la grisaille de la semaine et l'esclavage du travail.

Eté comme hiver, le village s'éveillait à six heures au son de l'Angélus et quotidiennement, à sept heures, l'une des cloches convoquait les fidèles à la messe du matin. La même sonnait les Angélus de douze heures et de vingt heures. Tel le muezzin du haut de son minaret, elle appelait à la prière et à la méditation et quel que fût l'endroit, la génération du Péta se figeait quelques instants dans l'immobilisme contemplatif du célèbre couple immortalisé par *L'Angélus* de Millet.

Vêpres, rosaires, complies, matines, vigiles passaient leur bref communiqué par le son des cloches. C'était elles les messagères du bonheur et du malheur, des événements solennels et des tragédies: naissances, baptêmes, décès, incendies, mobilisation générale, victoires, armistice; elles s'occupaient de tout. Elles étaient au nombre de trois, accrochées au dernier étage sous la flèche du clocher: la petite, la moyenne, la grosse. La petite annonçait avec une heure d'avance l'office dominical; la seconde marquait la demie et accélérait les préparatifs dans les chaumières; les trois réunies remplissaient les rues et faisaient courir les mamans sur le chemin de l'église.

Le sonneur attitré, embauché par le commune, était le Lisse Michel qui, pour quelques francs par trimestre, rythmait la vie de ses concitoyens. Petit et voûté, avec une épaisse chevelure blanche, il était le doyen du village, solide comme un roc et le seul à porter encore les sabots et la blouse bleue de nos ancêtres.

Il me faudra attendre ma dixième année pour «faire le poids» et entrer avec Adolphe en apprentissage comme sonneur de cloches. Le clocher se trouvait côté chœur, à l'opposé de l'entrée de l'église. Trois longues lanières de cuir épais traversaient les trous bagués de verre aménagés dans les plafonds des étages successifs et s'attachaient au bâti mobile qui maintenait chaque cloche. La mise en route exigeait de gros efforts pour amorcer le mouvement de balancier; par la suite, il suffisait de rythmer correctement la traction pour conserver la cadence. Trois drôles «y allaient à la manœuvre»! C'est à celui qui ferait tinter le premier la sienne. Bientôt le clocher bourdonnait et vibrait, gonflé à éclater de sonorités assourdissantes. Nous attendions un signe du Lisse Michel pour arrêter acrobatiquement la mécanique. C'était un grand moment d'intense émotion.

La technique consistait à sauter le plus haut possible pour agripper à deux mains la lanière au bas de sa course. Le mouvement ascendant du balancier nous propulsait vers le plafond. Dans cet exercice de voltige aérienne, trois acrobates frétillaient comme des ablettes au bout de la ligne, descendaient puis remontaient dans une folle griserie. L'amplitude diminuait progressivement et les cloches «se mouraient» pour s'immobiliser après une plainte de mécanique mal graissée. La grosse tintait encore quand les deux autres étaient déjà muettes.

Et trois joyeux lurons, flânant au maximum sur le chemin longeant l'église pour gonfler leur retard, faisaient leur entrée par l'allée centrale en se balançant d'un air important.

Pour sonner le glas, nous montions les étages par des escaliers branlants couverts d'excréments d'oiseaux. Tout un monde emplumé, troublé par notre intrusion, se sauvait alors par les lucarnes dans un battement frénétique d'ailes ; chouettes, hiboux, ramiers, etc, peuplaient ces lieux. Il n'y avait que les chauves-souris accrochées tête en bas aux poutres qui restaient imperturbables dans la pointe du clocher.

Un système complexe de cordes permettait d'actionner directement les trois battants des cloches. Chef d'orchestre et exécutant, notre maître sonneur prenait les affaires en main et manipulait le marteau de la grosse et de la moyenne tandis que l'un de ses assistants se concentrait sur la petite. La mesure à quatre temps égrenait doucement ses notes : sol-do-mi-do et la cadence lente de leur répétition, confinant à la perfection, produisait le glas, ce tintement lugubre qui annonçait le grand départ d'une âme vers le Purgatoire.

Depuis notre fenêtre, j'étais aux premières loges pour suivre une partie de l'activité dominicale. Mais j'étais trop jeune encore pour en être un acteur. Quelques années plus tard, j'en saisirai le sens et la grandeur et participerai à mon niveau à la glorification du jour du Seigneur.

CHANGEMENT DE DÉCOR

Depuis quelque temps déjà, il était question de déménager. Je n'en éprouvais nul plaisir car c'était quitter, à l'âge de six ans, tout un environnement familier, rompre des amitiés juvéniles forgées dans les jeux, les querelles et les complicités, abandonner Adolphe, le Néckel, le Hanseberg avec ses vergers et ses talus, tout ce quartier pittoresque du Héneschtecken aux humbles demeures un peu vieillottes, peuplées de braves gens de condition très modeste.

Il tardait à la Lisa de quitter la « Villa des rongeurs », comme disait le Jean, pour s'installer dans sa maison natale, celle du Jean Ory, son père, située rue principale, dans le bas du village. L'occasion s'y prêtait : sa sœur, récemment mariée, venait de quitter le foyer paternel.

Grand-père Ory avait eu le malheur de perdre très tôt son épouse, la Jeanne Collignon, qui n'avait que la quarantaine. Elle lui avait donné deux filles : la Lisa, ma mère, et tante Marie, la cadette. L'une n'était alors qu'une adolescente de quatorze ans et l'autre une enfant de neuf ans. Durant une décade, le Jean Ory allait régner sur un ménage amputé, et imposer un régime de patriarcat tyranique.

La Lisa, forte et courageuse, avait pris la relève de sa mère et la vie continuait tant bien que mal.

– A chaque jour sa peine, son lot de travaux et de soucis, disait l'aînée, mûrie avant l'heure. L'histoire ne faisait que se répéter, car déjà mon arrière-grand-père, le Georges Ory, fut veuf prématurément avec deux enfants à charge.

Les deux hommes exerçaient le métier de scieur de long et, à l'occasion, de charpentier. La grume posée sur deux traverses, était d'abord écorcée puis équarrie grossièrement à la hache bisautée. A petits coups précis, d'une incroyable habileté, l'outil finissait le travail sur les quatre faces bien d'équerre qui semblaient passées au rabot.

Avec l'aide de voisins bénévoles, la bille de bois était hissée sur l'échafaudage installé en permanence sur l'usoir, puis arrimée en position oblique. Tirée vers le haut par le fils qui était à l'étage, vers le bas par le père au sol, la longue scie, dans son cadre rectangulaire, avançait doucement le long d'un tracé noir tiré au cordeau. Il fallait une longue expérience, des gestes bien conjugués et une précision diabolique pour empêcher la lame de folâtrer le long du trait. La grume était ainsi débitée en planches, madriers, chevrons ou poutres en fonction des commandes.

Après la mort de son père en l'an 1917, le Jean Ory n'exerça plus son métier qu'épisodiquement. D'un banal accident du travail, il avait conservé un genou raide. Ce qui n'était qu'une infirmité mineure allait devenir un handicap sérieux dans l'exercice de ses fonctions. C'est qu'il avait été embauché entre temps comme garde-champêtre assermenté. Vous le voyez lancé à la poursuite des chenapans ? Même pour un homme valide, ça n'était pas une petite affaire !

Lorsque le démon du métier le travaillait et qu'il se remettait à la tâche pour rendre service à quelque voisin, il faisait appel au vieux Muller, un pauvre bûcheron qui manquait d'expérience et de coup d'œil, habitué qu'il était au maniement de la cognée et du passe-partout. Toute une troupe de badauds admiratifs suivait les opérations.

Je me tenais à distance, soucieux de ne point récolter la première taloche. Et j'assistai ce jour-là, pour la première et l'ultime fois, au travail des scieurs de long dont le métier, condamné depuis, ne renaît plus que le temps d'une fête folklorique.

Durant ses loisirs, sur son vieux tour, le grand-père Ory fabriquait des séries de manches en bois commandées par la Fabrique. C'était du bel ouvrage qu'on identifiait à sa perfection. C'est encore lui qui approvisionnait les boulangers, ainsi que la fonderie de l'usine en fagots pour l'allumage des fours, ces fagots qui portaient sa griffe, léchés qu'ils étaient sous toutes les coutures.

Depuis le départ de la Marie, la solitude commençait à peser au vieil homme qui venait depuis peu déjeuner les dimanches à la maison. Je me sentais mal à l'aise en face d'un grand-père pingre, sévère, autoritaire et intransigeant. Je le désignais secrètement et fort irrévérencieusement sous le nom de Patté Grincheux, ce qui le caractérisait d'emblée et avait l'avantage de le distinguer du grand-père paternel qui était Patté tout court.

Lisa ne parlait plus que déménagement, invoquant mille raisons fallacieuses et trouvait un allié en la personne de son père. Le Jean, qui avait d'autres projets, finit par céder devant tant d'opiniâtreté, non sans bien des inquiétudes. Comment allait se passer la cohabitation avec Patté Grincheux ?

– Encore une cohabitation pleine de pièges, disait-il sans perdre son humour.

Dans cette affaire, je tirai momentanément mon épingle du jeu car, durant une semaine, j'allais redevenir le pensionnaire choyé de mes deux aïeuls. La Godé, qui déplorait mes apparitions fugitives et mes séjours trop brefs, allait en être comblée.

Je retrouvai, après deux ans, ma chambre intacte : le beau cuirassier au-dessus du lit, l'édredon à carreaux rouges et blancs, la commode avec son nécessaire de toilette inutile, la grosse armoire lorraine avec son énorme tiroir à souvenirs au ras du sol qui, se plaçant de guingois, grimaçait et gémissait et, dans le plafond de plâtre, les mêmes fissures qui suivaient les tracés suggestifs d'une géographie capricieuse.

J'avais vite repris les habitudes de la maison et la vie à trois se déroulait paisible, immuable comme autrefois. Pourquoi bouleverser l'ordre naturel des choses quand il atteint sa perfection ?

Nous étions au début de l'été, le couple travaillait au jardin ; j'allai l'y rejoindre.

Entouré de tous côtés de murs, c'était un véritable enclos de calme et de sérénité. Allées en croix soignées, plates-bandes de légumes variés, bordures de fleurs et de groseilliers, arbres fruitiers (pruniers précoces, poiriers en espalier et mirabelliers), tout concourait à en faire une véritable corne d'abondance.

Au fil des mois et des saisons, je m'approvisionnais sans restriction en groseilles, maquereaux et fruits de toutes sortes qui gonflaient mes poches et que je partageais avec les copains. Le jus visqueux coulait au travers de la doublure et collait l'étoffe à l'épiderme tandis que l'auréole sucrée se transformait en emplâtre révélateur.

– Ce n'est pas grand-mère qui te lave tes frusques, disait maman, furieuse.

J'avais tout le loisir de méditer ces paroles pendant que séchait mon unique culotte encore en état.

Je possédais, moi aussi, mon bout de jardin, au-dessus du puits, près du four à pain qui traversait le pignon et se développait comme une abside aveugle à l'extérieur. Le sol y était humide à cause de l'eau d'en-dessous et l'ensoleillement médiocre. Sur les conseils de Patté j'y avais repiqué des plants rustiques de primevères et de violettes des bois qui convenaient au terrain. Un essai de haricot échoua faute de patience ; chaque jour je grattais le sol pour voir si mes graines prenaient racine et quelques malheureuses pousses qui échappèrent à ce traitement furent noyées par des arrosages répétés. Bien des années plus tard, je découvris avec émotion, dans ce coin reculé, quelques pieds de modestes violettes qui me parlèrent de mes jeunes années.

Il me souvient qu'un soir d'hiver la Godé m'avait lu à haute voix, dans sa Bible, la description du Paradis terrestre de nos premiers ancêtres. Le tableau comportait bien des lacunes. A voir mes deux braves aïeuls, dans leur jardin idyllique, je parvins à imaginer ce mythe du bonheur éternel.

Quel ne fut pas mon étonnement, en traversant la cour à deux reprises, de ne pas être accueilli par l'habituelle fanfaronnade du magnifique coq aux couleurs chatoyantes ! Il se précipitait généralement à ma rencontre, agressif, s'arrêtait à trois pas, claironnait un éclatant cocorico et s'en retournait, digne. Maître dans sa basse-cour, voilà que depuis quelque temps il entendait aussi régenter celle du voisin, s'y pavanant comme savent le faire les coqs. Il renouvelait de plus en plus souvent ses escapades et finit par contester à un adversaire plus faible son exclusivité sur sa basse-cour.

Mais les deux drôles d'à côté s'en étaient emparés, avaient plumé son croupion et barbouillé en rouge son arrière-train. Depuis lors, disait Patté, il se cachait honteusement. Importunée par les frasques de son gallinacé, la Bibi le fit passer à la casserole.

Je jurai de me venger sur Moustache, la chatte grise des voisins, qui fricotait avec Tigre. A quelque temps de là, avec la complicité du Boubi, je mis mon projet à exécution. On accoupla la queue de Moustache à une ficelle plombée de boîtes de conserves vides et on lâcha le félin dans la nature. Quels bonds et quel tintamarre ! La pauvre bête, complètement affolée, s'en alla semer la panique dans tout le quartier. Je ne sais si elle finit également dans la casserole, mais on ne la vit plus jamais aux alentours. L'innocence est souvent cruelle.

Déménagement achevé, je retournai au nouveau domicile situé dans le quartier du bas. C'était mieux qu'à la « Villa des Rongeurs » mais, embourgeoisé par mes séjours chez les grands-parents, je faisais la moue. Dès le premier jour, je réalisai qu'en Patté Grincheux je venais d'hériter d'un précepteur sévère et exigeant et lui, d'un sauvageon turbulent et frondeur.

— Que diable ! Un parrain a des devoirs envers son filleul, disait-il et il était bien décidé à les assumer pleinement.

C'était un maniaque de ponctualité, d'ordre et d'exactitude. Le premier coup de cloche de chacun des trois angélus enclenchait une série de gestes identiques. Celui du matin le mettait sur pied ; celui de midi donnait le signal de son premier coup de fourchette ; celui du soir le voyait mettre son bonnet de nuit et grimper dans son lit lorrain de la Kama, haut sur patte, en caleçon long et chemise à basque de redingote.

Il avait une très haute idée de sa fonction, veillait sur les biens de ses concitoyens, à la fois défenseur du droit, redresseur de torts, juge et justicier.

Quant à son ouvrage, quel qu'il fût, c'était du travail de haute couture. Patté grincheux était méthodique à l'extrême. Tout était mis en équation afin que ne subsistât nulle inconnue. J'en fis rapidement l'expérience.

Je l'accompagnai, cet après-midi là, à la Heimeskirch, une colline située à l'extrémité du ban communal où il allait faire les foins. Il avait sa canne, une fourche et un râteau ; je portais une mystérieuse sacoche verrouillée.

Fauchés de bon matin par mon père, les andains s'alignaient comme à la parade. Il fallait à présent les tourner sur l'autre face en les éparpillant en lits réguliers qui séchaient au soleil brûlant. Vers le soir, pour éviter l'humidité de la nuit, le râteau roulait l'herbe en traînes et la fourche la rassemblait en meules.

Vu l'éloignement du domicile et la jambe clopinante de grand-père, nous étions restés sur place durant le long entracte entre ces deux opérations. Très vite, la soif me tortura, bien plus que l'ennui. Patté grincheux était sobre comme le chameau du désert et j'étais loin de penser à la diabolique invention qui devait calmer ma gorge desséchée.

Chaque quart d'heure, on mangeait une de ces prunes précoces et juteuses qu'il sortait cérémonieusement de la sacoche. Je devais la manger doucement et en sucer le noyau jusqu'à la suivante. Je le suppliai pour obtenir un supplément ; je lui demandai ma part pour la gérer à ma guise. Rien n'y fit. Prune après prune, le temps s'égrenait en un vrai supplice. La dernière prune coïncida avec la dernière meule. Le compte y était.

Je ne compris que bien plus tard tout le bienfait de cette éducation spartiate.

A la suite de son déménagement, le compte « profit et perte » du Jean s'établissait ainsi :
– une chèvre en plus, donc deux au total ;
– un clapier enrichi d'une dizaine de lapins supplémentaires ;
– une bouche de plus à nourrir, avec laquelle il fallait composer ;
– une maison estimée 8000 francs, dont il régla 4000 francs (de l'époque) à la Marie pour sa part d'héritage ;
– des dettes contractées auprès de sa mère, la Rocke Bibi.

La maison faisait partie de ces modestes demeures qui n'avaient qu'une prétention, celle d'abriter bêtes et gens sous un même toit, sans souci de confort ni de commodité.

Blottie frileusement entre ses deux voisines, ayant avec elles pignons communs, elle s'étendait tout en profondeur sur une seule travée. Un long corridor étroit filait sur le côté droit, depuis l'usoir jusqu'à la petite cour arrière. Au rez-de-chaussée, en enfilade: la Kama, suivie d'une cuisine borgne qui volait une lumière diffuse à la pièce précédente par une large baie vitrée, la cave[1] basse, obscure et fraîche, un local exigu appelé pompeusement la grange, abritant fumoir et four à pain. Venait ensuite une cour minuscule mangée en partie par le prolongement du four, clôturée par le hangar à gauche et un haut mur le long du voisin de droite. L'étable-porcherie, avec sa réserve de paille à l'étage, clôturait la cour à l'arrière.

L'escalier, avec ses garde-fous, prenait naissance dans la cuisine et débouchait dans la chambre à coucher arrière d'où l'on accédait de plain-pied au fenil à deux niveaux sous la toiture. Un couloir avec une trappe au plafond et une fenêtre de façade donnaient accès à une chambre à coucher spacieuse et claire.

Ainsi conçue, la maison à travée unique était reproduite à des milliers d'exemplaires dans nos villages lorrains.

Etait-ce une réussite? Avec le recul il faut reconnaître que non, car sa conception n'avait pas pris en compte le souci de la recherche du fonctionnel. Il est vrai qu'à cette époque-là, on ne comptait pas le temps en secondes et l'on ne débitait pas la journée en tranches de huit heures.

Imaginez donc un instant le cheminement complexe du foin depuis la charrette jusqu'au râtelier! La fenêtre de façade décrochée pour la circonstance, le fourrage parvenait dans le couloir de l'étage, passait par la trappe au fenil où on l'entassait sous les tuiles brûlantes. En fonction des besoins il descendait au premier niveau, dégringolait dans la grange, traversait le corridor et la cour et terminait son périple dans le râtelier où «la vache du pauvre» n'avait cure de toutes ces pérégrinations.

Quant aux céréales, chargées et stockées à côté de la «machine» (chez le laboureur) elles étaient battues le lendemain et les bottes de paille, rechargées, transportées à domicile, se frayaient un chemin à travers le long cor-

---

1. Les maisons du bas du village n'avaient pas de cave enterrée; les eaux du ruisseau y eussent refoulé.

ridor et la cour, y perdant la moitié de leurs «plumes» avant d'être remisées dans le grenier au-dessus de l'étable.

Braves gens recrus de fatigue! Vous ne ménagiez ni votre peine, ni votre sueur généreuse qui vous collait, du matin au soir, la chemise à la peau, en maintes périodes de l'année.

Que dire enfin des brouettes de fumier qui, une fois par semaine, traversaient le corridor avec toutes les précautions d'usage et des poules qui l'empruntaient journellement, circulant sans passeport et y déposant, sans vergogne, leur carte de visite. Il m'arrivait de les pourchasser sans grand résultat. Essayez donc d'apprendre les bonnes manières à des volailles caquetantes et étourdies! Maman les poursuivait à la trace avec pelle et serpillière alors qu'elles franchissaient, goguenardes, les chatières des portes de couloir.

Les petits boulots du Patté Ory lui avaient suffi amplement pour mener une vie d'ascète qui correspondait bien à son tempérament. Il se méfiait du progrès et considérait le confort comme l'un des responsables d'une inévitable déliquescence des mœurs qu'il prédisait depuis longtemps. Alors, il renonçait aux réalisations d'avant-garde, comme il les appelait et bataillait pour le maintien des traditions.

Pourquoi creuser un puits à domicile alors que l'eau de la fontaine, à trente pas de là, était gratis. Certes, après une grosse pluie, elle devenait un peu laiteuse. Mais elle n'avait jamais tué personne. Lui, qui s'en servait depuis le biberon, s'en était fort bien accommodé. A quoi bon un évier? De mémoire de Patté, on se servait à la maison de la cuvette posée sur la *Kribank*, devant la grande baie de la cuisine pour la toilette quotidienne, et de la bassine pour faire la vaisselle. Si l'une des eaux faisait le bonheur du goret, l'autre, récupérée dans un grand seau, rejoignait la Bach sans transiter par une canalisation.

Le Jean avait «du pain sur la planche». Faute d'avoir les moyens, il avait des idées. Avant toute chose, il s'endetterait s'il le fallait pour installer l'électricité partout. L'électrification du village était prévue pour début 1928. Le Petry Fränzchen, futur voisin, grand spécialiste en la nouvelle matière qui relevait de la sorcellerie, lui avait promis son concours bénévole.

Et, pour commencer, le Jean décida d'améliorer sa condition.

La S.A.L.E.C. (Société Alsacienne Lorraine d'Electricité de Creutzwald) cherchait deux chauffeurs de chaudière pour sa centrale thermique installée en pays du charbon. Le Jean se souvint de ses quatre années passées dans les soutes du *Berlin* et posa sa candidature ainsi que son copain le Jamp-

cha (Jean-Pierre), ancien marin lui aussi, dont le bateau fut coulé lors de la formidable bataille navale du Skagerak au cours de laquelle la flotte de Sa Majesté écrasa celle du Kaiser.
Il l'avait déjà racontée mille fois, sa bataille, le Jampcha, avec quelques variantes à chaque reprise, de sorte qu'il devenait impossible de distinguer le vainqueur du vaincu.
Bref, ils furent embauchés tous deux.

– Nous allons vivre dorénavant dans le «floribus», dit le Jean, pince sans rire, à la Lisa dubitative. Et de fait, la première paye faillit étrangler l'épouse qui frôla le coup de sang, tant fut grande sa surprise. Avec deux doubles postes de dimanche, le nouveau salaire était deux fois celui de l'usine. Quelle aubaine! Les soudures seraient plus faciles.

Il y avait toutefois le revers de la médaille:
– les trois postes avec alternance hebdomadaire obligatoire;
– la carte hebdomadaire de transport, délivrée en gare de Bonzonville, à la charge de l'utilisateur;
– les longues absences quotidiennes de la maison car il fallait majorer le temps de travail de la durée du trajet et des déplacements (à pieds) domicile gare – gare lieu de boulot et retour;
– l'achat d'une bicyclette pour les postes de dimanche alors que le train des mineurs n'était pas en service ce jour-là.

Evénement bien insolite que celui qui vit le Jean et le Jampcha inaugurer, après le facteur du coin, l'ère du vélocipède! Ce fut un Selco tout neuf, engin pesant, fait pour durer une vie, avec cadre renforcé, frein arrière torpédo, lampe au carbure et rayons éclatants qui faisait la pige au vieux clou du facteur.

Le Jean allait donc quitter son usine non sans une certaine tristesse. Ouvrier de la première heure, il l'avait vue naître et se développer. Il y était depuis douze ans, déduction faite des sept années de vie militaire, donnant le meilleur de lui-même, se ménageant tout juste suffisamment de forces pour contenter encore une terre exigeante, despotique et inassouvie. Douze ans de bons et loyaux services, sans une absence, tel que le confirment encore les bulletins jaunis de ses versements à la caisse de maladie [2].
Et il n'était pas le seul dans ce cas; ce n'était pas l'exception, mais plutôt la règle.

---

2. Dans le régime local en vigueur en Alsace-Lorraine depuis l'annexion de 1871, elle avait déjà une existence légale à cette époque.

Dans son nouveau secteur d'activité, le progrès était en marche et le chauffeur de chaudière allait abandonner bientôt sa pelle pour un tableau de bord farci de manomètres, de thermomètres... et de clignotants.

– Enfin un travail qui affranchit l'homme et respecte sa dignité, disait le Jean, oubliant délibérément de parler des retours nocturnes après les doubles-postes du dimanche, lorsque la deux roues épuisée refusait d'avaler les bosses d'un trajet accidenté de quelque vingt kilomètres.

L'année de 1926, fertile en changements, fut aussi celle de mon entrée à la communale.

Celle de 1928 nous apporta, comme prévu, le courant électrique ainsi qu'une petite sœur, une Juliette, imprévue celle-là, qui vint compléter le cercle familial.

LA DEMI-DOUZAINE AU COMPLET

Trois adultes plus trois rejetons, le compte y était depuis peu.

Je devinais confusément que la solidarité du groupe souffrait de l'attitude de Patté Grincheux qui vivait volontairement un peu en marge, tout occupé par ses importantes fonctions, soucieux aussi de sauvegarder son autorité et de conserver les traditions. Il pressentait que, dans cette lutte subtile pour le pouvoir qu'il engageait avec son gendre, la maîtrise lui échapperait peu à peu.

Le Jean, au demeurant fort accomodant, entendait fixer les orientations générales du ménage, quitte à laisser au grand-père quelqu'initiative dans leurs applications. Sans trop de heurts, cette solution finit par faire l'objet d'un accord tacite entre les deux hommes.

Maman essaya vainement d'expliquer à son paternel que prendre la Kama[1] comme chambre à coucher relevait d'une habitude desuète et archaïque. Il couchait là depuis la mort de Georges, son père, et entendait y mourir comme lui. Il en sera ainsi.

Il se contentait d'un repas frugal, marquant sa préférence pour les soupes aux légumes. Les potages épais aux haricots secs, aux pois, aux lentilles étaient corsés d'une cuillerée de vinaigre et le bouillon dominical d'une rasade de vin rouge. Il buvait du cidre coupé de son volume d'eau, un cidre de trappiste sans force et sans goût qu'il tirait du «gâteau» exsangue du pressoir en le laissant barboter dans l'eau d'un cuveau.

Il m'avait confié un jour qu'il avait de l'eau dans les jambes et que, si elle remontait au cœur, c'était sa fin. Je n'avais nulle inquiétude à son sujet, sachant par expérience que cette eau, tout comme celle des barrages que nous élevions dans nos caniveaux, ne remontait jamais la pente.

Sec et sobre, grand-père soignait son étrange maladie en préparant, en ma

---

1. Pièce commune.

seule présence, ses élixirs à base de centaurée, de reine de mai, de vin blanc et d'autres ingrédients, le tout dosé savamment. Sans doute pensait-il que j'en communiquerais le secret aux générations futures ; j'écartais d'emblée toute idée de promouvoir ses horribles liqueurs par crainte d'empoisonner la postérité.

Grand-père Ory était garde-champêtre assermenté, ce qui lui conférait un pouvoir de simple police sur le territoire communal ainsi que le droit de verbaliser qu'il n'utilisait que contraint et forcé, sachant par avance ce qu'il en coûtait à ce monde de gagne-petits dont il faisait partie.

L'instinct de propriété était vivace chez nos gens qui défendaient, bec et ongles, leur peu de biens au soleil. Les différends ranimaient souvent d'anciennes querelles qui couvaient durant des générations sous la cendre.

Une vache égarée, ravageant un champ de luzerne, une clôture détériorée par mégarde, le passage d'un chariot sur un coin de récolte sur pied, quelques fruits maraudés par des garnements, un vol de légumes – délit très rare et d'une extrême gravité, dont on connaissait toujours les auteurs – autant de plaintes qui relevaient de l'intervention de la police municipale.

Alors, notre garde-champêtre tentait d'arranger plaignant et délinquant, essayant de ramener à de justes proportions l'estimation des dégâts, agitant son droit de verbaliser comme un jardinier son épouvantail, expliquant qu'un mauvais arrangement valait mieux qu'un bon procès et finissant généralement par mettre d'accord les deux parties.

Ses semblables disaient du représentant de la loi qu'il était juste et humain. Tout le monde lui reconnaissait une droiture d'esprit irréprochable et une totale impartialité.

Il y avait cependant une race qui ne l'aimait guère, à laquelle il inspirait pourtant le respect et la crainte, cette «crainte du gendarme» entretenue savamment par les parents comme artifice de dressage. Cette race était celle des petits pâtres dont je faisais partie à présent. Dès les premiers beaux jours, ils conduisaient leurs chèvres dans la pâture communale appelée Schäferai.

Notre garde-champêtre avait un chien appelé Bello ; ce qui, paraît-il, signifie «guerre» en latin. C'était un bâtard pacifique à robe noire, plein de malice, qui partait en éclaireur pour alerter les petites canailles de l'arrivée du maître et s'approchait de moi pour être félicité.

Lorsque l'autorité arrivait dans la pâture, tout était rentré dans l'ordre. Les pommes de terre maraudées avaient disparu du feu, les rabatteurs de service avaient réintégré les bêtes vagabondes dans la pâture et des mines hypocritement innocentes accueillaient le garde qui ne s'en laissait point conter, prodiguant avertissements et menaces. Et si un cartilage d'oreille craquait parfois, ce n'était jamais celui d'un innocent. Cela suffisait pour réactiver la crainte et le respect.

La corporation des pâtres fut mal inspirée ce jour d'automne où elle conçut l'ambitieux projet de construire, dans la vaste prairie, – où nos bêtes avaient émigré – une cabane inhabituelle avec sa structure de branches et ses cloisons de roseaux. A chaque équipe sa tâche! Un trio de charpentiers s'approvisionna en soliveaux dans le petit bois privé de la Heimeskirch appartenant aux Schmitt. Quelle maladresse!

Dans nos villages, tout finit par se savoir. On connaît rarement qui possède l'origine de l'information. La rumeur se répand par ondes successives et le délit grandit démesurément dans le cercle des initiés. Finalement on ne sait plus qui a dit quoi.

C'est bien sûr Patté Grincheux qui fut chargé par Monsieur le maire de cette délicate enquête. J'ignore ce qu'a dû éprouver finalement le grand-père quand il coucha mon nom sur son procès-verbal. Je n'étais pas impliqué directement, mais la solidarité du groupe demeura sans faille; finalement tout le monde plaida coupable et nos gages de pâtres, versés le 1er octobre, jour de la fête patronale, furent engloutis dans l'affaire.

Patté Ory fut d'une droiture exemplaire. Il n'essaya pas, en la circonstance, de «me tirer les vers du nez», tout comme il ne s'avisa jamais de faire de moi son indicateur. Mais que de leçons de morale, que d'interminables reproches dont je fus accablé! Qu'aurait pu dire encore le Jean qui ne fût déjà dit? Patté Grincheux, décidément, n'usurpait pas son nom.

La seule équation à plusieurs inconnues que le brave homme n'arriva jamais à résoudre fut celle dont les paramètres lui eussent permis de façonner un filleul différent des autres, qui eût été un modèle de sagesse, un exemple de perfection, respectueux de l'ordre établi qu'il concevait comme immuable et incontesté.

La fonction de garde-champêtre comportait aussi celle d'appariteur. Le grand-père exerçait l'une et l'autre avec le sérieux qui lui était coutumier.

Arrêtés, règlements et interdits fournissaient matière à communiqués. C'est ainsi que la cloche de l'appariteur annonçait: le tirage au sort du bois d'affouage, puis celui des ramilles – la mise en vente des fruits communaux et de l'herbe sur pied de la Fentlach – l'adjudication du curage de la Bach, de la vidange des latrines scolaires, des coupes en forêt – l'ouverture de la chasse, de la pêche et de la vaine pâture – le passage du percepteur, du contrôleur du cadastre et de celui des poids et mesures – les vaccinations, conscription, recensement des chevaux pour un éventuel service armé, le relogement des troupes en manœuvre, les réquisitions, rappels, mises en garde, etc.

Durant sa tournée, les arrêts du garde ne variaient pas d'un pouce. La lourde cloche à poignée résonnait jusqu'au fond des chaumières, rameutant tout ce qui pouvait se déplacer. Comme l'artiste sur scène, l'appariteur, coiffé de son képi, se drapait dans sa dignité et déclamait à la cantonade son communiqué en soignant sa diction. Et, sur le chemin du retour, telle petite vieille un peu sourde avait droit à une répétition tandis que le simplet recevait une explication condescendante. Et la cloche était remisée à côté de la blague à tabac sur la tablette de la grande baie de la Kama. « Défense d'y toucher ». C'était m'engager à le faire. Dans l'espace réduit de la pièce, un appariteur en herbe, képi enfoncé jusqu'aux oreilles, maniait à deux mains l'instrument qui résonnait comme le gros bourdon du clocher.

A l'âge de 68 ans, Patté Ory rendit son dernier soupir tel qu'il l'avait prévu. Allongé sur le lit de la Kama, l'eau des jambes « remonta » au cœur. Je vis maman qui lui fermait les yeux. A partir de ce moment, je me mis à l'aimer. J'avais 12 ans.

Qu'il est difficile de parler de ses parents! Difficile de les imaginer comme ils étaient auparavant alors qu'ils nous ont raconté si peu de leur jeunesse!

Durant mes jeunes années, à travers le petit bout de la lorgnette, je les ai vus, en gros plan, sans les voir. Aujourd'hui je les aperçois par l'autre bout, si loin et pourtant si proches. Que de souvenirs, de gestes, de paroles dont il faut battre le rappel pour recomposer leur image à sa juste place.

De lourdes nattes sombres, arrangées en chignon se déroulant en une cascade épaisse et soyeuse, un front qui se ridait sous l'inquiétude ou l'irritation, des yeux gris, vifs, le pas leste et la démarche souple, toujours en mouvement, telle fut ma mère. Grande et mince, elle courait de la maison au jardin du Bachgraven, panier au bras, pioche à la main, pressait le pas pour grimper la côte et rejoindre ses champs, coiffait sa belle halette blanche pour faire les foins dans la prairie et baignait dans la sueur, l'énergie et la bonne humeur.

Autant la Lisa était volubile, primesautière et superficielle, autant le Jean était impénétrable, réfléchi et méthodique. Dans le feu de l'action, ses remarquables yeux bleu-gitane s'enflammaient d'un regard moqueur qui avait le don de faire sortir la Lisa de ses gonds. Sous un front large, il y avait ce nez fin, d'une extraordinaire pureté de profil que lui enviait tellement sa femme qu'elle taxait le Bon Dieu d'injustice. A vingt-sept ans, il avait déjà laissé une bonne partie de ses cheveux sous bien des latitudes alors que la moustache bien fournie et soignée dégageait des lèvres agréablement dessinées. Des rhumatismes précoces et de «mauvais pieds» lui imposaient une allure nonchalante. C'était le seul terrain sur lequel il était battu par la Lisa, disait-il malicieusement.

Jean était croyant comme ses semblables dans ce monde fermé du village où, de tout temps, l'homme de la terre dépendait des humeurs du ciel et était voué à la prière. Mais il se taillait une foi sur mesure, une foi qui s'interrogeait.

N'était-ce pas être chrétien pratiquant que d'avoir foi en la dignité de l'homme et travailler dur pour élever sa famille, que de respecter son prochain et lui venir en aide, pardonner, être tolérant et d'une parfaite probité?

La piété de la Lisa était tout autre, profonde et passionnée. Prodigue de prières, elle accordait son temps au rythme de tous les offices, attendant beaucoup de la Providence alors que son homme cherchait le Salut dans les réalités. Sa nature profonde était de croire, sans jamais mettre en doute l'enseignement de l'Eglise qui venait de si loin, et de conformer sa conduite, ses paroles et ses actes aux lois et aux traditions.

La Lisa avait la main leste. Toute faute méritait châtiment immédiat. Elle croyait en l'efficacité du système. Avait-elle le temps de faire une longue enquête? Il arrivait ainsi que sa justice s'appliquât sans discernement. La correction infligée était, soit débitée du compte des incartades impunies, soit considérée comme acquit pour les sottises à venir. Lorsqu'il y avait urgence, d'un bond je me trouvais dans le coin peu accessible sous l'escalier de la cuisine où, roulé en boule, j'étais insaisissable et invulnérable. Comme il n'y eut jamais chez nous ni martinet barbare, ni baguette cruelle, les pauvres mains meurtries de maman étaient de peu d'efficacité. Ce n'était en fait qu'une parodie de châtiment. Maman appelait ça un avant-goût de la magistrale correction paternelle dont elle me menaçait. L'instant d'après, elle avait déjà tout oublié.

Le Jean venait de s'abonner depuis peu au journal, passant outre aux objurgations de la Lisa qui se serait contentée de l'hebdomadaire de Monsieur le Curé, par mesure d'économie. Il s'intéressait à la politique, tenait à rester informé et à conserver un regard sur le monde extérieur, disait-il. Ce fut sa seule lecture. Entre deux cultures, il fallait choisir.

Quant à la Lisa, elle adorait lire tout ce qui demandait peu d'efforts. N'en faisait-elle pas assez durant une journée, sans compter toutes ses heures de nuit ? Comme une coupable, elle volait au temps précieux quelques minutes, parcourait rapidement la suite du roman feuilleton pour essayer d'en saisir la trame et coupait le feuillet aux ciseaux. Dans le coin de l'armoire, les pauvres pages jaunies s'entassaient, attendant que le temps accordât à la mère quelques loisirs pour qu'elle puisse cultiver son petit jardin secret. Elle attendit ainsi jusqu'au jour où la maison se vida de ses enfants.

A quoi pensait donc papa, sur ses vieux jours, lorsque dans la cuisine sombre il restait des heures durant à méditer, fumant sa pipe et réchauffant ses rhumatismes lancinants ? Parfois une grimace, jamais la moindre plainte. Peut-être repassait-il certains jours le film de sa vie qu'il avait le droit de regarder avec la sérénité d'un homme généreux, honnête, épris de justice. Si tel était le cas, il pouvait y retrouver un Jean sorti de l'adolescence, cherchant sa voie, révolté par ces interminables journées passées à l'usine et dans les champs, s'insurgeant contre les petitesses et les égoïsmes d'un monde rural trop étroit ; un Jean décidé à quitter les horizons familiers, quitte à briser avec le passé, mais qui, au fil des ans et de ses responsabilités familiales toutes nouvelles, s'installait dans la routine d'un système où il refusait d'être exploité.

Il y aurait découvert un Jean généreux et arrangeant, « peu doué pour les affaires » disait la Rocke Bibi qui ne lui pardonnait pas la vente d'un champ dans la Maès à un pauvre bougre qui n'avait pas un bout de terrain au soleil. N'avait-il pas aussi cédé aux supplications du Marcel M... qui avait besoin du verger du Quartienne comme monnaie d'échange pour un terrain à bâtir, et échangé avec le Nicolas K..., pour lui rendre service, une parcelle du Schmetloch, à proximité du village, contre l'équivalent, là-haut, sur les Stènkeila, sans aucune compensation ?

Jean ne privilégiait pas ce sentiment exclusif d'attachement viscéral à la terre des ancêtres dont tous nos gens étaient esclaves. Il en reconnaissait le bien-fondé tout en condamnant les abus et les débordements auxquels il donnait lieu et montrait par l'exemple qu'il pouvait en être autrement.

Une autre séquence du film lui aurait montré le Jean en âpres discussions avec la Lisa pour établir l'inventaire de ses biens perdus en 1939-1940, après son retour de la Vienne où tout le village fut évacué. Des heures durant, on recomptait les clous, les pioches, les assiettes, les chaises, etc.

— Je ne suis pas de ceux qui vendent leur âme au diable pour un manche de pelle, disait le Jean à la Lisa interloquée par tant de rigueur. S'il est bête d'en laisser à l'Etat, il est malhonnête de le voler, ajoutait-il, inflexible.

Il aurait ri sans doute aussi de ces scènes tragi-comiques qui pimentaient la vie du jeune couple.

Cela commençait par un postulat de la Lisa qui portait la marque de sa spontanéité quand la parole précédait la réflexion.

– Il faut rentrer le foin, il va pleuvoir!

Depuis la direction du vent jusqu'aux rhumatismes de son homme, tout laissait présager du contraire. C'était le début d'une joute oratoire interminable si le Jean ne cédait pas.

– Et si l'on achetait une vache? proposa un jour la Lisa.

Interloqué d'abord, le Jean regarda, avec son sourire narquois, sa moitié.

– Encore un hôte de plus pour franchir le corridor avec une insolente indécence!

Méthodique, le Jean avait pour habitude de démonter pièce par pièce les naïves théories irréfléchies de son épouse. La Lisa, obstinée, ne cédait que rarement. Ce jour-là, à bout d'arguments, le Jean claqua la porte et s'en alla conter aux deux chèvres le projet saugrenu.

– J'ai pourtant raison, grommela la Lisa, avec la meilleure bonne foi du monde.

Je trouvais pénibles ces joutes entre époux. Alors que mon cœur prenait parti pour maman, ma raison approuvait papa.

Restaient les trois mouflets pour compléter la demi-douzaine.

Ma sœur Jeanny allait sur ses cinq ans. Elle en était au stade touche à tout pour inventorier l'environnement. Il m'incombait, bien trop souvent, la redoutable mission d'assurer sa surveillance, si mal assurée qu'il me fallait payer régulièrement la note. Je n'avais décidément que peu de dispositions pour jouer au chaperon quand la rue grouillait de garnements et que le soleil multipliait ses rendez-vous.

Juliette, la benjamine, n'était encore qu'une poupée désarticulée qui braillait pour accoucher d'une canine, vivait en rase-mottes et reculait pour avancer sur une vieille couverture.

Il y avait moi enfin qui en était à ma seconde année de scolarité.

Pas plus que d'autres, nous n'étions des enfants choyés, gâtés, capricieux. Une solide éducation ne se concevait point sans la stricte obéissance, le respect des traditions, et du cœur à l'ouvrage. Il n'était point fait état encore de cette savante science que d'aucuns appelleront «psychologie de l'enfant» qui parlait de liberté, d'indépendance, de responsabilité pour les chers petits à ne pas complexer.

Le bon sens populaire savait par expérience que toute liberté se mérite, que l'indépendance est bonne quand on en fait un bon usage et que la responsabilité s'assume. Que diable! nos parents n'entendaient nullement faire de nous des petits prodiges. «Qu'ils aillent en classe, après on verra.» Quelle belle marque de confiance dont on honorait alors nos braves maîtres d'école.

De même, n'étions-nous pas ces braves chéris adulés qu'on couvre de caresses, pour lesquels l'amour maternel était prodigue de mots, d'embrassades, de démonstrations ostentatoires. Par pudeur, rien n'était formulé entre nous. L'amour était, comme la terre, frais, rugueux et exigeant en surface. Mais quelle chaleur dans le regard d'une maman quand elle compatissait à notre peine! Quelle fierté l'on éprouvait lorsque le père prononçait ce bref: «Bien mon gars»! Quelle émotion contenue quand sa main relevait un menton, appelait le regard et que l'inflexion de la voix mâle trahissait l'émotion!

Ne trouvions-nous pas l'amour dans le courage de la maman, dans sa vigilance de tous les instants, dans son habileté à gérer pour qu'on ne manquât de rien qui fût l'essentiel, dans ses soucis quotidiens et son tact à ne point les montrer. Il faut croire que même les corrections étaient une marque tangible de l'amour. Ne disait-on pas: «Qui aime bien, châtie bien».

Et comment appeler cette constante recherche du père pour forger des adolescents dont il n'ait point à rougir? Je ne connus que deux fois, sur mes joues, la barbe rude qui pique et l'étreinte d'une main chaude et vigoureuse qui se prolonge. Ce fut le jour où je quittai la maison sans certitude d'y revenir et, après cinq années vécues dans l'inquiétude, le jour du retour tant attendu.

C'est à cette époque-là, vers mes huit ans, que se situe le souvenir cuisant qui allait marquer profondément ma vie d'enfant. Comment se fait-il que notre mémoire juvénile enregistre à l'encre indélébile des faits apparemment anodins pour les restituer en gros caractères sur notre échelle des valeurs?

Grand-père en tournée, maman aux champs, papa à l'usine, c'était l'occasion idéale pour fureter en toute innocence dans la grosse armoire. Qui ne l'eût fait à ma place? Derrière une pile de linge, la trouvaille! Plusieurs boîtes ovales en carton. C'étaient celles dont Patté Grincheux tirait d'habitude cette poudre rose pour maîtriser l'eau de ses jambes, l'unique remède efficace, disait-il, qu'il se procurait dans une pharmacie de la Sarre toute proche.

Elles étaient bien lourdes, ces boîtes. Pas étonnant ! Chacune contenait des pièces de valeur identique : les unes perforées de cinq, dix et vingt-cinq centimes, les autres de un et deux francs. J'essayai de compter ; trop ému devant ce trésor répertorié, je replaçai les cinq écrins à leur place, étonné de mon audace, ébloui par autant d'argent. Je n'avais vu l'équivalent que dans la sébille du curé, ce jour mémorable de l'enterrement d'un Monsieur de la ville, alors que l'église était bondée d'étrangers chics et qu'il fallut trois curés pour dire la messe.

A chaque occasion, j'inventoriai un peu mieux mon trésor et m'engageai ainsi sur le chemin de la tentation. Le processus devenait irréversible.

Je revenais de Bouzonville, furieux d'avoir manqué le combat fratricide que se livraient, ce jeudi-là, les Sioux et les Iroquois sur les pentes du Hanseberg. Impossible de mettre à l'épreuve mon nouvel arc de coudrier et mes flèches en roseau avec embout de sureau qui devaient faire des ravages parmi l'ennemi. A Patté Grincheux la faute ; il m'avait envoyé acheter son paquet de biscuits et son vin pétillant avec lequel il préparait ses mixtures.

— Et sur-le-champ, avait-il ajouté d'un ton comminatoire.

Je partis furieux, je revins de même. La porte d'entrée était fermée à clé ; je savais où la trouver. Une force irrésistible me poussa vers l'armoire au trésor. N'était-ce pas le moment d'apurer unilatéralement les comptes avec un grand-père grippe-sous dont j'étais le saute-ruisseau sans gages ? Un parrain si riche, ça devrait se comporter comme une marraine ! La Godé était bien plus généreuse. Alors...

Une douzaine de billes en verre irisé, tel fut le produit de mon larcin reconverti.

La suite ne fut plus qu'un long calvaire. Le remords commença à me ronger quand je vis grand-père, fatigué et boitillant, rentrer de sa tournée. Lorsque son regard croisait le mien, il me semblait y lire toute sa réprobation silencieuse. Lui, si méthodique, ne manquerait pas de découvrir mon larcin. Au fil des jours, je souhaitais qu'il en fut ainsi afin que je puisse avouer, me libérer, et subir le châtiment du coupable. N'y avait-il pas contre moi une conspiration du silence pour me faire boire le calice de la honte jusqu'à la lie ?

Pâques approchait. Le confessionnal, dans la demi-obscurité, ne me parut jamais aussi sinistre. Au travers de la paroi à claire-voie, je devinai une grosse tête qui sommeillait, soutenue par une main énorme. Je récitai ma litanie de péchés habituels, marquai un temps d'arrêt comme le nageur en haut de son plongeoir et me lançai à l'eau en fermant les yeux. Ni plouf, ni vagues, ni foudres de l'enfer. Cinq « Notre Père » pour l'absolution. C'était trop bon marché. J'en étais scandalisé.

Je ne saurai jamais si Patté Grincheux fut une victime muette et consentante!

UN VILLAGE AU PAYS DE NIED

Avec Patté Ory j'étais à bonne école quand il m'arrivait de l'accompagner en tournée. Quelles admirables leçons de choses et de cours de géographie locale dispensés sur place par ce professeur compétent dont les connaissances s'étaient enrichies par ses séjours en forêt et ses interminables rondes sur le plateau et dans la vallée!

Quand il fagotait en lisière du bois, je lui portais son frugal déjeuner. Sur la Gaïss (cadre en bois sur pied avec dossier, deux mancherons et un système de ligature), le fagot prenait naissance. La serpe coupante, maniée avec dextérité, débitait les ramilles folles, enchevêtrées, qui s'ordonnaient, «sans jour», maîtrisées par la chaîne du levier qui les étranglait pour les corseter de fil de fer. Quelques coups de serpe pour modeler, égaliser et fignoler; une rapide ligature à la tenaille et voilà un fagot équilibré avec «son menu et son gros», vendu à la pièce et qui ne volait pas son client.

– Quel gâchis! Dire qu'il y a vingt ans à peine la liane remplaçait encore le fil métallique, disait-il.

Assis à ses côtés sur une bille de bois, je découvrais les mystères de la forêt profonde. Tout y était silence, peuplé de murmures et de bruissements. Rien ne venait troubler le frémissement des choses qui n'est autre que la vie. Elle grouillait partout, sous les feuilles mortes, dans les mares, dans les terriers, le feuillage et l'air.

Il y avait les gros taons aux yeux globuleux qui emballaient les attelages; les tiques indestructibles dont le corps arraché repousse à partir de la tête incrustée sous l'épiderme. Ici l'acrobate des forêts donnait une leçon au Tarzan des bois; là-haut c'était une pie jacassante, au loin, un coucou paresseux qu'on ne voyait jamais. Et partout et nulle part, tout ce monde animal à plumes et à poils, apeuré par le fusil, qu'on ne surprenait que par hasard, l'espace d'un instant.

Grand-père avait façonné ses fagots dans toutes les coupes de la vaste forêt. Il en connaissait toutes les essences, parfois leurs parasites. Impossible pour ma petite cervelle d'assimiler tout son enseignement ! Le grand hêtre au tronc lisse, droit comme un cierge, donnait la faine croquante qui fournissait jadis l'huile du pauvre. Le chêne majestueux, aux branches torturées, était prodigue de glands si appréciés du sanglier et de ses frères civilisés.

Il me souvient d'en avoir rempli un jour tout un panier à force de persévérance. Le représentant de la loi mit son képi pour m'expliquer que la glandée était strictement réglementée ; et ce fut à posteriori qu'il me fallut obtenir l'autorisation de Monsieur le Maire. J'appris aussi, c'était important, à m'orienter et tant et tant sur le vent, la pluie, les fleurs, les champignons, etc.

La tournée sur le plateau apportait aussi sa moisson de connaissances. Bello connaissait le circuit du jour et chacune de ses étapes. Je trottais sur ses talons, suivi du garde clopinant et nous montions tous les trois, par le talweg, vers le plateau.

Voici la fouche où bifurque, vers la gauche, le chemin d'Alzing. Et là, à la droite du chemin, sur un espace réduit, dans une boucle de la Bach, c'est le Quartienne : trois masures inhabitées, en ruines, devant lesquelles on passait très vite entre chien et loup, hantées qu'elles étaient par les fantômes de générations de hardiers et de quelques hères en marge de la société.

Le dernier hardier s'appelait Hirte Michel, vivait là chichement, dans le logis communal, percevait ses gages de la collectivité et des usagers, était à la fois vétérinaire et guérisseur. Il fournissait du *Glaubersalz* contre les plaques roses du porc, émasculait les gorets de deux mois, dégonflait au trocart les grosses panses des ruminants trop gourmands de trèfle et préparait les potions contre constipations, indigestions et autres ; il prodiguait ses conseils gratuitement.

Quand sa trompe sonnait dans l'air matinal, il fallait voir, disait Patté, la procession des cochons à travers les rues du village. Hardier en tête avec sa « flûte enchantée », la horde remontait le patelin ; l'une après l'autre, les portes de corridor et d'étable dégorgeaient leurs bolides lourdauds, de graisse et de chair, qui s'en allaient, grognant d'aise, rejoindre le troupeau en route pour la vaine pâture. Et au retour, chaque unité quittait le groupe à bon escient et retrouvait, sans assistance, le chemin de sa porcherie obscure. C'est vers 1911 que disparut le dernier hardier.

Pourquoi ces trois bicoques – plus celle d'en face, dont il ne restait que les fondations et nulle trace dans le souvenir de nos sages – avaient-elles échoué là, en dehors du village ? Ne seraient-elles pas les vestiges millénaires d'un hameau édifié à cet endroit et probablement sur le talus face au ravin, avec ses vieux murs de soutènement en pierres sèches.

Des nomades trouvaient périodiquement en ces lieux un point de chute, après avoir montré patte blanche à l'autorité communale et repartaient dans leur roulotte tirée par la femme et les enfants ou quelque rossinante famélique.

Le remblai supprima peu à peu toute trace de ces vieilles constructions, tout comme la terre du cimetière et le temps effacèrent le souvenir de leurs occupants.

Après un faux-plat, le trio amorçait la montée vers la Schäferaï, à la fois pâture et verger communal. Qui ne connaît la Schäferaï n'est pas enfant du pays! Dès le printemps et jusqu'à l'automne, la vache et la chèvre des humbles y broutaient sous la surveillance de petits pâtres continuellement en révolte contre de petits interdits, à l'exception de celui qui concernait la «Source de la Vieille».

Elle naissait au bas de la montée, à la droite du chemin et s'écoulait, fraîche, limpide et innocente, en un frêle filet qui alimentait un minuscule bassin naturel où patinaient quelques araignées. Mais à bien regarder, on les voyait, les *Guitzen*, rapides, chevelus et translucides, qui vibrillonnaient dans ce milieu aquatique. D'après la légende, racontait Patté, une petite vieille chargée de son fagot s'arrêta à la source pour se désaltérer. La pauvre mourut deux jours plus tard dans d'affreuses souffrances, les intestins percés comme une passoire. Les *Guitzen* avaient fait œuvre de mort et depuis nul ne but jamais plus à la source, si ce n'est nos chèvres, insouciantes des croyances populaires.

On était à présent sur le plateau en légère déclivité vers la forêt. Le chemin longeait, à droite, le Wasem aux terres fertiles, à gauche le Schäferborren dont on avait capté la source pour alimenter les deux fontaines du village. La commune était propriétaire en ces endroits de quelques arpents de terre dont les parcelles faisaient le bonheur de nombreux ménages. On se les repassait dans les familles selon des règles complexes; et qui n'avait pas les moyens d'en payer le loyer allait *frohnen* pour la commune (payement en nature par des corvées diverses). C'est dans les bonnes terres du Wasem qu'on trouvait les *Warren* aux piqûres venimeuses parfois mortelles. Peu furent piqués, personne n'en mourut, mais beaucoup conservaient l'orthoptère qui macérait dans l'huile d'une bouteille pour soulager les vivants.

Le fossé franchi, le chemin du Kiehweg s'enfonçait à présent dans les bois après sa traversée des Kosaken. C'était ces terres communales ingrates, aux parcelles perpendiculaires à la lisière, en herbages jusqu'au Bergweg, en cultures au-delà.

Dans le sous-bois, à l'orée de la forêt profonde, c'était la halte habituelle. Grand-père sommeillait, Bello ne dormait que d'un œil; étendu sur le dos, je salivais, un brin d'herbe dans le bouche, attentif et crispé. Entendrais-je enfin la voix larmoyante et pitoyable du Houtata qui avait vendu son âme au diable et dont l'esprit hantait ces lieux, condamné qu'il était à y errer jusqu'à la fin des temps? Terrifiés par cette voix d'outre-tombe, ceux qui l'avaient entendue racontaient la chose en tremblant comme les osselets d'un squelette de laboratoire exposé à tous les vents.

C'est dans les Kosaken, pas loin de là, que le Poto Jäcklé, affranchi de toutes les superstitions, fânait durant la messe du dimanche, assuré de l'impunité dans ce coin reculé. Il rassemblait l'herbe en meules; à l'autre bout de son champ, un inconnu en faisait autant. Qui pouvait bien être ce citoyen si serviable? Qu'importe! A deux, ça va plus vite, si vite qu'il se trouva tout à coup nez à nez avec le diable encorné aux doigts crochus, au rictus démoniaque. Quelle fuite éperdue à travers la campagne et l'église qu'il traversa comme un fou, en pleine messe, pour se précipiter aux pieds du prêtre. Ce fut sa chance, car le diable n'osa pénétrer dans le sanctuaire. Le curé l'exorcisa et le bonhomme devint sacristain.

Il n'était pourtant pas poltron, le Jäcklé! N'avait-il pas, durant la guerre de 1870, embroché deux uhlans à la fois dans sa lance? Quels drôles d'yeux allait faire son capitaine! Hélas! lorsqu'il se présenta au garde-à-vous devant son supérieur, lance sur l'épaule, il en avait perdu un en cours de route.

Le Hanseberg dominait le village au sud-ouest. Pas de doute qu'il ne fût une chaîne de montagne comparable aux Pyrénées dont le maître parla l'autre jour aux aînés du Certificat d'Etudes.

Je l'attaquai de front. Il ne résista guère à mes solides jarrets; aucun attelage ne l'aborda jamais de ce côté-là et ça fait bien longtemps que la jambe de grand-père refusait une telle escalade, préférant contourner l'obstacle pour le prendre à revers.

Du sommet, on embrassait d'un seul coup d'œil toute la magnifique vallée de la Nied. Quelle formidable carte géographique, grandeur nature, avec la rivière traçant son ruban d'argent au milieu des prairies, avec les villages essaimés, les voies de communication et, tout au loin, les côtes de la rive gauche.

Si l'enseignement de mon professeur improvisé comportait quelques lacunes ou imprécisions, il avait le mérite d'exister; nourri par les almanachs jaunis du tiroir de la grosse armoire, il a droit à toute votre indulgence. Jamais personne ne me parla, comme Patté Ory, de la Nied et du pays, même pas le maître obligé de ficeler son programme. Son petit bagage d'érudition, le vieil homme me le communiqua avec une certaine componction, comme s'il me le léguait en héritage.

Parmi tous les filets d'eau qui alimentent l'étang de Bischwald, lequel peut prétendre au nom de Nied? Tous peuvent le revendiquer, étant tous d'égale médiocrité. Et l'étang les absorbe, règle à sa guise cette mesquine dispute de famille et libère un ruisseau baptisé «Nied allemande» dont le cours constitue la frontière linguistique sud des pays mosellans à dialecte germanique. Certains géographes pointilleux contestent cette origine de la rivière, mais qu'importe la paternité d'un filet d'eau!

— Laissons-les à leurs querelles, disait Patté.

Et pendant ce temps, quelque part au sud-ouest, près de Martille, la Nied française, fière de ses villages à consonnances latines, oblique après bien des hésitations vers son homologue qu'elle rencontre à Condé-Northen. Toutes deux trouvent un compromis dans cette union: c'est dès lors la Nied tout court qui traverse à présent le Pays de Nied, région à dominante agricole située à mi-chemin entre le fer à l'ouest et le charbon à l'est.

C'est à présent une belle rivière qui musarde entre les traditionnelles rangées de peupliers et de saules. Sa vallée s'épanouit chez nous en une large prairie toute plate. Sage par nature, ses eaux tumultueuses envahissent à plusieurs reprises, durant la mauvaise saison, son bassin encadré de collines élevées. En aval de Bouzonville, la rivière s'engage dans des défilés, franchit la frontière et se jette dans la Sarre.

A la limite des crues, la vallée est jalonnée de petits villages dont quelques-uns ont les pieds dans l'eau en cas de pluies exceptionnelles. Toutes ces agglomérations se caractérisent par le regroupement frileux de leurs constructions soudées par leur pignon mitoyen, implantées sans souci d'alignement le long de la rue défoncée par les ornières et les nids de poule. Nos routes empierrées ignoraient le bitume. Construites en profondeur, nos demeures et leurs dépendances ne recevaient que parcimonieusement la clarté du jour. Sur l'usoir en désordre, le fumier avait une place de prédilection. Ajoutons-y les fontaines, à la fois lavoirs et abreuvoirs, dont les abords étaient de vrais cloaques les jours de pluie, l'église généralement sans style, l'école sans prétention et voici nos villages d'autrefois, sans fard dans leur négligé quotidien, sans coquetterie, sans commune mesure avec leurs voisins d'Alsace pittoresques et gais, ou leurs proches de Sarre, plantureux et soignés.

Depuis que le folklore est remis au goût du jour, on parle de maisons lorraines, de leur style; un bien grand mot pour nos humbles demeures qui n'en demandaient pas tant.

Leur architecture se résume en fait à trois types de constructions, selon l'importance de l'exploitation.

1. La maison à travée unique, la plus courante, modeste demeure du manouvrier, qui comporte deux ou trois pièces en enfilade le long d'un corridor latéral. Au-delà d'une courette, voici les indispensables dépendances : sur un espace réduit s'imbriquent ingénieusement l'étable minuscule avec sa porcherie, son poulailler et son clapier.

Là, vit en communauté, dans la pénombre, tout un peuple à cornes, à fourrures, à soies et à plumes qui a ses habitudes, mange à ses heures, se réchauffe mutuellement et bénéficie de l'attention bienveillante de ses maîtres dont il assure la subsistance.

L'étage est identique au rez-de-chaussée et le grenier, sous les tuiles creuses, regorge, en bonne année, de foin et de paille.

2. La maison à double travée, avec son couloir central dont la partie habitation n'est en général qu'une copie conforme de la précédente. On accole, en façade une grange avec sa lourde porte charretière à deux battants; à l'arrière de celle-ci se trouvent les dépendances. C'est la maison du petit exploitant.

3. La maison à triple travée, adaptée à nos exploitations de polyculture de 10 ha. de moyenne. C'est une construction fonctionnelle avec : habitation – étable, écurie et porcherie – grange, grenier et fenil.

Cette architecture extensible, créée strictement en fonction des besoins, avait pris ainsi sa forme définitive pour deux siècles (depuis la fin du XVIIIe siècle). Il n'y a que l'école et le presbytère qui échappaient à ses règles et s'isolaient à l'écart d'un pâté de maisons.

Autrefois l'économie des Pays du Nied était conditionnée en partie par la rivière. La prairie, fertilisée par le limon des crues, produisait en abondance une herbe naturelle de qualité; coupée deux fois l'an, elle remplissait les fenils et peuplait les étables. L'on se flattait chez nous de ne trouver qu'exceptionnellement dans les mangeoires de la paille hachée ou de la balle d'avoine qui font renâcler les mufles et tarir les pis et les gens du plateau nous enviaient nos troupeaux.

L'énergie hydraulique de la rivière donna naissance à quelques petites entreprises artisanales : scieries, huileries, tanneries, moulins (dont le dernier, celui de Bouzonville, disparut durant la dernière guerre).

Un ruisseau capricieux, qui prenait naissance sur le plateau Est du village, avait taraudé un profond ravin dans les premières pentes de son parcours. Il traversait la localité en enfilade, collectait sans discernement les eaux de toutes origines et se jetait dans la rivière du Bachgraven (lieu-dit).

Pour endiguer ses fantaisies des jours maussades, il fallut canaliser notre bouillonnant client qui charroie et restitue à la collectivité ce que d'aucuns comptaient enfouir en amont dans les profondeurs de son ravin. Et durant certaines nuits d'orage, pour orchestrer la partition du tonnerre, la batterie des couvercles, boîtes de conserves et autres, raclant le lit empierré, peuplait les silences des éléments déchaînés.

Vers le milieu du siècle passé on avait donc pavé son lit et monté ses berges en belles pierres appareillées, coiffées d'épaisses plaques de grès des Vosges. Durant les beaux jours, notre ruisseau redevenait ce qu'il n'aurait jamais dû cesser d'être : une tranquille mare aux canards.

Saint Jean baptisa dans le Jourdain pour reconnaître les siens ; il fallait avoir reçu le baptême dans la Bach pour être reconnu enfant du pays. Personne n'échappait à cette fatalité et chacun s'étalait, un jour ou l'autre, dans la fraîcheur de ses eaux douteuses. La première chute était considérée avec une certaine indulgence puisqu'elle était supposée rite de consécration. Mais gare aux suivantes lorsque, trempés, boueux, puants, nous étions accueillis par la mère furieuse et qu'après un honteux strip-tease elle nous imposait la loi du plus fort !

C'est que les occasions de rechute étaient multiples. Dès six ans, on s'exerçait à franchir la Bach avec la perche. Avant le cours moyen, il était indispensable de la sauter avec élan. C'était l'exploit qui vous intronisait dans le cercle des « grands ». Les mauviettes perdaient à ce jeu toute considération et les uns et les autres y récoltaient plaies et bosses et parfois bien pire.

NOTRE PETIT MONDE AU QUOTIDIEN

La société rurale
Mères de famille
La vie religieuse
Dimanche
Notre école
Hygiène, pudeur et candeur
Coutumes du terroir
Galerie de portraits

LA SOCIÉTÉ RURALE

Toute société possède ses hiérarchies et ses lois. Elle est basée sur des rapports de forces, et l'intelligence, le talent, l'instruction et parfois le hasard – et au-delà l'argent et le pouvoir – sont à l'origine du clivage de ses composantes ; la finalité en est une répartition inégale des richesses.

Notre monde agricole, en ce début de siècle, échappait à ces critères par suite de la nature même des ses activités entièrement liées à la terre. Dans cet univers clos de nos villages, sans prise directe avec l'extérieur, s'était établi un curieux nivellement des conditions sociales. Comme tout y était simple !

La seule richesse trouvait son origine dans la possession de la terre qui assurait la vie de la collectivité. Tout le monde en possédait, à l'exception de quelques rares déshérités. N'y avait-il pas comme une union charnelle, venue du fond des âges, qui s'établissait entre l'homme et la terre, complétée d'un véritable amour ancré dans chaque âme paysanne ?

Mais pourquoi les uns avaient-ils des attelages de chevaux, des vaches et une dizaine d'hectares ? C'étaient « les gros ». Pourquoi les autres n'avaient-ils guère qu'un arpent et se contentaient-ils d'une vache, sinon d'une chèvre et de la force démultipliée de leurs bras ? C'étaient « les petits ». Qui en avait décidé ainsi et par quel long cheminement s'était effectuée la répartition des sols ? Sans doute par la vertu de quelques doses d'obstination, de sueur et de chance inhabituelles, par l'héritage heureux d'un oncle célibataire, par une alliance savante et calculée. Tout cela avait fait à la longue la différence, tout comme la coutume remettait parfois les montres à l'heure quand elle redispersait un patrimoine.

Mais en vérité, les gros n'étaient point riches, les petits n'étaient point pauvres et les plus pauvres jamais misérables. Nul indice dans les apparences et les comportements des uns et des autres qui les distinguât.

L'aisance toute relative des premiers était aussi discrète que la pauvreté des seconds. Tous gémissaient de la dureté des temps. Et pourtant, quelques signes dérisoires établissaient la distinction : un usoir plus encombré, un fumier volumineux ; à bien jauger sa taille, on faisait une incursion indiscrète dans le patrimoine de son propriétaire. Dans les logis, on se serrait tout autant chez les uns que chez les autres. Seules les bêtes et les récoltes disposaient d'un espace différent.

Même pas de château, chez nous, avec son hobereau qui puisse se dire riche ! Il y avait bien « le Schloss », cette maison de maître où vivait le brave docteur Régnier en ce temps-là. Mais, faisait-on fortune avec nos gens qui n'avaient pas le temps d'être malades ?

Tout ce monde travaillait dur et personne n'échappait à cette lutte opiniâtre pour l'existence. Les gros appelaient les petits *«mein Dahläna»*[1] – mes journaliers – et ceux-ci appelaient les premiers *«mein Bauer»* – mon laboureur. Chaque groupe avait besoin de l'autre et les familles étaient souvent appareillées ainsi depuis plusieurs générations et vivaient en symbiose.

Dans ce village de quelque quatre cents âmes, il ne restait plus que quelques rares artisans qui avaient échappé à la sollicitation du bourg voisin, distant d'un quart de lieue. Ils vivaient de leur métier et cultivaient quelques lopins de terre. Il y avait enfin *«der Herr»* – Monsieur le Curé – et *«der Schulmeister»* – Monsieur le Maître – deux hôtes de marque qui venaient d'ailleurs, fils de paysan bien souvent et qui vivaient un peu hors du circuit commun.

Le ban communal comportait plus d'un millier de parcelles. Faute de recherches historiques approfondies, il est difficile, voire impossible d'expliquer cet incroyable morcellement des propriétés. Sans doute faudrait-il remonter à la Révolution de 1789 qui redistribua probablement les terres spoliées de l'abbaye de Bouzonville que ses fondateurs avaient données autrefois en dotation à la communauté des Bénédictins, au début du XIe siècle. Le cadastre qui détermine les origines de propriété ne fut introduit dans notre localité qu'en 1836.

La superficie du ban de la commune était bien modeste : 472 hectares, dont 200 de terres labourables, composées de calcaire coquillier et de marnes plus ou moins argileuses qui s'étendaient sur le plateau vallonné – 83 hectares de prairies naturelles opulentes, dans la vallée de la Nied – 27 hectares de jardins à proximité et de vergers qui montaient à l'assaut des pentes, enfin 162 hectares de forêts, taillant une demi-couronne au plateau.

---

[1]. Vient de l'allemand *Taglohner*.

Cette magnifique forêt de futaies constituait la richesse commune et fournissait le bois d'affouage à prix modique aux habitants du lieu, tandis que la vente des grumes constituait l'essentiel des recettes du budget communal. Après l'abattage et l'enstérage, des bûcherons consciencieux alignaient en rangées régulières les ramilles, en formaient des lots tirés au sort. C'était la manne gratuite transformée par chaque foyer en fagots équilibrés avec leur menu et leur gros et en longues perches trop grosses pour la serpe. Quelle animation dans la forêt durant cette période du fagotage! Il fallait voir cahoter ces énormes chargements sur les chemins défoncés. Et des mois durant, au-dessus du ruisseau, sur leurs traverses de perches, les tas monstrueux séchaient au vent et au soleil. C'est qu'il en fallait pour les fours à pain voraces et pour ranimer les âtres agonisants! Ne disait-on pas alentour que nous étions riches?

Les laboureurs de chez nous

On l'était de père en fils, par le seul fait de posséder son propre train de culture pour exploiter un modeste patrimoine bien à soi. Ne le devenait-on pas déjà à la naissance, après sevrage, par la vertu du bon lait de quelque «Mazette à vocation», soigneusement sélectionnée parmi le petit cheptel. Et l'on s'y préparait dès l'enfance. Agrippé à une crinière docile, goûtant l'ivresse au sommet d'une charrette, accompagnant, sur le plateau, le panier qui ranimait les énergies défaillantes, tirant sur les guides en titubant dans un sillon de labour, dans l'écurie, dans l'étable, partout on trouvait cet apprenti en herbe, témoin attentif des travaux quotidiens. Pâtre vers douze ans, il commençait à se jouer de la brouette, puisant dans ses forces pour renouveler une litière, remplir un râtelier, impatient de faire besogne d'adulte et de se mesurer avec les hommes.

L'attelage de chevaux était la grande fierté de tout laboureur. Rosse et rossinante, haridelle ou bidet, bourrin ou canasson, peu importait, puisque, fidèles jusqu'au dernier jour, ils mouraient à la tâche à l'exemple de leur maître. Qui ne rêva d'un couple de percherons? Mais l'on se contentait de Fuchs, de Coquette, Rap, Bijou, Fany, César... des bêtes du cru sans pédigree, robustes, travailleuses et obéissantes.

Le départ d'un attelage était un spectacle qui, bien que mille fois renouvelé, rameutait inévitablement le ban et l'arrière-ban des mouflets. Cela commençait à l'écurie où la grosse voix écartait Fuchs, poussait Fany pour se frayer un passage. Bride sur l'épaule, mains et bras chargés de cuirs, le maître, aux gestes précis, balançait le harnais de trait sur le dos de Fany puis enfilait le licou ; une gueule s'ouvrait sur une dentition terrifiante, avalant le mors. Des courroies, des lanières, des sangles, des ceintures et des anneaux et des boucles ; Dieu ! que c'était compliqué pour habiller une belle de pied en cap !

Hououf ! et Fany reculait doucement pour un demi-tour hésitant, s'avançait sur le pas de la porte où l'on achevait son harnachement. Ici passaient les oreilles, là, la queue qui résistait ; sangler le ventre, fixer la bride avec ses œillères, sa monture, ses rênes et son mors, fermer la gourmette, vérifier, contrôler si l'habit s'ajustait bien aux formes : c'était un rituel ancestral. Une tape sur la cuisse et la bête rejoignait d'elle-même sa place habituelle au chariot, attendant patiemment son compagnon d'attelage.

Ils étaient deux, côte à côte ; souvent quatre, deux par deux ; parfois trois, deux au timon, l'autre en flèche, suivant la nature du charroi ou la richesse de l'écurie. Hue ! Et ça démarrait dans un cliquetis de chaîne, un claquement de fouet, un grincement des jointures. C'était simple, si simple, si évident que c'en était émouvant. Quatre bêtes qui conjuguaient leurs efforts, ajustaient leurs muscles, coordonnaient leur allure, obéissaient à la voix et au geste avec un ensemble approchant de la perfection !

Pouvait-on donner tort à nos gens qui se gaussaient du gros collier utilisé au-delà de la frontière proche ?

– Décoratif, certes, mais rien qu'un bijou pour filles ! disaient-ils. Et le profane reste perplexe devant la complexité du harnais dont tout concourt à canaliser les efforts de la bête vers les larges lanières rembourrées qui ceinturaient son puissant poitrail.

Quant aux méprisables attelages de bœufs ou de vaches de certains villages proches, ils étaient la risée de tous. De la même façon reniait-on aussi le tombereau, tout juste bon pour le charbonnier, qui considérait avec humeur son véhicule comme injustement déprécié.

Le chariot à quatre roues cerclées de fer était roi et s'accommodait de toutes les charges. Dès la mi-juin, il était mis à la mode d'été pour rentrer le foin et plus tard les céréales. Rallongé pour la circonstance par le recul de l'arrière-train qui glissait, grâce à son étrier, sur le maître arbre, on remplaçait son châssis de planches par des ridelles à claire-voie. Une échelle fourragère à l'avant, deux solides perches et un treuil formé d'un cylindre en bois à l'arrière, la mutation était achevée. Et voilà que notre lourd chariot prenait l'élégance ensoleillée des beaux jours. Le *Zilschett*, fixé à la base du timon avec son double couple de chaînes, servait à la traction tandis que le collier des bêtes, relié à l'anneau de l'extrêmité de la flèche, assurait la direction de l'avant-train.

La charrue n'avait que peu évolué durant des siècles: roues en bois cerclées de fer, bâti et mancherons en bois, coutre, soc, versoir, le métal gagnait peu à peu la partie. Les herses impotentes, avec leurs dents métalliques, se transportaient sur un lourd traîneau chaussé de patins de fer qui crachaient, par moment, avec un bruit strident, une maigre étincelle sur le silex fumant de la chaussée. Enfin, la batteuse, avec son manège, remplaçait progressivement l'égréneuse à main.

Tel était, à cette époque, le matériel simple, robuste et indispensable à tout cultivateur pour exploiter ses terres. Entre cinq et quinze hectares de champs et de prés, c'était la taille variable de «nos gros», tout cela morcelé en une multitude de parcelles de superficie disparate, dispersées au quatre coins du ban communal; ici un *Mohén*[2], là un demi-*Mohén*, ailleurs des trois quarts et même quelques rares pièces d'un quart, le tout en bonne et due propriété car le métayage n'existait pas chez nous.

De cet imbroglio de dominos naissaient des contestations. Pour nos gens du terroir, se battre pour quelques mottes c'était dans la logique des choses. Si mordre sur le voisin était un crime de lèse-propriété, lui en laisser tournait à la déraison. Et tel qui faucha, par mégarde, le pré d'à côté, se bâtit une cocasse célébrité. Ce fut l'hilarité dans toutes les chaumières où l'on ne cessait d'en parler.

Il y avait heureusement quelques caciques qui possédaient le cadastre dans «leur ordinateur» et réglaient des litiges à l'amiable. Pas la moindre borne dont ils ne connaissaient, à un petit poil près, la localisation.

— Ton demi-*mohén* du Freschepool se trouve dans la section 4, disait le Anda à son interlocuteur. A gauche, la parcelle du Méla Matz, à droite celle de la Jäng sei Käte. Elle bute, vers le haut, dans la *zweit Längden*[3] sur les *drei Fäadel* (trois quarts de jour) du Katzebauer. A partir de la *dick Maak*[4], compte six raies et tu tomberas sur le champ de ton père. Impossible de te tromper; ouvre tes yeux et ne les mets pas dans ta poche.

L'oracle avait parlé!

Tributaires de l'assolement triennal, les cultures de l'année se regroupaient selon leur nature: ici, les champs de céréales (blé, avoine, orge, un peu

---

2. *Mohén*: vient de l'allemand *Morgen*, qui correspond au «jour», soit 20 ares.
3. Les rangées en seconde file.
4. Grosse borne de section.

de seigle), là les pièces à fourrage (trèfle, luzerne, sainfoin), ailleurs les parcelles de pommes de terre et de betteraves. Bien trop chère, la potasse d'Alsace ou les phosphates du Maroc, pour les petites bourses des menues gens! A partir de la litière au crotin de l'écurie et de celle à la bouse de l'étable s'élaborait, sans conteste, le meilleur des engrais.

Bon an, mal an, les récoltes variaient selon les caprices des saisons. Sécheresse, grêle ou gelée, malchance à l'étable étaient les fléaux qui provoquaient la catastrophe dans le bas de laine et des lamentations sur la fragilité du métier. Et quand l'année avait été bonne, et que des charrois exceptionnels de houille chargée à Creutzwald, de sel pris à Sarrable, de grumes pour les scieries avaient amélioré l'ordinaire, nos cultivateurs, volontiers secrets sur leurs affaires, gémissaient encore pour ne point montrer la petite aisance retrouvée.

Journaliers ou manouvriers

Dans cette structure du monde rural, le gros des gens étaient les journaliers.

Ici, point de mécanique ni de traction animale. A chacun son *Wänchen*, ce chariot miniaturisé, utilisé pour les petits transports du jardin et du verger au domicile, rendant mille services contre un solide contingent de sueur; il y avait aussi la brouette pour les courtes distances et tout ce matériel pour mains calleuses et dos courbés: bêche, pioche, houe, faux, fourche, râteau...

«Nos petits» imitaient «les gros», forcément; ils possédaient un ou deux arpents[5] de terre, cette terre exigeante qui les accablait les uns et les autres, mais indispensable pour exister. A l'instar des premiers, ils mangeaient la même potée cinq fois par semaine, faisaient maigre le vendredi, le pot-au-feu le dimanche, couchaient dans des draps blancs sur des paillasses de balle d'avoine, tendaient le dos en période d'intempéries, élevaient à la dure une nichée de gosses avec peu d'argent, en faisant des prodiges pour joindre les deux bouts.

A chaque journalier son laboureur, à chaque laboureur sa demi-douzaine de journaliers. Celui-là apprêtait les champs de ses *Dahläna*, les labourait, les semait, les hersait et charroyait les récoltes. Ceux-ci rendaient cela en journées de manouvrier lors des travaux saisonniers: fenaison, moisson,

---

5. Un arpent = 35 à 50 ares, selon les régions.

battage, etc. On faisait les comptes à la Saint-Martin. Par quel miracle se trouvait-on quitte généralement ?

L'accord tacite qui unissait les uns aux autres n'était point codifié et la règle du jeu faussée par la méfiance des uns et le refus de transparence des autres. Il serait vain de croire que les couples vivaient toujours en parfaite harmonie. Apres au travail, âpres au gain, nos petits se sentaient souvent frustrés et pleins de rancœur.

C'est qu'elles étaient longues ces journées où on se levait avant l'aube pour rentrer à la nuit close, mouillé par la rosée du matin, rôti sous le soleil de midi, trempé par la sueur d'un jour torride, recru de fatigue aux dernières heures. Voués aux tâches épuisantes, ils pesaient lourd ces jours sans fin sur la balance crédit-débit, dont un « quitte » souverain rétablissait l'équilibre des plateaux. Que de temps passé aux champs d'autrui pendant que les siens appelaient leur maître ! C'était là une situation conflictuelle où le rapport des forces était inégal par suite de la crainte des lendemains incertains redoutés par les journaliers. Aussi la contestation s'arrêtait-elle au niveau des velléités.

Et pourtant, à chaque Saint-Martin, la Rocke Bibi brandissait l'étendard de la révolte. Elle parlait à son homme de la couardise des manouvriers qui ne se décidaient pas à la suivre sur le chemin de la jacquerie.

— La comptabilité n'est pas affaire d'à peu près, mais de rigueur et d'argumentation, disait-elle.

Quant au Jean, il parlait de « moyen âge, servage, corvées », mots savants et contestataires dont je finissais par deviner le sens.

La situation était dramatique quand la pluie s'en mêlait et que tous attendaient l'éclaircie pour rentrer la voiture de foin ou de céréales avant une nouvelle averse. Qui privilégier ? Problème insoluble que de contenter tout le monde ! Situation cornélienne pour le cultivateur qui était partie prenante lui-même.

Et là, comme ailleurs, il y avait les bons et les mauvais. Qui ne jura un jour, en secret, de quitter son laboureur en dépit d'une longue tradition l'unissant à lui ? La Saint-Martin de l'année suivante les retrouvait face à face. Qu'il était difficile de gommer le poids des coutumes dans une société figée dans un équilibre précaire où chacun s'intégrait vaille que vaille !

Chaque famille cultivait avec amour son jardin dont elle tirait sa subsistance. Il y avait, aux approches du village, les multiples parcelles, souvent minuscules, dans les sections des Langäaten, Kellagäaten, Bachgraven,

Schmettloch et autres, aux terres grasses, fertilisées durant des siècles par un fumier généreux qui circulait sur la Mechtbéa[6] par des sentiers étroits. Il y avait aussi les parcelles communales du Wasem, du Schäferborren, des Cosaken et de la Rohd, aux confins du terroir, d'accès difficile pour le Wänchen qui s'époumonnait dans les montées, où chaque lopin, bon, médiocre ou exécrable était convoité ; point de place à la friche ! Il y avait enfin le jardin à l'arrière de chaque maison, fécondé par l'inconcevable patience des ancêtres. C'est là que, chaque hiver, on vidait la fosse d'aisance pour restituer intégralement à la terre ce qu'elle avait produit.

Le cycle des saisons remplissait ces petits paradis de légumes en abondance pour que les hôtes à quatre pattes y trouvent aussi leur compte : salades, haricots, carottes, choux, petits pois, pommes de terre précoces, etc. Pommes de terre et betteraves se contentaient de la fraîcheur de la cave ; haricots et choucroute attendaient patiemment dans leur saumure jusqu'à la mauvaise saison ; les choux d'hiver avaient la vie dure et prenaient le risque d'affronter les frimas sur place. Et les vergers, bon an mal an, fournissaient leur contingent de pommes rustiques qui se conservaient jusqu'à Pâques, de cidre, de goutte, de pruneaux séchés sur les claies dans les fours tiédis, et de fruits divers pour tartes et confitures.

Combien de fois n'ai-je pas entendu la Godé affirmer péremptoirement que la pauvreté n'était point une fatalité, mais le lot quotidien des paresseux ? Il faut naturellement tempérer tout ce que ce jugement avait d'excessif.

Tel qui possédait deux fauchées[7] de prairie avait sa vache ; tel autre, qui devait se contenter de l'herbe de son verger, n'avait que sa chèvre et l'accès à la pâture communale. Ne possédait-on qu'un champ pour tout bien au soleil, on y cultivait la pomme de terre. Le modeste tubercule, se souvenant de ses humbles origines et de la désaffection des premiers disciples de Parmentier, avait fini par conquérir notre Vieux Monde et s'imposer à toutes les tables, à tous les repas, comme ultime recours à la disette.

Jusqu'aux deux hôtes de la porcherie qui en faisaient leurs délices. Sur quelques pieds carrés de vieilles planches, entre l'auge et la litière, ils coulaient une existence heureuse, accumulant des livres qui accéléraient leur destin. On se réservait l'un pour le fumoir et l'on vendait l'autre qui payait la pension commune.

---

6. Brancard servant aux transports divers, dans les endroits peu accessibles et étriqués.
7. Unité de surface utilisée en prairie. Une fauchée = 17 à 18 ares.

Avec un lopin supplémentaire, on faisait la betterave qui améliorait l'ordinaire de la vache, des gorets et des lapins. Et quand on était riche, comme la Godé, on avait en plus des céréales pour une opulente basse-cour et pour en livrer au meunier contre farine ; on possédait un secrétaire pour y faire ses comptes et cacher ses écus et, avec de la chance et les moyens, on achetait encore des terres au hasard d'une adjudication publique où l'on dispersait le patrimoine d'une exploitation qui se mourait faute d'héritiers.

Travailleurs saisonniers, nos journaliers étaient occasionnellement bûcherons, cantonniers, manœuvres temporaires dans les petites industries du voisinage : fours à chaux, tanneries, brasseries, tuileries, moulins à plâtre et à grain, huileries, etc.

Et quand le fumoir était bien garni en lard, jambon et saucisse,
– que la cave regorgeait de tubercules, alignait sur l'étagère les petits pois piégés dans leurs bouteilles de limonade, gardait bien au frais le tonneau de cidre, la bonbonne ventrue de schnaps, le tonnelet de harengs saurs, les deux grands pots traditionnels en grès émaillé chargés du lourd pavé,
– quand le placard comptait ses verres de confiture, ses pots de saindoux, ses bocaux de cornichons, ses boîtes à chaussures pleines de haricots secs, de tisanes et de pruneaux de Vaudreching,
– que raves, navets, betteraves dormaient dans leur silo enterré,
– que le vaste grenier regorgeait de foin odorant jusqu'aux tuiles,
– que le hangar abritait le bois et les fagots des intempéries,
– que nos lapins étaient prêts au sacrifice et la basse-cour à l'abri du renard et de la fouine,
– que la pompe s'abritait dans son manteau de paille et que le fumier bouchait toutes les ouvertures inutiles pour faire la pige à la bise,
  alors, alors seulement on attendait avec confiance le siège d'un hiver interminable.

C'est alors que nos gens refaisaient leurs forces toutes neuves, soignaient leurs membres endoloris, mettaient au ralenti les muscles fatigués, abandonnaient leur condition de bête de somme en oubliant un peu, si peu, les multiples tâches pour lesquelles les journées n'étaient jamais assez longues durant la belle saison. Aux premières gelées on charroyait et épandait le fumier. Commençait alors la période des battages dans la pénombre des granges.

Ainsi vivait notre pauvre monde, sans réelle misère, sans grandes exigences, dans un cycle d'autoproduction, à l'intérieur d'un système organisé en vue d'une totale autosuffisance.

Que nos grands-parents aient pu vivre presque sans argent tout en élevant une nombreuse descendance paraît bien paradoxal à notre époque.

Les métiers

Dans notre petit village, ils nourrissaient rarement leur homme et, quand l'adresse n'y suffisait pas, un peu de culture constituait l'appoint providentiel.

Qu'on était encore loin de la société de consommation! Nos gens aux petits moyens, mais de grande sagesse, ignorant délibérément ce que le milieu était incapable de leur offrir, se contentaient de l'utile et de l'indispensable. Et puis, le cousu main de nos artisans n'était-il pas fait pour durer? Robuste comme le chêne, résistant comme l'acier trempé, inusable tel le cuir épais, dur comme la pierre, solide comme la toile, tout était marqué du sceau de la pérennité.

Notre artisanat se structurait autour des besoins locaux, de la matière trouvée sur place et des exigences de la nature. Issus du terroir, les métiers lui étaient ajustés et la sagesse populaire trouvait que le Créateur avait plutôt bien fait les choses en ayant pourvu à l'essentiel.

Ici la richesse de la forêt, là l'abondance naturelle de la prairie et la terre pas trop ingrate, ailleurs la pierre du Hanseberg et des Stènkeila pour nos logis aux murs épais. Avec les bras robustes de nos manants et les mains adroites de nos artisans, notre petit monde se refermait sur lui-même pour vivre en autarcie.

Bien des métiers passaient de père en fils avec les secrets des anciens. Très tôt les gestes s'inscrivaient dans les mémoires et les muscles de nos jeunes apprentis, aboutissant à un automatisme qui libérait l'esprit et le corps pour la recherche de la perfection.

La tradition nous rapporte que le milieu du siècle précédent nous comptait ses huit cordonniers s'en allant à pied jusqu'à Metz (35 km) pour livrer leurs souliers; sa dizaine de tisserands; ses marchands de bestiaux, tous juifs, issus d'une même famille, qui écumaient les étables des environs; son tonnelier privé de vignes et de vignerons, réduit à fabriquer cuves et cuveaux pour lessives, salaisons et autres: ses trois cabaretiers qui se disputaient une maigre clientèle. Au répertoire il y avait les corporations de carriers, tailleurs de pierre, maçons, bûcherons, scieurs de long, charpentiers, cloutiers, cordiers. Il y avait enfin l'inévitable maréchal-ferrant et l'indispensable hardier. Charron, bourrelier, sellier avaient émigré au bourg d'à côté.

Dès le début du siècle, les jours de la plupart de nos métiers allaient être comptés et si le village s'enrichit d'un boulanger tous les autres disparurent peu à peu, ruinés par le progrès.

Mais il y en avait d'autres qui étaient l'apanage de ce monde étrange des nomades qui fleuraient le mystère et le voyage; d'où venaient-ils, où allaient-ils, cherchant fortune tout au long des chemins?

Depuis neuf heures du matin, la roulotte est installée dans un espace entre deux fumiers. Une tribu de pieds-nus de tous âges, à la tignasse hirsute et aux yeux de braise grouille sur l'espace conquis sans complexe, fixant la marmaille autochtone avec des regards effrontés.

Deux femmes, merveilleusement belles, aux longues nattes de jais et aux énormes boucles d'oreilles passent de maison en maison. C'est leur présence qui a rameuté les mouflets à la sortie de onze heures. Leurs frimousses curieuses tressent, en un instant, une demi-couronne aux trois gaillards crasseux, noyés dans un amoncellement d'objets hétéroclites: couverts minables, marmites trouées, seaux percés, parapluies détraqués...

Ils sont là, les *Dépeguissa*[8], à la même place que l'an passé, le long du mur de pierres sèches du jardin de la Jäng sei Käte, à l'abri du gros poirier centenaire.

Voilà le magicien à barbe grise, au feutre informe, assis sur son escabeau, qui surveille une large coupe en fonte chauffant sur la braise du petit poêle. Sous une mince pellicule grise passe l'éclair du métal en fusion. A même le sol, cuillères, fourchettes, louches et écumoires attendent là, en petits tas bien sages, leur bain de jouvence. Une à une, la longue pince les retire à leur miroir d'étain et voilà que ces pauvres choses brillent subitement de l'éclat argenté et provocant des couverts de Crésus. Qui les reconnaîtra ce soir autour de la table familiale?

Au milieu de ses récipients, le second déculotte une marmite en un tournemain et lui rebrousse un nouveau rebord à petits coups de marteau. Les pointes sèches du compas tracent leur cercle sur la feuille marbrée du fer blanc où la cisaille découpe le nouveau fond. Le jeu conjugué du fer à souder qui chauffe dans la braise, de l'acide qui crache, de la pierre qui fume, de la goutte d'étain qui court sur la jointure, du maillet et du marteau habille d'un «cul» bleuté, la vieille marmite qui reprend un second souffle.

---

8. Les rétameurs.

Voici enfin le chirurgien des parapluies au milieu de sa clinique de pépins. Travail méticuleux, minutieux, fait à l'aide de petits outils de salle d'opération qui redressent, débloquent, soudent ces petites tubulures formant le squelette articulé qui se déploie en dôme sous le tissu de l'ombrelle.

Lorsqu'à quatre heures nous sortions de l'école, la troupe avait levé l'ancre, et sur les lieux, quelques gamins fureteurs reniflaient, dans les cendres et les chutes, le vent du large.

Ils ressemblaient à leurs cousins rétameurs, les *Tsigaïnas* [9]. Plus pauvres et plus basanés, ils installaient leur campement dans le Quartienne ou à la fourche du Héneschtecken, à la sortie du village.

Ils étaient vanniers. Assimilés au monde des nomades, la réglementation leur accordait quarante-huit heures de séjour après vérification de leur carnet anthropologique.

Férocement jaloux de leur indépendance et de leur intimité, ils promenaient aux quatre coins du pays leur différence. Ils nous chassaient et nous redoutions ces loqueteux barbus, à la tignasse noire et au parler barbare. Les femmes faisaient commerce de paniers sans trop se leurrer sur le résultat de leur démarchage à domicile, profitant de l'occasion pour apitoyer quelques âmes sensibles sur la dureté de leur existence et les gamins chapardeurs complétaient, dans les jardins environnants, de quoi améliorer l'ordinaire.

Nos gens, qui les avaient à l'œil, les voyaient partir sans regret, sans trop s'indigner de leurs chapardages habituels. Sans doute et depuis toujours en était-il ainsi ?

Cet autre arrivait avec sa mine patibulaire, «son usine» sur le dos et annonçait son passage au son d'une clochette maigrichonne. Quelle était donc cette langue étrange aux intonations à la fois rauques et chantantes ? Les «God verdami» [10] tonitruants nous tenaient à distance et enrichissaient notre vocabulaire d'un juron supplémentaire.

La pédale actionnait une meule de grès rose qui affûtait les tranchants de tout ce qui coupait et tranchait. Faisait-il mieux, le rémouleur, que nos vieux ? A les voir assis sur leurs bancs, un sourire narquois aux lèvres, on pouvait en douter.

---

9. *Tsigaïna* : même racine que tzigane = bohémien.
10. Juron alsacien.

Maniaque de son outillage, Patté Grincheux contestait avec véhémence le savoir-faire de l'étranger qui «bâclait son travail», affirmait-il. Toujours à la recherche de la perfection, lui vous torchait un fil sans bavure. Mais des heures durant, il me fallait tourner la manivelle de sa meule qui buvait l'eau dans son bac semi-circulaire.

— Ralentis, respecte la cadence. Plus vite! Tu dors? «Noun di Dié»[11] je vais te tirer les oreilles!

Monotone et rude besogne pour des bras de jouvenceau que celle de tourner la lourde pierre circulaire d'un remouleur de circonstance...

A ce prix-là, le tranchant de chaque outil avait son fil approprié et nos couteaux coupaient comme des lames de rasoir. Le Schäreschleifa[12], sa tournée terminée, était reparti depuis belle lurette que je moulinais encore sous le fil d'une lame récalcitrante.

Par dérision et faute de connaître son vrain nom, on l'appelait Herzog[13], ce petit bout d'homme de trois coudées, bossu, sournois, effronté et hargneux qui logeait chez l'employeur occasionnel et déambulait dans les couloirs durant ses nuits agitées, poursuivi par une cohorte de lutins grimaçants.

Il était tailleur d'habits. Que de pantalons qui portaient sa griffe! Il se contentait du gîte et du couvert. A ce prix-là, l'exigence n'était pas de mise et le costume pas de haute couture. Parfois un jeune drôle, courtisant la belle, se découvrait soudain une âme de dandy campagnard et allait chercher une élégance plus raffinée auprès du tailleur de la ville. Herzog lui marquait son mépris et eût fait volontiers des retouches à son habit de bellâtre.

Du sommet de ses trois coudées, il lançait un regard hautain vers son compère, le Blaue Anton, qui n'avait point de métier, disait-il. C'était le vagabond du canton qui venait d'au-delà de la frontière et qui préférait la voûte étoilée à l'abri d'une grange.

Le bougre avait le vin facile et de la verve à revendre. Il payait l'aubergiste d'un couplet qui chantait ses propres louanges et partait avec mille remerciements obséquieux. Il lui arrivait de se louer à la journée, buvait sec et,

---

11. Juron local.
12. Rémouleur.
13. Prince, par extension: personnage important.

dès qu'il avait fait le plein, vous plantait là, s'estimant en règle avec le patron et avec lui-même. Où hibernait-il?

— Là où l'on ne paye aucune taxe d'habitation, répondait-il, goguenard.

Les ambulants

Outre les métiers sédentaires, il y avait tous ces menus commerces des ambulants qui vivotaient au quotidien et dont les activités complémentaires introduisaient souvent un peu de ville dans nos campagnes. Il serait fastidieux de les énumérer tous.

Comment oublier le porte-balle ou colporteur qui savait si bien faire rêver nos mamans! Dans sa sacoche, de la mercerie; de la bonneterie dans le baluchon de vingt pieds carrés ainsi que tout un trésor d'Ali Baba en soie, dentelle, broderie, cuir et plumes qu'il exposait de place en place, gratifiant les badauds de son invariable boniment.

Que de regards brillants de convoitise! Il fallait bien un jour se décider à acheter du neuf quand le vieux partait de partout. Et comment ne pas succomber fatalement, ne fut-ce qu'une fois, à la tentation de se payer la fantaisie d'un colifichet que la brave maman emportait comme une coupable dans les plis de son tablier, honteuse de sa frivolité, y trouvant plus de regrets que de plaisir pour avoir entamé des économies réalisées avec une obstination têtue.

Rappelons, pour mémoire:
— le crémier-coquetier, avec son attelage de chien faisant sa collecte deux fois par semaine;
— le Moutat Mänchen[14] et sa carriole où il associait curieusement, «pour le plaisir et pour l'odeur», disait-il, la moutarde et le Limbourger Käs[15]; bizarre! ce mariage de la carpe et du lapin;
— le cosson et sa charrette à claires-voies où, sous la bâche qui ondulait, une queue en tire-bouchon ou un museau rose passait par les barreaux; empoigné par une main ferme, le porcelet gigotait au bout d'une patte et protestait énergiquement lorsqu'on détaillait son anatomie;
— le ramoneur, diable grimaçant, dont les yeux de porcelaine blanche luisaient dans un masque nuit d'encre;

---

14. Marchand de moutarde.
15. Marque de fromage.

– plus tard, ce sera le Café Mänchen, avec sa Rosengart[16] toute neuve qui faisait sensation et qui, dans la même manœuvre, emboutit le mur de l'école en marche arrière et acheva son demi-tour en se plantant dans la Bach; quel événement!

Etrange personnage de l'ombre que ce contrebandier sans visage qui passait son *Rotfuchs*[17] bon marché à la barbe des douaniers de la frontière située à une lieue.

Il arrivait en pleine nuit, par surprise, cognait le bas des portes avec son bâton selon le signal convenu et sans se soucier des « Foutez-moi le camp » poursuivait son manège sans plus attendre. Des portes s'ouvraient subrepticement, là où l'on avait crié le plus fort; des silhouettes se glissaient dans la nuit noire, poursuivant le bonhomme. Le paquet changeait de poche, les cinq sous aussi. Ni vu, ni connu, l'obscurité avalait les ombres fugitives.

Personne ne vit jamais sa figure, tout comme il eût été incapable de reconnaître celle de ses clients.

Itinérants

Leur passage, bien que fugitif, avait de quoi marquer dans ma mémoire d'enfant.

Ça devait être un Monsieur de la ville[18] qui débarqua ce jour-là, un Monsieur important sans doute puisque l'appariteur avait annoncé sa venue dans les locaux de la mairie.

Digne comme un pape, il intimidait par ses silences. Godé ne l'aimait pas, mais pas du tout.

– Il nous prend pour des bouseux malhonnêtes, ce citadin prétentieux, disait-elle. Quel culot! Nous contrôler la balance, la bascule, les poids, les mesures d'étain, le boissau, comme si on était des voleurs!

Patté avait beau lui expliquer que c'était un fonctionnaire en service. Elle n'en avait cure. L'indignation de la Rocke Bibi n'avait d'égale que la suspicion dont semblait faire preuve le personnage.

---

16. Marque d'auto.
17. Marque de tabac allemand.
18. Contrôleur des poids et mesures.

Je n'ai jamais compris ce qu'il venait faire chez nous, le Guelsa[19] de Bouzonville. A chaque printemps sa longue silhouette se glissait sous la porte basse de la porcherie. Alors on entendait crier, comme des gosses blessés, les deux gorets récemment achetés. Maman se bouchait les oreilles et le Jean prenait la porte.

– Voilà qui est fait! Les bijoux de famille sont enlevés, disait alors la voix fluette.

Mes questions restaient sans réponse. Soi-disant, je n'étais pas encore en âge de comprendre; comme d'habitude! Le bonhomme lavait ses mains à l'eau de Javel, ramassait une pièce sur le coin de la table et s'en allait, souriant, sans réaliser qu'il venait de violenter une fois encore la nature.

Il y avait enfin quelques pauvres hères qui faisaient commerce de mendicité et qui revenaient régulièrement aux mêmes époques. La Lisa avait son préféré. Sous un vieux feutre à large bord, une longue barbe de poils fauves mangeait sa figure. Il arrivait en clopinant, saluait poliment, attendait sans rien dire et repartait avec l'inévitable «Dieu vous le rendra» quand la mère lui glissait une tranche de lard qu'il fourrait dans sa besace. Que pouvait-il bien faire de toute sa provision de pain, de saucisson et de lard? Fallait-il qu'il ait une grande famille de gargantuas pour ne point mesurer ses besoins!

Ainsi structuré autour de son terroir pour l'éternité, était-il concevable que notre petit monde allait être entraîné rapidement, inéluctablement, mais sans éclat et sans bruit vers les temps modernes?

---

19. Castreur.

MÈRES DE FAMILLE

Elles étaient formidables, tout simplement. Laborieuses, économes, prévoyantes comme la fourmi, où puisaient-elles leur incroyable endurance et leur résistance peu commune ? Combien de mains faudrait-il de nos jours pour accomplir les multiples tâches quotidiennes qui étaient les leurs ? Quand la journée n'y suffisait pas, elles entamaient la nuit, et lorsque les forces défaillaient, il restait le courage. Comment trouver les mots vrais pour leur témoigner notre admiration dont elles eussent été les premières surprises et étonnées... puisqu'il en était ainsi.

Dès avant l'aube commençait une rude journée de labeur. La maison s'éveillait avec l'âtre. Les bêtes d'abord, les champs ensuite et les besognes du logis par surcroît.

A elles la basse-cour matinale, les hôtes tyranniques de la porcherie, la traite de la chèvre ou de la vache ; aux hommes le fourrage pour l'étable et l'écurie, le fumier et la litière. Les gosses sitôt levés, elles couraient au pré, au champ, au jardin, toujours pressées. Comme les hommes, elles piochaient, binaient, sarclaient, fânaient, échardaient, moissonnaient, battaient, ayant rarement le beau rôle.

Sous la tuile brûlante, elles entassaient le foin avec leurs loupiots, y plongeaient jusqu'à la ceinture, ruisselantes de transpiration dans la chaleur suffocante et la poussière. La tâche était autrement rude pendant la moisson ! Derrière chaque faucheur qui abattait à son allure, il y avait une femme courbée en deux, faucille à la main, qui relevait l'andain pour le mettre en javelles. Elle travaillait à reculons, piquée par le chardon, griffée par la ronce. Qui faiblissait un instant entendait la faux s'éloigner et se rapprocher la suivante. Et sous le soleil de plomb elles allaient jusqu'au vertige, les yeux brouillés par la sueur.

Et que dire de la batteuse ! Les petits traînaient les gerbes pendant que la mère coupait les liens, les soulevait sur le bas-flanc de la machine où elle les étalait, guettant le caillou. Et des heures durant, dans un vacarme assourdissant et une poussière aveuglante, il fallait tenir le rythme imposé par la machine. Le jeu du râteau avec l'herbe folle de la prairie n'était que longue récréation face à celui de la houe et de la pioche dans des champs sans fin de betteraves fourragères et de pommes de terre. Et, au crépuscule, sur le chemin du retour, s'en revenaient nos journalières, vidées, les jambes flageolantes et le pied mal assuré, évitant à grand-peine la traîtrise de la pierre et de l'ornière.

Pendant ce temps, dans la raie du champ, sous la ronce, la pioche dormait déjà. Elle attendait là, à pied d'œuvre, les journalières au petit matin.

Il fallait, pour sûr, élever les enfants et sans doute aussi les mettre au monde. Neuf mois pareils aux autres, en travaillant jusqu'au dernier jour, neuf jours d'immobilisation totale pour reprendre des forces et tout reprenait comme auparavant, avec un bébé en plus à allaiter.

— Ça pousse comme la mauvaise herbe, disait-on chez nous ; c'est imprévisible, c'est vivace, ça se multiplie tout seul.

Et de fait, en dépit des accidents de grossesse et de la sélection naturelle, la famille nombreuse était de règle.

A présent il fallait trouver le temps pour de plus nobles tâches : satisfaire les solides appétits, battre le beurre, cuire le pain, laver, repasser, raccommoder, ravauder, soigner plaies et bosses, etc. Et quand, par hasard, nos mamans s'asseyaient au coin du feu, elles brûlaient leur dernière énergie dans le jeu des aiguilles. Quelle chance lorsque, sous le même toit, vivait une grand-mère, une tante célibataire, une grande fille !

Elles n'étaient pas longtemps jeunes, nos pauvres mères et le temps les usait bien avant l'heure pour les fondre dans le moule de nos grands-mères. Et ce n'est que pour l'office du dimanche que renaissait une féminité sans tablier, avec bottines, corsage, chapeau et parure, qui se regardait longuement dans la glace avec quelque surprise et inquiétude.

Economiser était la grande vertu de nos ménagères. Ce n'était certes pas le gage de la prospérité, mais une solide assurance pour l'avenir alors que rôdait encore, dans la mémoire collective, le souvenir des grandes misères.

Nos mamans thésaurisaient avec un art consommé. L'épargne, conservée à domicile, avait de ces cachettes dont nos aigrefins d'aujourd'hui eussent rigolé. Il y avait bien ce Monsieur de Bouzonville, un banquier soi-disant, qui s'intéressait à leurs économies. On l'appelait Groschevoupat[1].

---

1. Intraduisible — équivalent de grippe-sous.

– Pensez donc! Nous emprunter notre argent pour le prêter aux autres!

Ça ne faisait pas sérieux, disait-on. Et nos mamans, avec de petits moyens, faisaient prospérer, sou par sou, leur maigre pactole par toutes sortes d'expédients.

Ça commençait avec les frusques faites pour durer. Rapiécer, repriser, stopper, ourler, rallonger pour une croissance soudaine, raccourcir pour un mouflet à la traîne, remettre sur l'ouvrage la même laine qui en était à son troisième tricot, nos gestionnaires en connaissaient un brin pour leur prolonger l'existence! Et quand les fripes étaient usées jusqu'à la corde, alors seulement elles étaient classées comme chiffons dans le vieux sac de jute accroché à la grosse poutre du grenier, à l'abri des souris.

Et l'on monnayait le bout de ferraille tout comme le bout de chiffon. La peau de Biquette ou de Jeannot Lapin, retroussée sur une bourre de paille, séchait dans le courant d'air du hangar, attendant le passage du vieux Léon. Je vous prie de croire que ça marchandait dur pour trois sous!

Le café avait pris rang d'indispensable boisson dans le cercle familial. Les grands-mères y puisaient une ultime vigueur. Hélas! il était cher. Alors, la mère le mélangeait à la chicorée à laquelle elle reconnaissait d'innombrables vertus, même celle inavouée de noircir à souhait le breuvage exotique.

Le beurre non plus n'était pas bon marché quand il fallait l'acheter, et la demi-livre était la ration hebdomadaire. Mais voilà que l'hiver il gelait dans le placard. Comment le ménager assez pour qu'il tienne la distance? La fine lamelle taillée dans la motte ramollissait sur la pointe du couteau, au-dessus de la cuisinière, et l'énorme tranche de pain l'absorbait telle l'encre sur le buvard. Rationner c'était assurer la soudure; dans le cas contraire c'était la privation à bref délai. En aucun cas on n'y trouvait son compte.

Nous en étions encore à l'époque où, dans nos campagnes, la lampe à pétrole consommait plus d'hybrocarbures que le moteur à explosion. Or voilà que le village se mettait à l'heure de l'électricité. Pauvres ampoules de vingt bougies dont on attendait des miracles. Que de fois j'ai vu la mère fixer d'un regard inquiet cette diabolique boîte accrochée dans le couloir qui comptait et recomptait, alignant inexorablement de nouveaux chiffres.

Le père ironisait sur les vertus excessives de la Lisa.

– Laisse tourner le compteur. Plus il se hâte, plus vite il reviendra à zéro! disait-il.

Et c'est ainsi que le vieux fer à repasser reprit du service, car le nouveau n'était qu'un affreux gouffre à kilowatts. Même la petite lampe à huile demeura veilleuse bien des années encore, lors des nuits troublées par une marmaille en bas âge, dont on soignait les indigestions nocturnes à l'eau sucrée et à la tisane de fenouil.

J'ai mis du temps à comprendre pourquoi une réserve de quelques cubes de savon de Marseille séchait sur le buffet et j'ai appris très tôt que tout déchet combustible devait passer par l'«usine d'incinération» domestique.

Il fallait voir avec quels soins chaque jardinière assurait sa propre production de semences pour son petit Eldorado. Sur des cornets d'épicier précieusement conservés, le Jean inscrivait de sa belle écriture gothique[2] : salade, poireaux, persil, etc. Bien au sec, ils contenaient les précieuses graines du renouveau.

Et que ne trouvait-on dans le bric-à-brac de nos arrière-cours qui ne fût utilisable à l'occasion ? A commencer par ces boîtes de conserve qu'à petits coups de marteau, sur l'enclume, on rendait inoffensives. Que de trésors se cachaient là ! Clous, vis, écrous, boulons, vieilles clés, charnières, etc., mangés par la rouille. Chaque foyer assurait lui-même la maintenance de son train domestique ; faute de renouveler, il fallait réparer.

«Les petits ruisseaux font les grandes rivières», dit le proverbe. Il y avait, dans notre système d'épargne au compte-gouttes, matière à traiter avec discernement cet aphorisme sous forme de dissertation. Ce que le Père Grandjean, notre maître du Cours Complémentaire, ne manquait jamais de faire avec ses élèves de première année dès la rentrée.

Que devenait, dans cette «économie dirigiste», le fameux bas de laine ? Il existait bel et bien. Dans chaque foyer, il menait une existence solitaire, mystérieuse et hasardeuse. Même nous, les gosses, avions conscience de sa présence diffuse puisqu'il nous imposait ses exigences tyraniques et nous opposait ses refus catégoriques au nom d'une morale faisant appel à la prévoyance et traitant nos caprices de dilapidation. Il ne communiquait avec nous autres que par l'intermédiaire de la mère qui était sa confidente et l'interlocuteur privilégié. Contre les aléas d'une existence sans véritable couverture sociale, il était une assurance en cas d'accident, de maladie, de chômage. Il évitait à la famille la honte d'un achat à crédit. Il mijotait en secret, dans sa claustration, quelque projet à long terme parfois utopique : disputer, lors d'une vente publique, un lopin de terre à des paysans rapaces ou préparer l'acquisition de la maison des vieux après un compromis délicat avec les frères et sœurs.

---

2. C'était la *Spitzschrift*, formée de lettres en gothique courant, utilisées en allemand.

Nos mamans étaient vraiment de remarquables gestionnaires, formées à la rude école de l'existence.

Il serait faux de croire que l'épargne était également introduite dans l'ordinaire. Tout juste lui donnait-elle un relent d'uniformité. Nos mères nous assuraient l'essentiel : pain, lait, soupes, potées en conformité avec la production domestique. N'ayant pas été touchés par la révélation des somptueux raffinements gastronomiques de certaines provinces ni par les effluves de gourmandises exotiques, nous nous contentions de l'ordinaire traditionnel.

Ce fut, à quatorze ans, qu'à la communion d'un mien cousin de la ville je découvris les délices d'un quart de melon parfumé qui eût gagné en saveur à être croqué à pleines dents. Il en fut ainsi de ma première asperge que je commençai à manger par le mauvais bout. Plus tard, il faudra la malice d'un économe et la technique brillante de deux surveillants pour initier une centaine de normaliens à manger ce légume préhistorique appelé artichaut. Méritait-il vraiment un tel déploiement de forces et d'adresse ?

Bref, ne sortaient de table avec la faim au creux de l'estomac que ceux qui avaient abusé de la patience paternelle en renâclant devant une assiette pleine.

Le petit déjeuner était frugal : grand bol de café au lait sucré où trempait le pain durci. La potée de midi avec sa trilogie : lard, légumes de saison et pommes de terre était le plat quotidien. Cinq jours par semaine, dès le matin, elle concoctait sans se hâter à l'arrière de la cuisinière, épousant sans problèmes l'horaire souple de la ménagère, lui donnant peu de soucis, disponible qu'elle était à tout instant dans sa marmite géante. Y prédominait l'odeur de choux, choucroute, carottes, haricots verts... selon l'époque de l'année. Elle n'était jamais si pauvre en légumes qu'en hiver, au moment même où elle regorgeait des morceaux choisis du porc occis. On servait la potée après l'inévitable soupe qui en était la quintescence.

Il en était des soupes comme des tartines : variées, innombrables ; il était impossible de n'en point trouver à sa convenance. Il y avait les bouillons utilisant l'eau de cuisson de la potée où l'on trempait le pain en lèches. Le menu du vendredi, jour maigre, affichait les soupes épaisses de haricots secs, de pois cassés ou de lentilles accompagnées de crêpes, gaufres, quenelles ou beignets de pommes de terre. Le dimanche, c'était le traditionnel potage du pot-au-feu avec son vermicelle, sa tortue ou son tapioca. Il y avait encore la gamme des panades, ces soupes maigres à base d'eau claire ou de lait, de pain grillé et de crème que le Jean appelait soupes de la misère, mais que l'ingéniosité de la mère rendait délicieuses. Et bien d'autres encore...

Pour «les quatre heures» mieux valait prévoir, lorsqu'une horde affamée était prête à s'abattre sur les tartines. Nous n'étions que trois chez nous à piaffer d'impatience.

– *Die fressen mich arm*, disait la mère mi-sérieuse, mi-amusée (ils finiront par me ruiner). Et d'ajouter aussitôt, dans un soupir:

– Mieux vaut ça que le recours au docteur!

Au repas du soir, le plat de résistance était la pomme de terre, soit rôtie au saindoux accompagnée de lait froid ou lait caillé, soit en robe des champs avec du fromage blanc. Selon les saisons, il y avait, en fait, une grande diversité dans l'accompagnement du tubercule: œufs (crus, à la coque, omelettes), cochonnaille en hiver (boudin, fromage de tête, pâté, saucisse maison), harengs, salade, cornichon, etc. Certains soirs, c'était le régime soupe-tartines. Et pour les petits, bouillie à la semoule ou aux flocons d'avoine.

«On vide son assiette!», telle était la règle imposée à table. Parfois une frimousse gourmande faisait la grimace. La mère avançait quelques banalités éculées sur les vertus du plat et lorsque la persuasion restait sans effet, elle lançait, menaçante:

– Si tu ne manges pas, on t'enverra chez les Sécula où tu apprendras ce qu'est la faim.

C'était une famille venue d'ailleurs qui avait échoué dans la dernière masure de la venelle du Hanseberg, ce quartier détruit par l'occupant depuis lors. C'est là que nos gens prenaient conscience de la vraie dimension de la pauvreté, voire de la misère. Mesurée à la même aune, la condition de nos plus humbles s'en trouvait largement revalorisée. Ecrasés à force de regarder vers le haut, le réconfort leur parvenait par le bas.

LA VIE RELIGIEUSE

L'église et son clocher régnaient sur le village : le clocher pour réveiller les consciences et battre le rappel, l'église pour accueillir les fidèles et transmettre le message.

Dans ma petite cervelle au jugement sans nuances, élaboré depuis le haut du Boaspeicha[1], je classais l'assistance en trois catégories. Il y avait les dévotes, le nez dans le missel, plongées dans la contemplation de l'Invisible, donnant soudain la réplique à haute et intelligible voix et priant tout fort quand il le fallait. Il y avait les hommes qui n'étaient que silence, murmure et marmonnement, qui poursuivaient leur recueillement dans un rêve qui semblait ailleurs, se réveillant au *Credo* pour donner de la voix, d'autant plus fort que le sommeil avait été plus profond. Pourquoi Monsieur le Curé, au sermon, grondait-il si souvent de leur côté ? Il y avait enfin nous, les petits, l'avenir, le blé en herbe. Mêlés très tôt aux adultes, puis aux aînés, nous les imitions à merveille. Deux doigts trempés dans le bénitier – mon Dieu qu'il était haut ! – on traçait avec sérieux le signe de croix. Une génuflexion, un instant de recueillement copié avec une adorable naïveté, trois mots bredouillés d'un acte de foi encore incertain, c'est ainsi qu'on préparait son avenir de clergeot. Le déroulement immuable des chants, litanies, prières en un latin impénétrable et familier finissait à la longue par ne plus avoir de secret.

Au fil de l'office s'installait pourtant l'ennui. Comment peupler les vides et les silences ? L'attention fuyait vers un plafond de stuc avec moulures, coquilles, volutes et entrelacs, vers le mur nord sur lequel le soleil promenait la mître de saint Rémi, vers les vitraux aux couleurs chaudes qui campaient leurs vierges en extase. N'y avait-il pas aussi tout cet apparat de richesses, de couleurs, de fleurs, de dorures, de lumière qui brisait la grise sévérité de l'école et de nos logis ? Toutes ces choses qu'on a mises là pour la gloire du Seigneur.

---

1. Tribune de l'orgue.

Nul n'échappait à la messe du dimanche sauf raisons impérieuses. Qui eût osé enfreindre la loi, braver la vérité et s'exposer à la damnation éternelle quand il était si facile de faire comme tout le monde en assurant sa sécurité dans le consentement unanime ?

Notre village possédait son petit lot de mécréants : quelques familles juives d'origine lointaine, deux familles de protestants immigrées au début du siècle quand l'usine s'implanta à Bouzonville, et un couple d'agnostiques – synonyme de communiste – pour nos gens qui simplifiaient à l'excès ce qu'ils ne pouvaient expliquer.

Après la petite communion, on débutait, en soutanelle rouge et surplis blanc, comme enfant de chœur confiné au rôle de figurant durant les somptueuses cérémonies des grands jours. On passait par la suite porteur de chandelier puis processionnaire de la croix aux cuivres rutilants. Venait l'accès aux quatre clergeots d'autel. Aux ailes, les deux subalternes qui astiquaient les objets du culte avant la messe, promenaient l'éteignoir à double usage – la mèche qui allume, le cône qui éteint, – réglaient les caprices d'une flamme fumeuse, etc. Enfin, suprême dignité, on accédait aux burettes, à la clochette, au goupillon, à l'encensoir et sa navette, on marmonnait dans les tapis des marches l'*Introïbo*, l'*Orate Fratres*, le *Confiteor* en un latin approximatif.

J'avais appris, sans rien comprendre, le langage des prières, les répliques, tout ce qu'il faut faire avec l'eau, le vin, le grand missel... jusqu'à la science de l'encensoir. J'avais même appris ce qu'il ne faut pas faire : goûter aux burettes, respirer en cachette, dans le secret de la sacristie, les volutes de l'encensoir dont on vient de rallumer le feu, commettre le sacrilège de toucher au calice, à l'ostensoir, au ciboire, provoquer la gifle imprévisible de l'officiant. Moyennant quoi, j'étais parvenu au grade de servant d'aile gauche, quelque chose comme caporal d'église, ce qui m'autorisait, chaque dimanche après les vêpres, à me joindre aux autres, attendant comme des rapaces, sous la fenêtre du presbytère, la flûte des baptêmes aux dragées de pierre et les quatre sous de gages sans considération de grade. Les multiples plaintes du syndicat de notre corporation ne parvinrent jamais aux oreilles du curé.

L'abbé Muller était une force de la nature, un colosse que grandissaient encore la soutane et le tricorne. Ses mains énormes comme des battoirs de lavandière, blanches et soignées, avaient oublié depuis longtemps leur origine paysanne et leurs gifles sentaient l'amidon, la sacristie, la sentence divine. Il était autoritaire, craint, respecté et juste : c'était l'homme de la fonction, le directeur des consciences. Dans notre patois, c'était «*da*

Hèa »[2] ou bien *« da Paschtoa »*[3], avec déférence *« da Hèa Paschtoa »*, irrévérencieusement *« da Paff »*[4] ou *« da Schwatz »*[5].

Il arriva dans la paroisse le jour où je poussais mon premier vagissement. Je fus son premier baptisé et de ce fait, il montrait à mon égard une bienveillance particulière. J'étais entré tard dans la confrérie des servants, après les sollicitations répétées de mon protecteur.

Une expérience de quinze mois n'avait modifié en rien une vocation chancelante. A genoux comme une statue sur la première marche, avec l'autel comme seul horizon, quel supplice ! C'était payer cher un second rôle dans le drame qui se jouait ici-bas. Dans une hiérarchie figée, pas question de prendre rapidement du galon et de passer premier acolyte thuriféraire qui taquine le feu, découvre le casserolette en jouant des chaînes, fait crépiter l'encens sur le charbon ardent et balance avec élégance l'encensoir qui lâche son nuage de parfum. C'était le grade convoité qui, par excellence, évitait le désœuvrement et chassait l'ennui. Un incident banal me fournit l'occasion de démissionner et de réintégrer le trio actif qui sonnait les cloches et tirait le *Blosbag*[6], là-haut à la tribune. Ma décision fut irrévocable ; l'abbé Muller y perdit son latin.

La messe quotidienne de sept heures du matin n'avait qu'une assistance réduite d'adultes. La jeunesse d'âge scolaire était là dans sa totalité, sous les feux croisés de l'autel et de la tribune. Il n'y avait qu'à bien se tenir ! Le maître d'école, organiste comme de coutume, surveillait son petit monde d'en haut.

Dans notre trio, on se relayait à la tâche. Pendant que l'un tirait le soufflet qui alimentait les flûtes, le second, perché à côté du maître, tournait les pages d'un recueil de chants posé sur le pupitre de l'orgue. Le troisième, en réserve au premier rang, plongeait ses regards dans le dos de l'assistance, voyait sans être vu, un peu grisé par cette ivresse des hauteurs d'où l'on domine les autres.

Quel ravissement lorsque les vacances nous ramenaient le Méla Matzen Anda, l'enfant du pays, professeur de musique et organiste à la cathédrale de Strasbourg. Ses doigts couraient avec une incroyable agilité sur les deux claviers de l'orgue et ses pieds en faisaient autant sur les pédales. Le volume

---

2. Le maître.
3. Le pasteur.
4. Le corbeau.
5. Le noir.
6. Le soufflet de l'orgue.

de sa voix grave et prenante de basse éclatait en cascades sonores sous les voûtes et me remuait jusqu'aux tripes. Et lorsqu'à l'ouverture il tirait le registre des trompettes, faisant donner à notre vieil orgue tout ce qu'il avait dans le ventre, l'assistance médusée sentait planer le souffle divin.

Trois fois par semaine, Monsieur le Curé venait à onze heures à l'école pour enseigner le catéchisme. Il bavardait un instant avec le maître dans le couloir en attendant «ceux d'Alzing». Vingt minutes de trajet à peine pour une demi-lieue à travers la forêt, par tous les temps, et la troupe bruyante s'engouffrait dans la salle en même temps qu'une énorme bouffée de fraîcheur qui sentait bon l'air pur, la mousse, le muguet, la framboise. Nous les appelions les «*Oljenga Trochmollé*»[7], ceux du village d'à côté qui faisaient partie de la paroisse. Nous étions, dans leur patois traînant, les «*Walacha Intentaschtat*»[8] ou les «*Brockelfressa*»[9].

Selon la saison, bravant les foudres du curé, ils nous gratifiaient de leurs farces traditionnelles: la boule de neige qui fond dans la poche d'un voisin, le hanneton qui prend soudain son envol avec la paille aux fesses, la boulette de bardane qui s'incruste dans la chevelure, l'escargot et la limace qui engagent une course d'obstacle.

L'enseignement du catéchisme! Nombreux sont ceux qui s'en souviennent comme d'un véritable casse-tête. Que d'heures passées sur le petit livre broché aux pages usées par les aînés! Pourquoi ce triste recueil de la doctrine catholique était-il d'une si pauvre sécheresse? Pas une image, par un ornement pour y accrocher une pensée, un rêve, pour y trouver l'espoir d'un grand événement tel que la Bible savait le raconter! Comment la vérité, venue de si haut, pouvait-elle descendre si bas sans le concours de la Révélation divine?

Peut-être en eût-il été autrement si Monsieur le Curé, se souvenant de ses jeunes années, avait accommodé les questions et les réponses à notre esprit d'enfant pour nous les rendre accessibles! Sans doute n'y avait-il jamais songé, ou bien, rebuté par la complexité de la tâche et l'explication de tant de mystères, y avait-il délibérément renoncé?

---

7. *Taureau d'auge d'Alzing*; la métaphore exprimait une idée de force, de brutalité; elle traduisait aussi un trait de caractère: têtu, lourdaud.
8. *Taste-canards de Vaudreching*; quand une poule allait pondre ailleurs, on tâtait son croupion avant de la lâcher au petit matin pour s'assurer de la présence d'un œuf et l'enfermer. Par dérision, on parle ici des canards qui pullulaient dans notre ruisseau.
9. *Bouffeur de lait caillé*; en relation avec les nombreuses bêtes à cornes de notre prairie.

Entre deux langues étrangères, Monseigneur l'Evêque avait finalement choisi l'allemand de préférence au français pour communiquer avec la Divinité. Ne connaissait-elle donc pas notre patois ? Tout compte fait, l'important était d'apprendre par cœur et de connaître sur le bout des doigts – ce qui était dans nos cordes – le contenu de ce « livret de la sagesse » qui nous faisait accéder à la communion solennelle, à la confirmation et nous ouvrait les portes de l'adolescence.

Quelque part dans le bas du village, une âme est prête à quitter un corps usé afin d'entreprendre un long voyage pour l'éternité. Une sonnette, agitée au loin, grelotte par intermittence et vide la rue comme par enchantement. Entre une double rangée de rideaux qui s'agitent, passe le Saint-Sacrement. Comment aborder Dieu ailleurs qu'à l'église, ici en pleine rue et par hasard ? La crainte de l'Eternel et le frisson de l'au-delà pénètrent les chaumières où les vieux se signent et se découvrent avec respect.

Le clergeot, en tenue de service, porte les huiles de l'Extrême-Onction ; le curé avec chape et étole tient le ciboire recouvert de son manuterge. Acteurs dignes et spectateurs frileux sont pénétrés de la gravité de l'heure. Etrange procession à travers un village désert où le vide et le silence sont les compagnons de la mort. Tableau irréel d'un Dieu prisonnier dans son propre univers !

Demain probablement, il y aura une veuve de plus, statue tragique et hoquetante sous le long crêpe noir, rabattu durant quarante jours sur un visage en larmes, relevé vers l'arrière durant une année encore. Et pendant deux ans supplémentaires le cycle du deuil imposera la couleur nuit d'encre à la garde-robe d'une femme éplorée.

Nous en étions encore à l'époque où l'Eglise et ses ouailles entraient dans le siècle à reculons, où la société rurale, la vie religieuse, l'ordre moral étaient indissociables.

Le confessionnal était un endroit redoutable par où il fallait passer dès la petite communion, à l'occasion des principales fêtes de l'année.

La veille au soir, en secret, commençait la récapitulation de toutes les peccadilles enregistrées depuis la dernière confession, leur nature et leur fréquence. Pour être en règle avec sa conscience, ne valait-il pas mieux majorer leur nombre plutôt que de le sous-estimer ? Mais alors certaines rubriques – querelle, désobéissance – se gonflaient démesurément. Quelle casse-tête pour équilibrer l'impossible ! Un ordinateur d'aujourd'hui n'y eût point suffi.

C'était ensuite l'humiliant monologue à travers la cloison à claires-voies où Dieu était absent. Dans la demi-obscurité, il ne fallait pas perdre le fil de son répertoire devant une imposante ombre silencieuse et immobile. Après l'acte de contrition, nous sortions de là blanchis, sachant par avance que la décision de ne plus fauter était bien éphémère. Et les quelques «Notre Père», imposés par le confesseur, semblaient une pénitence bien dérisoire pour la rémission de nos «graves» péchés de jeunesse.

LE DIMANCHE

On l'attendait comme un hôte familier, trop pressé, capable de rompre la monotonie quotidienne. Au matin, la maison baignait dans l'attente indéfinissable d'un bien-être fragile où se conjuguaient toilette, prières, odeurs et saveurs inhabituelles, détente, cordialité et convivialité.

Dès le réveil, l'odeur du café monte à l'étage. «Pour qu'il soit bon, il ne faut pas le plaindre» disait-on. Alors, ce jour-là, maman ajoute un peu plus de café et réduit la chicorée. Le parfum de la brioche domestique qui attend au milieu des tasses fumantes ouvre l'appétit. Dans la Kama, le plancher imprégné d'huile de lin est recouvert de journaux étalés pour éviter de le salir prématurément; les meubles brillent; ça sent la cire dont l'odeur se mêle à celle de la naphtaline qui s'échappe de la grosse armoire lorraine, portes ouvertes sur des piles de draps et de linge propre et soigné qu'on n'utilise qu'en de rares occasions. La fée du logis a dû veiller tard cette nuit-là.

Le Jean s'est installé devant la fenêtre pour se raser; c'est tout un rituel; défense d'approcher ou de faire du bruit, maman y veillera! La terrible lame, une Solingen s'il vous plaît, passe et repasse sur un ancien ceinturon accroché à un piton par l'une de ses extrémités. Le vieux cuir traditionnel, balafré, la prend ensuite en charge; pour finir, elle glisse doucement sur la pierre lisse comme un miroir, humectée d'un jet de salive, qui refait un fil sans bavure. Voici le gobelet d'étain rempli d'eau chaude, le blaireau émoussé, le bâton de savon et un morceau de papier journal, tout l'arsenal nécessaire pour venir à bout d'une barbe de huit jours dont il faut ramollir le poil rétif.

La mousse gonfle comme une pâte en folie sur un faciès de Pierrot enfariné. La lame enfin attaque et râcle le chaume dru. Dans la glace, j'observe à distance, amusé, les grimaces et les contorsions de la figure du père. Je suis prêt à déguerpir si jamais il me voit dans son rétroviseur.

Le poil coupé se mêle à la mousse qui charge la lame d'une écume frémissante et le rasoir s'en débarrasse sur le pourtour du papier en petits tas de neige sale. La pierre d'alun, à portée de main, est prête à juguler l'hémorragie de l'estafilade ; elle n'a pas eu à intervenir aujourd'hui. Le Jean, en dépit du progrès, reste fidèle à son coupe-choux.

– Le rasoir mécanique ne convient qu'aux jeunes duvets, disait-il. Un second passage peaufine et refait des joues toutes fraîches.

Le voilà qui retaille la moustache. Coupée aux ciseaux, ses extrémités s'enroulent dans une aiguille à cheveux chauffée à la braise du foyer. Un petit coup de brosse pour dérouler et voilà un papa tout neuf qui ressemble totalement à celui de la photo de mariage.

Pendant ce temps, maman ne chôme pas. La cloche qui sonne le premier coup provoque le branle-bas. Trois jeunes à endimancher, ce n'est pas une petite affaire ! Peu rodée aux contraintes dominicales, la marmaille s'impatiente et le premier a déjà sali ses manches de chemise quand la dernière est encore sous le peigne de la mère ; et chaque dimanche s'écroule le fragile équilibre du planning maternel ; c'est un lacet qui casse, un bouton sournois qui saute, une chaussette reprisée maintes fois qui baille au talon. Voilà le Jean, une fois encore, incapable de fixer le faux-col amidonné sur sa chemise enfilée. La Lisa s'y emploie en grommelant ; mais dans sa hâte, la main nerveuse accroche la peau du cou dans la boutonnière. Papa peste tandis que maman jette un dernier coup d'œil à ses marmites. La poisse ! c'est à présent un nœud de cravate qui se contorsionne et refuse de coulisser ; décidément, tout s'en mêle. Pauvre maman ! La voilà seule enfin pour arranger son chignon, imprimer au fer une ondulation discrète et s'apprêter pour l'office où, comme d'habitude, elle arrivera en retard en courant.

L'appel des cloches a vidé les chaumières et peuplé l'église et les premiers accords de l'orgue résonnent majestueusement sous les voûtes.

« *Asperges me, Domine.* » Drapé dans sa chape rutilante, accompagné du servant portant bénitier, le prêtre asperge copieusement les fidèles d'eau bénite. Dès la sortie du chœur, les premières gouttes lâchées par le goupillon déclenchent aux premiers rangs les signes de croix qui refluent comme une marée vers le fond de l'église, au rythme de la marche du curé qui remonte l'allée centrale. Quelques retardataires se faufilent craintivement par le portillon. Mais la traîtrise de la lourde clenche alerte les curieux dont les têtes pivotent avec des sourires narquois. On occupe l'espace en fonction du sexe et de l'âge. Les anciens ont une prédilection pour le très convoité « Coucouk Stoul » (deux dernières rangées) où, dans la pénombre complice, ils somnolent et s'assoupissent en toute quiétude durant le sermon fastidieux.

L'abbé Muller, sévère et autoritaire, est un géant grisonnant. Du haut de sa chaire, il domine ses ouailles. Aujourd'hui, dans un long préambule, il vitupère, régente, martèle sa morale et jette l'anathème sur quelques fidèles infidèles. Un silence lourd pèse sur l'assistance tandis qu'aux premières loges, pliant l'échine, se fige la marmaille atterrée. Mais au fil du prêche, la voilà parcourue de remous ; elle s'agite et s'encanaille, se pousse et se pince, règle ses comptes en douce et enfin baille d'ennui. Ici et là, parmi les adultes, on glisse vers le sommeil ; une tête acquiesce par saccades à un invisible interlocuteur, une autre dodeline puis dérape ; celle-ci sort brutalement de sa somnolence, jetant un regard circulaire ahuri ; celle-là, prise entre les mains, semble plongée dans une profonde méditation. Pauvres gens, recrus de fatigue et privés de sommeil !

Gloria, *Credo* et *Sanctus* sont repris en chœur et déclamés en un latin approximatif. A l'élévation, la foule agenouillée est recueillie. C'est le moment solennel où s'accomplissent d'étranges mutations. Le mystère de la messe m'intrigue et ma cervelle de gamin est incapable de localiser en si peu d'espace le bon Dieu que je devine partout et nulle part.

A l'époque, on ne communiait pas à la grand-messe. Par contre, le banc de communion accueillait volontiers les garnements turbulents repérés durant l'office par le curé ou l'un de ses sbires. Agenouillés, inquiets et honteux, ils attendent là, la fin de l'office. La justice est expéditive ; l'énorme patte du justicier ne fait aucun distinguo entre l'innocent et le coupable. C'est tout juste si les gifles magistrales sont dosées en fonction de l'âge. Elles claquent comme une profanation dans le silence religieux. Et qui s'aviserait à faire appel devant la juridiction paternelle s'exposerait inéluctablement au doublement de la peine. Tout cela se passe à huis-clos, dans une église évacuée par les fidèles qui se recueillent un instant sur les tombes du cimetière périphérique.

Déjà les femmes se hâtent pour rejoindre leur fourneau et les hommes se partagent entre les trois cafés du village. Au bas de l'escalier du cimetière ne restent que quelques groupes d'adolescents timides ou farauds qui attendent là jusqu'au passage de la dernière fille. Elles sont jolies dans leurs robes colorées, leurs chapeaux enrubannés et leurs chaussures à petits talons. Elles ignorent, ce jour-là, leurs camarades masculins et passent sans un regard, trop préoccupées par cet exercice périlleux qui s'apparente à un défilé de mannequins. Il y a les timides, gauches et rougissantes, passant nerveusement leur missel d'une main dans l'autre, les dégourdies, dignes et souriantes, qui réajustent un gant, corrigent une allure, les provocantes enfin, qui se tortillent sur leurs talons et glissent un regard sournois vers l'assistance.

Et chacun choisit sa chacune dans le secret de ses pensées où se tissent des amitiés ignorées. « Elle vient de passer trop vite, plus belle que les autres. » N'est-ce pas déjà la naissance d'un amour inavoué ? Mais pourquoi cette religion qui parle tant d'amour est-elle toujours prête, du haut de la chaire, à le condamner ? Déjà les échos du sermon moralisateur se sont évanouis dans la tête de nos adolescents troublés par tant de beautés dominicales.

Je n'étais pas encore de l'âge qui génère des conflits de cette nature. Je retrouvais grand-mère devant ses marmites ; elle me glissait quelques menues pièces qui me brûlaient la main et me communiquaient leur assurance. Midi sonnait au clocher. C'était l'heure de rentrer déjeuner.

Dès le matin, dans toutes les marmites mijotait l'épaule ou le jarret de bœuf et les cuisines baignaient dans l'odeur du pot-au-feu, associé intimement au jour du Seigneur. Saloir et fumoir étaient exempts de service ce jour-là. Mais que de commentaires acidulés de la cuisinière quand le morceau de viande acheté à grands frais se révélait trop sec ou trop fibreux.

– C'est de l'argent jeté par le fenêtre, grommelait-elle.

Malheureux boucher ! Que de reproches injustifiés éludés par une pirouette. Bref, le pot-au-feu était la petite folie dominicale et faisait partie de ces menus plaisirs du dimanche.

On se mettait à table ; entre deux signes de croix rapides, maman marmonnait, du bout des lèvres, la courte prière de circonstance ; j'en faisais autant, souhaitant être rapidement papa pour en être dispensé. A ce même moment, deux adorables aïeuls, debout devant leur assiette, têtes inclinées et mains jointes, priaient avec humilité, ferveur et conviction. Il faut croire que d'une génération à l'autre, le bon Dieu devenait moins intransigeant.

Apprêté au vermicelle ou à la « tortue », le bouillon de pot-au-feu fumait dans les assiettes. J'y comptais les « yeux » que je poursuivais à la cuiller. Chacun le corsait de quelques gouttes de Maggi, cet aromate liquide dont maman contingentait l'utilisation. La moutarde forte de Dijon montait au nez et piquait une perle au coin de l'œil et l'humble pomme de terre rôtie accompagnait la viande. Le Jean avait droit au vin ce jour-là ; nous buvions de l'eau, exceptionnellement de la limonade, parfois ce breuvage hybride d'eau sucrée teintée d'un doigt de vin. Un lapin ou une poule de notre élevage remplaçait périodiquement la coûteuse viande de boucher.

« A table on ne parle pas », telle était la règle imposée à la marmaille. Le Jean ne faisait pas grand cas de cette pédagogie vieillotte. On commentait les nouvelles banales glanées sur le chemin de l'église. Il arrivait que maman vulgarisât pour moi le sermon du jour. Cela n'allait pas sans danger, car les choses dérapaient parfois. C'est que la philosophie du Jean concernant l'aspect social des choses n'était pas la même que celle de Monsieur le Curé. La contestation scandalisait une Lisa désemparée. Cela ne me coupait pas l'appétit. Je devinais que Jean avait probablement raison.

Aux vêpres de quinze heures, l'assistance était moins nombreuse. Les travées des femmes affichaient complet, la grouillante marmaille était là. Côté hommes, des adolescents manquaient à l'appel. L'espace des adultes était fort clairsemé, celui des barbes grises plus fourni. L'office immuable déroulait ses cantiques, psaumes, antiennes et hymnes chantés en chœur, accompagnés de l'orgue qui expirait parfois en soupirant, ranimé in extremis. Les initiés en connaissaient la raison. Le Rackel, sourd et muet, actionnait le levier de l'énorme soufflet qui alimentait l'instrument. Il n'avait nul repère auditif pour synchroniser son travail avec les temps morts de l'orgue. Il suffisait que l'un des jeunes drôles, qui occupait la tribune, le fasse pomper à contretemps pour faire agoniser les flûtes privées de souffle. C'était la traditionnelle farce vespérale.

J'étais parmi les rares privilégiés qui, à l'âge de la première cigarette, s'arrogeaient le droit d'accès à la tribune pour y occuper la place paternelle. Il y avait là-haut cinq rangées de bancs avec vue plongeante sur l'assistance, à côté de l'énorme bâti de l'orgue dans l'antre duquel une armée de tuyaux en bois ou en métal élaboraient les sons majestueux. Faut-il rappeler que chaque fidèle adulte avait sa place attitrée. Une fois l'an, Monsieur le Curé sortait du tabernacle la présence du bon Dieu et l'église se transformait en local pour «marchands du temple». Les places étaient mises en vente. Le marguillier les adjugeait au plus offrant. Généralement tout se passait bien et l'ancien propriétaire était reconduit dans ses droits en s'acquittant de la mise à prix. Mais l'on se disputait certaines places, laissées vacantes suite aux décès de l'année, dans une débauche de surenchères où ressurgissaient de vieilles querelles. Et l'on parle encore de telle place qui avait coûté le salaire mensuel d'un manœuvre. Coûteuse fantaisie!

Le rosaire du soir rassemblait des fidèles que les esprits mal intentionnés qualifiaient de «grenouilles de bénitier» ou de «graine de chantre» et l'Angélus clôturait le cycle dominical des pieuses ablutions.

A l'exception de quelques très rares mécréants, nos gens assistaient régulièrement à la messe du dimanche. En revanche, nul droit coutumier ne codifiait la fréquentation des vêpres pour les adolescents. A partir de quel âge en était-on dispensé? Certains ne l'étaient jamais. Ma mère, intransigeante, était bien de cet avis-là, appuyée par grand-mère qui me promettait de doubler mon argent de poche si je restais un garçon exemplaire et obéissant. Mais dans cette lutte inégale pour une émancipation précoce, de quel poids pouvait bien être la piété de deux femmes face à la tolérance d'un père et à la détermination d'un adolescent obstiné? Soucieux de ne point faire trop de peine à l'une et à l'autre, je procédais par étapes; le temps fit le reste. Mais que de menaces, de reproches, de suppliques et de funestes prédictions avant d'en arriver là.

Si le septième jour de la semaine était celui du Seigneur, il était aussi le jour de repos hebdomadaire; ainsi en avait décidé l'Eglise et nul n'y contrevenait dans nos campagnes. Monsieur le Curé avait seul pouvoir pour autoriser exceptionnellement certains travaux des champs lorsqu'il y avait grand péril pour les récoltes; l'annonce était faite du haut de la chaire durant la période de la fenaison ou de la moisson.

Comment nos gens meublaient-ils leurs quelques heures de loisirs? Le jeu de quilles de la Marie god accueillait les habitués qui rivalisaient de force et d'adresse. Situé en plein air, il y avait là autant de badauds que de joueurs, sans compter la marmaille qui applaudissait «aux neufs» et saluait «les rampeaux». Chassée par les adultes, elle revenait comme la vague et se coulait dans l'assistance imperceptiblement. Au café d'en face, pour un sou, on tapait la carte à en faire trembler les chopines. On jouait au Napoléon, à Quatre Cartes atouts, au Soixante-six, au Choveskop, à la Bête, etc., autant de jeux à jamais disparus. La belote n'avait pas encore droit de cité; les appelés l'introduiront plus tard à leur retour du service militaire. Tout le monde connaissait les ladres et les grippe-sous qui se contentaient de l'eau domestique et considéraient l'auberge comme un lieu de perdition.

Le paysan, échappant pour un jour à l'asservissement quotidien, s'en allait par les chemins consulter les blés, tout étonnés de la visite de leur maître en costume d'apparat. Il s'en revenait lentement, songeur, plein de crainte et d'espoir. Les filles, bras dessus, bras dessous, partaient en bandes après les vêpres. Elles tenaient toute la largeur de la route en chantant. La chaîne cassait au passage d'une carriole, ou d'une de ces automobiles bien rares en ce temps-là; et les regards admiratifs suivaient le tacot poussif et trépidant.

Les garçons aussi s'en allaient par les chemins. Fortuite, la rencontre avec les filles? Que non! Qui oserait y croire? Les adolescents parlaient alors de tout et de rien, sauf des problèmes brûlants qui étaient les leurs. Sur tout couple qui s'isolait planait la suspicion depuis qu'Eve, au Paradis, à ce jeu innocent succomba.

Adieu! dimanches d'autrefois, simples et poétiques, lumineux comme des rayons de soleil dans la grisaille d'une semaine de labeur! Vous avez perdu votre caractère sacro-saint de jadis. Que de changements dans la liturgie et dans l'esprit de la doctrine catholique.

Pour tout fidèle, la fréquentation de la messe dominicale était impérative. La transgression de cette loi de l'Eglise constituait un péché mortel qu'on expiait en Enfer durant l'Eternité. Redoutable menace que ne libérait qu'une «vraie» confession, suivie de l'absolution. Certes, quelque fidèle pouvait ressentir confusément le caractère excessif de cette règle. Mais la population de nos villages lorrains était profondément croyante et pratiquante et ne se posait guère de questions.

Aujourd'hui, le Dieu justicier et menaçant est redevenu Dieu d'Amour et de Miséricorde; le curé omnipotent et tyrannique s'est changé en pasteur tolérant et persuasif. La soutane s'est envolée, la barrette aussi. Le latin a déserté les voûtes scandalisées et la messe du samedi soir grignotte celle du dimanche. Ce que l'office a perdu en ésotérisme, il l'a gagné en convivialité.

Sans amertume, mais avec une pointe de nostalgie, on ne peut s'empêcher, à mon âge, de penser aux dimanches de jadis. De nos jours il n'y a plus de repos sacré, plus de fièvre dominicale, plus d'atmosphère de fête hebdomadaire, plus de groupes qui chantent sur nos routes encombrées. La moto rugissante et la voiture dopée de chevaux nerveux emportent nos jeunes au loin, si loin que parfois ils n'en reviennent plus.

Et les vieux, cloués au domicile, regardent sur le petit écran la messe du dimanche, heureux de trouver dans le progrès une compensation à leur vie déphasée.

NOTRE ÉCOLE

Elle possède la solidité et la simplicité des gens du terroir.

Elle a traversé le siècle sans changer d'apparence, à l'image de quelque vieille sans rides passant discrètement de l'adolescence au crépuscule et que l'on redécouvre soudain, étonné et intéressé, au détour d'un long chemin.

Pourquoi se serait-elle singularisée dans son environnement immédiat, alors que sa vocation – la diffusion du savoir – suffisait à sa modestie ? Seuls artifices : un mur coiffé de grès rose clôturant un espace minuscule pour marmaille apeurée, antichambre de la cour qui était la rue où hurlait la horde décompressée, et puis trois érables[1] pleureurs, aux troncs polis par deux générations de primates.

Bref, ce n'était qu'une banale construction rectangulaire, édifiée en 1882 par un certain Louis, entrepreneur à Holling, pour remplacer l'ancienne salle de classe en ruine. A droite du corridor central se trouvait le logement de service avec un étage, à gauche il y avait la salle de classe chevauchée par la mairie. Nulle inscription extérieure, nul fronton à la gloire du Reich ou de la République qu'elle servit indifféremment à tour de rôle.

Si elle résista aux outrages du temps, on ne lui en épargna pas certains autres. On sacrifia un jour les vieux frênes qui lui donnaient quelque respectabilité et l'on supprima la courette sans réelle utilité. Honteuse de son inconfort, elle dut renoncer momentanément à abriter le maître et sa famille. Elle accueillit, avec le sourire serein de l'aïeule, les petits de deux classes maternelles et vit partir ailleurs, sans état d'âme, la classe des grands ainsi que le secrétariat de mairie et ses archives poussiéreuses.

Cinq marches de perron que certains grands franchissaient d'un bond, deux portes d'accès depuis le corridor et l'on se trouvait dans une salle claire

---

1. Lire : frênes.

avec deux fenêtres sur chacune des trois faces. Les anciens se rappellent qu'elle abrita jusqu'à soixante élèves. Fallait-il que le maître ait les nerfs solides!

Le mobilier ne changeait guère d'une école à l'autre : des bancs à quatre places, à plan de travail incliné où les couteaux s'exerçaient prudemment à la sculpture sur bois, des sièges individuels relevables, le trou et son encrier de faïence, un tableau mobile, deux autres muraux, une armoire, une bibliothèque, le poêle rond avec son long tuyau, enfin la chaire du maître.

En 1918, lors du retour de l'Alsace-Lorraine à la Mère Patrie, le gouvernement français accorda aux deux provinces un statut local pour tenir compte de leur particularisme. Ainsi furent reconduites certaines lois allemandes lorsqu'elles s'adaptaient mieux aux coutumes et aux conceptions philosophiques des habitants. Le Concordat signé par Bismarck continua à s'appliquer à nos établissements primaires.

C'est ainsi que « notre école » était à la fois publique et confessionnelle, bien qu'on y accueillît les élèves des différents cultes. La prière était en usage à chaque entrée et sortie et bien des petits juifs y ont appris le *Notre Père* sans sourciller. Le maître enseignait la Bible en français et le curé le cathéchisme en allemand. En quand l'entente était cordiale, le premier était organiste et directeur de chorale paroissiale et le second disposait à sa guise et à toute heure de la petite armée d'enfants de chœur pour certains offices célébrés durant les heures scolaires.

La rentrée, avec ses petits drames, était la grande affaire du jour. Les filles étaient belles comme des poupées sorties fraîchement de leurs boîtes et les garçons tout gauches dans leurs culottes trop longues pour l'instant. Leurs bas de laine tricotés durant les longues soirées d'hiver étaient retenus au genou par une bande élastique et les tabliers sentaient la naphtaline des piles de linge passées à la revue de détail pour l'occasion. Les grands jetaient un coup d'œil méprisant à la piétaille du jour nichée sous les ailes maternelles. Mais l'atmosphère n'était point à la fête. Après deux mois de folle liberté, on remettait les fauves en cage.

En sa qualité de marraine, la Godé m'avait acheté un superbe cartable en cuir jaune, un de ces cuirs de pachyderme, raide comme un passe-lacet, qui allait résister facilement à tous les mauvais traitements endurés durant toute la scolarité.

– La qualité se paye, disait-elle d'un air suffisant.

Ce petit grain de folie indiquait bien toute la considération qu'elle portait aux « choses de l'école ».

117

J'avais tout lieu d'être fier de mon cartable car les sacs en carton pâte, les musettes de grosse toile, les caisses de bois blanc en bandoulière faisaient grise mine à côté. Sanglé sur le dos comme le barda du militaire, il ne contenait pour le moment qu'un plumier qui tambourinait à chaque pas sur l'ardoise dans ce bagage de luxe.

J'avais rêvé d'un de ces plumiers en bakélite orné de paysages exotiques, de pagodes et de petits bonhommes nattés, aux yeux bridés. Mais, selon son habitude, maman « marchait à l'économie » et, pour avoir bonne conscience, trouvait inconvenante cette folle dépense pour un sac d'école. Le modeste plumier à bois blanc verni, fleuri de rosaces, convenait mieux à sa bourse ; l'autre n'était qu'un plumier de riche. Elle ne savait pas, la pauvre, que selon le temps et les saisons, son couvercle coulissant et versatile allait tantôt bouder dans les glissières, tantôt s'en échapper insidieusement avec un bruit de claquettes qui vous glaçait d'effroi quand il relevait le nez du maître assoupi à sa chaire.

Il y avait l'ardoise, pareille dans toutes les écoles de France, relativement fragile dans son cadre de bois tendre souvent disloqué, perforé pour le passage des deux ficelles, celle de l'éponge, supposée humide, celle du coussinet bourré de chiffons pour sécher. Lignée sur l'une des faces pour la calligraphie, elle était quadrillée de l'autre pour les opérations de calcul dont les chiffres susceptibles exigeaient leur juste place. Que de salive dilapidée discrètement sur la surface froide pour faire disparaître les maladresses de l'apprentissage ou les réussites éphémères !

Il y avait enfin ce crayon d'ardoise borné qui mordait la pierre, griffait les tympans et se multipliait en se divisant à sa première chute. Personne ne l'eût imaginé de dimension plus raisonnable, alors que chacun n'en utilisait que les moignons.

Chaque jour de classe, même scénario : un coup de sifflet énergique stoppait tous les jeux, les élèves convergeaient en hâte vers le perron et se figeaient, colonnes par deux, les filles à droite, les garçons à gauche. A la rentrée du matin, le maître passait entre les rangs. Commençait alors le contrôle de routine pour vérifier la propreté des mains, du visage et des chaussures. De place en place, la règle écartait un lobe d'oreille derrière lequel se nichait parfois le fruit de négligences répétées. Rien n'échappait à son œil exercé.

La maladie honteuse à l'école, c'était les poux. Ça se déclenchait brusquement et se propageait comme une épidémie. Dès que l'alerte était donnée, on leur livrait bataille dans tous les foyers. Sur les crânes « des drôles » tout rentrait vite dans l'ordre. La tondeuse coupait court, et un beau matin on se découvrait sous un jour nouveau ; les caboches au poil ras révélaient toute une variété d'imperfections dans leurs courbures paraboliques. Et ça rigolait aux éclats du côté des filles ; même les plus hardis renonçaient à y faire le paon. Dans la chevelure des gamines, la destruction de l'espèce était un travail de longue haleine. Mèche après mèche, on frottait le cuir chevelu au chiffon imbibé d'alcool à brûler, de pétrole, de vinaigre, de marie-rose, etc. Pas de remède miracle ! Et dans l'enceinte de la classe, une odeur composite d'essences diverses et de cadavre de poux avait de quoi faire fuir la vermine si elle ne l'eût asphyxiée précédemment. C'était le prix à payer pour éradiquer la maladie. Et le soir, penché au-dessus du journal étalé sur la table, l'on râtissait le cheveu au peigne fin, l'on détruisait les œufs de vermine à la flamme d'une bougie et l'ongle du pouce écrasait avec volupté quelques assaillants échappés au massacre. On connaissait soi-disant les origines du mal ; la rumeur publique accusait certains qui en accusaient d'autres. Si la race des poux avait su s'exprimer, elle eût mis d'accord tout le monde. En l'état des choses, elle se considérait comme indestructible puisqu'elle naissait par génération spontanée.

Il ne me reste que des souvenirs imprécis et fragmentaires de nos premiers pas en écriture et lecture. A quel moment les barres et les ronds se transformèrent-ils en lettres, les lettres en embryons de mots qui s'articulaient à leur tour en concepts puis en phrases, selon le processus mystérieux de la gestation ? A partir de ce moment, sous la férule d'un grand, on psalmodiait en chœur un texte calligraphié au tableau noir. Lorsque la baguette du moniteur se trompait de ligne, la litanie expirait en cacophonie. Difficile alors de relancer la mécanique grippée sur sa trajectoire. Mieux valait recommencer la mélopée à son début.

Apprendre à lire le français, dans une classe à tous les cours, à des gamins de six ans ne parlant qu'un dialecte germanique, relevait d'une gageure. C'était conjuguer l'apprentissage de la lecture avec celui d'une langue étrangère. Et pourtant... ! Hormis l'horrible accent alémanique que d'aucuns traînaient comme un boulet toute leur vie, les progrès furent concluants.

Au bout de quelques semaines, on passait aisément de l'ardoise à la feuille de papier, de l'atroce crayon de pierre à celui, tendre et obéissant, de plombagine. Par contre, combien de temps ne fallut-il pas pour se familiariser et pour maîtriser correctement cet outil diabolique appelé porte-plume ! Au sommet du délié, voilà la plume qui amorce son virage pour redescendre et tracer un plein progressif. C'est là-haut que la main hésite et dérape, que le bec de l'outil s'exerce soudain au grand écart et que l'une de ses branches se plante dans les fibres du papier, crachant sa constellation d'étoiles filantes autour de la lettre inachevée. Une autre fois, gorgée d'encre, elle attend sournoisement son arrivée à la verticale du cahier pour lâcher son trop-plein, endigué par un buvard qui l'écrase généralement en un superbe pâté ! Et que ne trouvait-elle pas dans le fond vaseux des encriers pour compléter sa boîte à malices !

Il y avait bien la gomme pour frotter, limer et gratter ; elle finissait par enlever la tâche lorsqu'elle rongeait déjà sur la page suivante. Le maître nous conseillait la Sergent-Major, soi-disant plume de qualité ; je les ai essayées toutes, et toutes étaient perfides.

L'étude des tables était affaire de musique plutôt que de réflexion. Les plus cancres finissaient par connaître la partition ; rarement un « couac » dans le chœur des mathématiciens en herbe.

Après l'étude des majuscules, je me désintéressai de l'écriture. Jamais je n'arriverais à calligraphier comme la Schloss Marie, citée régulièrement en exemple. Au bout de la seconde année, il me semblait que la lecture n'avait plus guère de secrets pour moi, à tel point que je corrigeais grand-mère, fière de ses trois années de scolarité française avant 1870. Mais ma lecture était avant tout mécanique ; bien des mots restaient des supports vides de sens et la phrase ne véhiculait pas la pensée. Je lisais souvent sans comprendre. Il en était ainsi lors de mes essais de lecture dans l'édition allemande du *Messager boiteux*. Par analogie, je saisissais le sens de quelques mots ayant la même consonance que ceux du dialecte. Cela m'encourageait à persévérer. Et voilà que Monsieur le Curé commençait à nous enseigner cette langue savante qu'est le latin, indispensable dans l'exercice de notre future fonction de servant de messe. Les seuls textes à notre portée, s'ils avaient existé, eussent été ceux, écrits dans notre langue maternelle. Leur utilité eût été bien contestable dans cette journalière bataille linguistique.

Dans nos petites classes, il restait bien du temps pour rêver, mais aussi pour écouter lorsqu'on était curieux et intéressé. Alors le savoir nous parvenait par osmose des classes supérieures avec toutes les lacunes que l'on devine.

Un grand de la classe de fin d'études vient d'accrocher une carte de France défraîchie après le porte-carte branlant. L'interrogation du maître porte sur les fleuves et concerne ceux du C.E.P. (certificat d'études primaires). Je me passionne pour ces voyages de la baguette qui hésite et cherche son chemin. N'est-il pas paradoxal que la France soit plus petite que la Moselle dont la carte est accrochée au mur de la bibliothèque ? Les fleuves ne me sont déjà plus étrangers. Par quel sortilège le Rhin arrive-t-il à faire écouler ses eaux vers le haut ? Le Rhône est rapide, c'est normal, il descend à la verticale. La Seine est sage et se pare de toutes les qualités pour traverser la capitale. Que dire de la Loire ? Grande et bête, une bonne à rien ! Quant à la fantasque Garonne, elle en fait des misères aux riverains ! Et la Nied ? Où est donc notre Nied qui s'écoule, majestueuse, à trois pas d'ici ? Pourquoi le maître n'en parle-t-il pas ? L'aurait-on oubliée sur la carte ?

L'histoire s'ébauche sur une frise murale où les événements d'importance s'inscrivent en dates indélébiles. Certains siècles n'ont pas d'histoire, ou si peu. D'autres poussent la complaisance jusqu'à proposer quelques dates faciles à retenir. La Révolution et l'Empire nous imposent un sacré répertoire. Pourquoi en si peu de temps a-t-on fait tant de choses qu'il faut retenir ? La précision des dates s'affine : nuit du 4 août 1789, Abolition des Privilèges ; ça devait être important et urgent pour y consacrer la nuit.

Le calcul – on ne parlait pas encore de mathématiques – était une science occulte dont les problèmes complexes échappaient à l'entendement d'un moutard aux prises avec les quatre opérations.

Et voilà que, bien plus tard, des Psycho...-Pédago..., en mal de nouveautés, découvraient une terrible vérité ; un vrai psychodrame ! « Une tête bien faite vaut mieux qu'une tête bien pleine. » Du coup, voilà qu'on nous aurait bourré le crâne de connaissances futiles selon une méthode archaïque faite de « répétition, d'apprendre par cœur et réciter » qui farcissait les cervelles sans les épanouir. Certes, nous emmagasinions une foule de choses : les résumés de toutes les matières, la chronologie sur deux millénaires, les règles de grammaire et d'orthographe, les tables et des raisonnements pour toutes les races de problèmes, les poésies, les chants scolaires et grégoriens, les prières en latin, allemand et français, le catéchisme, etc. Cela constituait un bagage hétéroclite d'acquisitions que notre cervelle répertoriait, miniaturisait en microfilms inaltérables, un trésor de connaissances qui ne partait pas en fumée et tout un ensemble de vérités premières et de choses sûres et indiscutables que nous ne comprenions pas toujours mais que le temps se chargeait de nous expliquer ou de corriger.

Avec nos maîtres, nous apprenions à mouler une écriture soignée, à faire des dictées presque sans fautes, à calculer vite, à raisonner et résoudre bien des cas de figure, à rédiger correctement – selon les schémas du maître bien trop souvent – et l'on quittait l'école avec un solide savoir, la tête bien plantée sur les épaules, ni stressé ni psychanalysé.

Pourquoi parler de têtes bien faites, de têtes bien pleines, sans évoquer aussi au passage la multitude de têtes bien vides, sous-produits de la nouvelle Pédagogie en perpétuel changement ?

L'effectif habituel de la classe oscillait entre 35 et 45 élèves de 6 à 14 ans. Le problème apparemment insoluble consistait à occuper en permanence cette jeunesse et à maîtriser son activité débordante.

Quand la ruche devenait trop bruyante, les rappels à l'ordre étaient vains. Utiliser la persuasion revenait à appâter des mouches avec du vinaigre. Restaient la panoplie des punitions écrites, la série des problèmes insolubles ou la retenue tant redoutée ; c'est alors que la classe devenait prison, la pendule geôlier, le soleil et les bruits de la rue bourreau. Les temps s'alignaient en colonnes à l'intérieur des modes rébarbatifs et légions furent ceux qui s'y familiarisèrent avec la conjugaison des verbes à moralité. Pendant que les aiguilles se traînaient misérablement sur le cadran, on attendait le bon plaisir du «vu» indulgent et libérateur qui zébrait la marge.

Et lorsque tous les moyens de coercition autorisés par la Pédagogie officielle se révélaient inefficaces, le maître passait aux châtiments corporels expéditifs. Les petits à la larme facile, au cœur tendre et à la peau trop douce, en étaient épargnés. Le piquet isolait momentanément l'élément turbulent. Les moyens, allongés sur le banc de la première rangée, encaissaient la volée de bois vert avec des contorsions. Qui se tortillait trop prenait double ration, et gare aux rieurs imprudents ! Quant aux grands, ils trouvaient la fessée indigne d'eux et livraient leurs «paluches» à la baguette intraitable. Elle sifflait dans le silence, claquait sur les doigts, y mettait le feu et se délectait des grimaces. Malheur au froussard qui évitait sa trajectoire.

Malgré la banalité du spectacle, nous y trouvions toujours le même intérêt. On scrutait les visages, on admirait les stoïques qui revenaient, pâles, avec une méprisable indifférence ; on se gaussait des comédiens qui hurlaient avant l'heure par peur ou diplomatie ; on compatissait avec les tendres à la larme sincère.

Le répertoire comportait aussi les taloches qui corrigeaient les fautes flagrantes et quelques raffinements plus sophistiqués, tels le craquement d'un pavillon d'oreille, le tiraillement du cheveu à la hauteur de la tempe, ponctué d'un «aïe!» qui replongeait les nez sur l'ouvrage ; la baguette cinglait les mollets des retardataires ; ils n'y étaient pour rien, c'était la faute au réveil. Mais nous relevions aussi de la juridiction correctionnelle du maître pour toutes nos incartades extra-scolaires portées à sa connaissance. Et malheur à ceux qui traînaient encore dans les rues après le dernier coup de l'Angélus de vingt heures.

Surtout, n'imaginez pas que nous étions des martyrs face à un tortionnaire ! Il reste à chacun de nous le souvenir de quelque correction magistrale que nous racontons avec délectation à nos petits-enfants. Nos parents approuvaient pleinement « la méthode forte » qui l'était souvent moins que la méthode domestique. Investi par eux des pleins pouvoirs, le *Schulmeister* avait raison en toutes circonstances.

Il était originaire d'un village voisin, à une lieue de chez nous, Monsieur Guirlinger. C'était un homme du terroir, formé au métier dans quelque *Lehreschule* du Reich ; incorporé dans la Wehrmacht du Kaiser dès le début de la guerre 1914-1918, il fut gazé par l'ypérite dans les tranchées du champ de bataille.

Vint l'armistice et le retour de la Moselle à la nouvelle patrie. Comme tous ses pareils, il effectua une année de stage dans une province « de l'intérieur » puis fit ses premières armes chez nous. Quel que fût son bagage de culture française acquis hâtivement, nul n'eût osé mettre en doute son érudition, dans le village où la nouvelle langue était ignorée. Difficile de croire aujourd'hui qu'il maîtrisât complètement son sujet. Nonobstant, c'était Monsieur le Maître et par principe il savait tout, même l'orgue, le violon et le piano dont il jouait merveilleusement.

Il était, par ailleurs, la conscience en personne, sévère avec les autres tout autant qu'avec lui-même. On connaissait sa ponctualité, son respect des horaires et des programmes. Ne s'imposait-il pas, malgré sa corpulence, son peu de souffle et ses poumons fragiles la leçon d'éducation physique ? Il s'époumonnait dans la démonstration maladroite de quelques exercices simples de gymnastique suédoise que nous exécutions sans conviction. C'était l'unique terrain où sa science trouvait ses bornes.

Comme tous les maîtres de l'époque, il menait de front l'enseignement et l'éducation. Le comportement de l'individu dans sa famille et dans la société, ses devoirs envers lui-même, les autres et sa patrie, l'acquisition des valeurs morales universelles, tout cela constituait un ambitieux programme. J'ai eu la chance, comme bien d'autres, de ne trouver sur ma route que des maîtres qui remplissaient cette double mission avec la plus haute conscience.

Le Certificat d'Etudes Primaires – C.E.P. – mobilisait toutes les énergies et dès le milieu du troisième trimestre commençait une préparation fiévreuse et accélérée. Durant les moments de « haute tension », les cancres se trouvaient relégués sur « le banc des ânes » et jouissaient d'une douce quiétude au prix d'un mortel ennui. Les turbulents se payaient le piquet par anticipation et l'autorité imposait le sommeil aux petits. Plongés dans une vertueuse indignation, ils faisaient semblant de dormir, la tête appuyée sur les bras croisés, pareils à des statuettes frémissantes de vie. Et les C.E.

(Cours Elémentaire) condamnés par avance à un perpétuel recommencement de leur copie, remplissaient des feuilles entières de textes de lecture que le maître, rageur, paraphait d'une déchirure.

Et nos candidats? Il était nécessaire de dépoussiérer les cerveaux et de rafraîchir les mémoires. C'est ainsi que la chronologie renaissait de ses cendres et que les résumés de géographie et de leçons de choses ressurgissaient fidèlement. Les choses se compliquaient en calcul; la ration quotidienne des devoirs du soir comportait inévitablement deux problèmes. Les raisonnements par fausse supposition et les partages inégaux étaient notre bête noire. Nulle aide à attendre de nos parents à cause de la barrière des langues. Et puis, n'avaient-ils pas assez de problèmes eux-mêmes? Alors, ces matins-là, sur le mur de la courette, une ruche bourdonnante s'activait aux copies conformes de la solution la plus vraisemblable.

La dictée faisait des ravages parmi les candidats car son zéro pour cinq fautes était éliminatoire. Aussi passait-on très vite au régime de deux par jour. Quant à la rédaction, elle faisait le désespoir du maître et le nôtre. Quand nous avions des idées, on les trouvait banales, exprimées en termes impropres, incorrectement rédigées, etc. Et la plume, trempée dans la fiole d'encre rouge, ne tarrissait pas de critiques dans une marge devenue insuffisante. Quand nous n'en avions pas, c'était pire! Faute de lire, nous étions nuls, disait le maître.

Il n'y avait guère que la Lolotte, ma voisine, abonnée à l'hebdomadaire *Lisette,* qui réussissait dans cet exercice. Aussi, un peu tard, mon père m'abonna-t-il à *Pierrot.* A défaut de progrès rapides, j'y pris le goût de la lecture. Est-il utile de préciser que le livre de bibliothèque distribué chaque samedi finissait au fond du cartable et que le compte rendu du samedi suivant, quand il existait, n'était qu'un résumé irréel, produit de nos fantasmes?

La mécanique semblait bien rodée à présent. La dernière semaine, on révisait les récitations du cahier spécial, on peaufinait les chants, et le piano apportait une note de gaieté et de détente. Mais on revenait inévitablement aux choses sérieuses par des incursions dans le domaine de l'essentiel, lorsque le maître, durant ses nuits d'insomnie, se changeait en voyant extra-lucide touché par la révélation de quelques nouveaux sujets d'examen.

L'année 1932 fut d'un cru exceptionnel. Nous partîmes sept, à pied, entre une haie de villageois qui nous regardaient passer comme si nous allions au combat. Nous revînmes sept, couverts de gloire, dont «une mention très bien».

– Cela ne s'est jamais vu, disait notre maître, M. Klein, qui avait remplacé le précédent trois années auparavant.

La prolongation de la scolarité relégua le C.E.P. au rang de pièce de musée. Que n'a-t-on glosé sur son compte ? Il collait pourtant bien à son époque et sanctionnait l'acquisition d'un solide bagage de connaissances fondamentales, indispensables pour l'entrée en apprentissage chez l'artisan. Connaissances inutiles disent les sots. Et pourtant, les trains se croisent encore de nos jours, les robinets n'ont pas cessé de couler, l'on se partage toujours l'héritage familial, on rédige quand on a des idées, la rigueur commence par l'écriture et l'orthographe, Rodez est bien le chef-lieu de l'Aveyron et sans Lothaire point de Lotharingie.

Nos maîtres étaient les phares qui nous conduisaient vers la lumière. Mais quel gâchis quand, dans un village, une succession de mauvais enseignants abandonnaient à leur ignorance les petites cervelles incultes ! On savait qu'à l'ombre de tel clocher se perpétuait l'ignorance.

Il m'est arrivé récemment de visiter une vieille forge. Il y avait, parmi le bric-à-brac, des outils bizarres dont on ne saurait plus se servir aujourd'hui. Le petit-fils du forgeron ignorait l'usage qu'on en faisait autrefois. N'ont-ils pas participé à façonner le monde ?

Que ne trouverait-on aussi dans un vieux grenier d'école ? Probablement des bancs fatigués, une fontaine murale percée, des ardoises fendues avec leurs crayons cassés – mais aussi des plumes, des buvards, des encriers, des tubes de poudre à encre – et peut-être des bûchettes, un boulier – et qui sait ? la claie où séchaient plantes et fleurs vendues à l'herboriste au profit de la coopérative scolaire ou la vieille caisse à cadenas dans laquelle on enfermait les escargots indolents pour les livrer aux gourmets de la capitale – enfin là, dans un coin, un petit fagot de baguettes déchues servant par le passé de guide et de verge à la fois.

Autant d'objets obsolètes, témoins d'une pédagogie dépassée !

HYGIÈNE, PUDEUR ET CANDEUR

Le samedi, après le repas du soir, avait lieu la séance de décrassage hebdomadaire. En ma qualité d'aîné, je me trempais le premier, nu comme un ver, dans l'énorme bassine remplie d'eau tiède, installée au milieu de la cuisine.

Nul endroit n'échappait à l'œil vigilant de la mère qui frictionnait sans ménagement une peau qui rosissait sous le gant de toilette imprégné de savon de Marseille. Elle n'avait cure ni de la mousse qui picotait les yeux, éclatait en bulles dans les oreilles, s'infiltrait par le nez et la bouche, ni de mes hoquets quand le broc m'arrosait copieusement au rinçage. L'eau giclait et ruisselait sur le carrelage de la cuisine.

Emballé dans une grande serviette réchauffée au-dessus de la cuisinière, me voilà sur la chaise, sous la lampe à pétrole. Les ciseaux s'acharnent sur les ongles des mains et des pieds maîtrisés par la solide poigne maternelle.

– Vas-y ! file !

Compte tenu de mon âge et de l'excessive pudeur de nos gens, il était exclu qu'on me donnât l'occasion de m'intéresser à l'anatomie de mes sœurettes. Je montais l'escalier à regret, dépité d'un droit d'aînesse qui se retournait contre moi et me glissais dans des draps tout frais pendant que les piaillements des gamines s'ébrouant dans mon eau me parvenaient assourdis. Je suppose que la même eau servirait aussi aux parents qui s'y trempaient sans doute à leur tour alors que nous étions depuis un moment au pays du rêve.

La toilette quotidienne était expéditive, surtout quand maman, vaquant à ses occupations multiples, n'était pas là pour vérifier. Quelques touches sur la frimousse et l'on filait à la messe de sept heures et de là à l'école. Mais gare aux contrôles intempestifs d'un maître tâtillon qui connaissait les points névralgiques où se nichait le moindre soupçon de crasse après des négligences répétées ! Quelle honte ! c'était pire que les poux qu'on récoltait toujours du voisin.

Le père, qui vantait les avantages de l'eau froide, la chemise largement ouverte sur un buste velu, s'ébrouait avec l'eau de la cuvette puisée à pleines mains et soufflait comme un phoque. Au retour des champs, quand la moisson ou la fenaison avait trempé sa chemise comme une averse, il partait au Borren[1] où l'eau ruisselait sur son torse nu, puissant et tatoué. Maman trouvait inconvenant d'exposer ainsi une demi-nudité.

– Que vont dire les gens ?

Le Jean de la Lisa souriait, malicieusement provocant.

– Un ancien marin du Kaiser ne se lave pas autrement, disait-il. Et la cabale des vieilles filles cessa bien vite de trouver cela choquant.

Je me souviens du jour où, ayant pris le cube de savon et la brosse à dents paternelle – l'unique au logis – je me mis à frotter comme j'avais vu le faire parfois le père quand il se souvenait de la rude école sur le croiseur *Berlin* où la discipline militaire imposait une stricte hygiène. Quelle horreur ! Je ne renouvelai jamais l'expérience. Et ce ne fut qu'à l'âge de quatorze ans qu'il fut question à nouveau de brosse et de dentifrice cette fois, sur ma liste de trousseau pour l'entrée à l'internat.

Quant à ma mère, toujours levée bien avant tous, je n'ai jamais eu la curiosité juvénile d'en savoir davantage. N'était-elle pas la perfection qu'on n'interroge pas ?

Si aucune de nos demeures modestes ou exceptionnellement cossues ne possédait de salle de bains voilà quelques décennies à peine, toutes s'énorgueillissaient d'un « cabinet ».

C'est ainsi qu'on appelait pompeusement – à l'aide d'un des rares mots empruntés par notre dialecte au vocabulaire du français – ce petit édicule relégué selon l'usage à l'arrière des constructions pour certaines raisons de commodité. Accoté au mur extérieur de l'étable, au pied du jardin, c'est là que riches et pauvres étaient logés à la même enseigne, dans le même inconfort. Imaginez un appentis de poutres et de planches de trois pieds carrés avec sa fosse maçonnée de briques rouges, son siège-caisson poli par l'usage, sa découpe arrondie et le clou piqué sur la paroi qui accrochait le papier journal coupé au carré dans la gazette régionale.

La fosse grouillait de vie et quelque chrysalide nichée dans un coin illustrait avantageusement la leçon de choses sur les métamorphoses des insec-

---

1. Fontaine, en dialecte.

tes. Quand soufflait la bise, cent filets d'air se précipitaient dans ce sobre sanctuaire et leur souffle invisible glaçait les jambes et les rondeurs dénudées. Alors on battait en retraite vers l'étable chaude sur la litière accueillante de la chèvre indifférente.

Est-il besoin d'ajouter qu'une certaine lingerie féminine de l'époque facilitait la chose ? Car tout comme nos taillandiers, qui savaient si bien ajuster l'outil au terroir, nos bonnetiers s'ingéniaient à adapter certains dessous aux « besoins ».

N'en déplaise à nos actuels faiseurs de mode !

Il était un terrain scabreux sur lequel les gros sabots des générations passées n'osaient s'aventurer, semé qu'il était d'embûches, de préjugés, de tabous, de poncifs, de pseudo-vérités.

Nos parents n'avaient guère le temps de se mettre à l'écoute d'une curiosité « malsaine » ; les essais de communication, possibles au moment des repas, étaient vite réprimés par un « on ne parle pas à table » qui freinait avant l'âge notre spontanéité juvénile. Incapables de nous enseigner la simple vérité, paralysés par une pudeur ancestrale, ils se réfugiaient dans un silence gêné après avoir éludé d'une façon préremptoire et maladroite nos questions sur les mystères de la vie.

A quoi bon nous expliquer ? puisque la révélation nous parviendrait avec le temps.

Devant la complexité de la tâche, ils l'abandonnaient à l'Eglise dont l'enseignement trop dogmatique, grevé d'interdits, était cause de leur incapacité d'informer. On n'y parlait que de chasteté, d'abstinence, on y traquait le péché de chair dans tous ses retranchements, « en pensées, en paroles, en actions et en omissions ».

Elle imposait sa vision du couple dans ses rapports et sa finalité. Elle était aussi maladroite devant notre soif de savoir que le milieu familial.

Que de questions sans réponses ! Que d'ignorance sur le simple sujet de la conception. Il me fallut attendre mes dix ans pour qu'un domestique de ferme m'expliquât la maternité. C'était un secret trop important, trop lourd pour moi tout seul pour que je ne le communique pas aux autres.

Comment expliquer le mystère de la procréation ? La nature, pour des garnements de la campagne, était pourtant la plus merveilleuse source d'information.

— Tu porteras la lapine au mâle, chez le Néckel.

Elle était bien sage dans son panier d'osier à anse, beaucoup moins dans le clapier du voisin où, poursuivie par le mâle, je l'entendis pousser un cri pour la première fois.

Ce jour-là, sur l'usoir, devant l'étable du Anda, le Houbat sortit le taureau devant un attroupement de gamins alertés. Chassés, ils refluaient comme la marée. L'énorme bête s'avança doucement, lourdement, tête baissée, prête à encorner, maîtrisée par une longue tige de fer s'articulant avec la courte chaîne attachée à l'anneau qui perçait la paroi nasale du mufle. Ses yeux lançaient des regards obliques et fourbes. Le taureau remarqua la vache maintenue immobile par deux gaillards, s'approcha à pas lents, flaira longuement et soudain la masse d'os et de muscles s'abattit sur la croupe de la femelle. En moins de temps qu'il n'en faut pour le dire, la saillie était achevée.

Chez le Rackel j'emmenais notre chèvre au bouc; elle avait l'habitude de me suivre sur le chemin de la pâture communale. Le sourire béat, la barbiche poivre et sel et les intonations étranges du sourd-muet m'intriguaient plus que le reste.

C'est au Schloss que le Patté conduisait la truie. Je marchais devant la bête qui me suivait, une corde attachée à la patte de derrière. Patté la dirigeait de l'arrière avec un long échalas dont il lui caressait les énormes oreilles. Ici tout se passait dans l'intimité, à l'abri des hauts murs qui entouraient la cour. La copulation durait, le verrat prenait son temps et la truie en avait pour son argent.

Faisions-nous le rapprochement entre le manège des bêtes et l'accouplement des humains? C'était diffus, pas toujours évident. Cela complétait en tout cas nos informations glanées par-ci, par-là dans la rue où se concrétisait notre éducation sexuelle. Quelques audaces visuelles, fruit du hasard, nous fournissaient des idées sur ce que pouvait être notre évolution future vers l'âge adulte, ou bien nous donnaient une vague connaissance d'une morphologie féminine bien cachée.

Et chacun rassemblait dans son mental encombré de bribes de vérités, de conclusions hâtives, de déductions fallacieuses, de découvertes – les siennes et celles des copains – toutes les informations pour reconstituer de toutes pièces son propre puzzle, vague ébauche d'une vérité qui n'était que la simple réalité.

Nous restions ainsi innocents assez longtemps sans même connaître notre propre corps. La malheureuse adolescente, affolée par les premiers signes de sa puberté, s'entendait dire, pour toute explication: «Voilà la cuvette d'eau chaude, fais ta toilette, mets ça et va au lit, tu es dispensée d'école aujourd'hui». Et le gars, aux pulsions refoulées, confronté pour la première fois à une soudaine éruption dans un innocent rêve érotique, se demandait confus, sous les draps humides, ce qui lui était arrivé.

Chez nos gens, la même pudeur se retrouvait dans leur comportement affectif. Ils méprisaient les assauts de civilités qu'ils ne trouvaient pas sincères, les débordements de paroles, les transports d'affection; ils étaient gênés par la vague des embrassades, le flot des caresses. Devant tant de mièvreries, leur affection contenue s'exprimait en quelques mots chaleureux, en un regard éloquent, en une solide poignée de main.

C'était du vrai, du solide, du durable, du cristal dans un emballage rustique.

COUTUMES DU TERROIR

La veillée

Dans nos campagnes à habitat aggloméré, la veillée était une coutume fort ancienne et l'une des rares manifestations tangibles d'une vie communautaire. Elle agrémentait les longues soirées d'hiver.

Le créateur, ayant mis son petit monde au ralenti en cette saison, n'avait encore point pourvu à ses loisirs. Les journaux étaient trop chers pour des bourses modestes et n'avaient que de rares abonnés. Il y avait le *Katolisches Volksblatt*, hebdomadaire chaudement recommandé par Monsieur le Curé et qui entrait dans les foyers pour prêcher la bonne parole. Le Jean, sans beaucoup de commentaires, l'appelait *Käsblatt* [1], ce qui scandalisait la Lisa.

Celle-ci appartenait à «un groupe d'intellectuelles» parmi lesquelles circulaient les romans à l'eau de rose de la collection allemande *Heimat Roman* et les feuilletons du quotidien régional *Metzer Freies Journal*. Quant à la bibliothèque scolaire, elle ne contenait que des ouvrages en langue étrangère.

Le premier poste de radio, avec son énorme pavillon acoustique et sa boîte à sélection fonctionna au café Wilhelm vers 1932. On disait la T.S.F. (téléphonie sans fil). Chacun admira à son tour la chose; c'était génial.

Vers la même époque, ce fut la découverte du cinéma muet. Le comique faisait recette dans la salle du café où se défoulaient les spectateurs de tous âges avec les films de Chaplin, Laurel et Hardy, dont c'était les débuts.

Mais nous n'en étions pas encore là. Restituons, pendant qu'il est encore temps, l'atmosphère des veillées d'autrefois. Demain tout changera avec l'avènement du son et de l'image. Chacun plongera dans son splendide isolement.

---

1. *Käs* = fromage; *blatt* = feuille; expression péjorative; en français = feuille de chou.

On se réunissait donc à tour de rôle chez l'un ou l'autre des voisins, par groupes de trois ou quatre familles, selon les affinités, pour passer une soirée agréable, tout en économisant le bois et le pétrole.

Le coin des femmes était un atelier débordant d'activité. Dans un doux cliquetis de métal, les quatre aiguilles de nos grands-mères tricotaient le fil avec une habileté diabolique. Les mailles s'enchaînaient une à une, libérant l'aiguille dormante pour recharger les suivantes. Les doigts agiles et noueux pianotaient tous une même partition interminable. A peine avait-on besoin de jeter un regard à l'ouvrage. Le long bas de grosse laine noire que l'on enfilait l'hiver jusqu'aux cuisses, prenait forme ; c'était l'un des attributs de notre suprême élégance, au même titre que nos culottes tombant au-dessous des genoux comme le short colonial de Sa Majesté.

Parfois les pelotes de laine jouaient à la fille de l'air, à la grande joie d'un châton amusé. Pour démêler l'écheveau, il fallait alors toute la patience et les contorsions d'un gamin qui se tortillait entre les pieds de chaise, sous l'ample draperie des longues jupes des grands-mères.

Les mamans ne chômaient pas non plus. Nous n'étions pas la jeunesse lisse et dorée des moquettes et des canapés, de la fermeture éclair, de la maille qui file et du nylon, mais la marmaille rugueuse de la chaussette reprisée, de l'accroc ravaudé, des emplâtres aux genoux, des boutons qui pètent, des fesses usées jusqu'à la corde et des fripes délavées. Sous son aspect le plus outrageusement fantaisiste, le « jeans » n'est-il pas né de là ?

Nos mamans étaient fières d'un reprisage irréprochable, d'une rustine proprement appliquée, d'un accroc bien cicatrisé. Les pitoyables frusques rapiécées n'avaient à rougir de honte que devant l'impardonnable malpropreté.
— On a le droit d'être pauvre, on n'a pas le droit d'être sale.

Et nos demoiselles ? Elles joignaient l'utile à l'agréable : crochet, broderie, canevas, trousseau, ébauchant au-dessus de leur ouvrage, l'éternel rêve des amours d'adolescentes, tandis que nos damoiseaux, quelque part ailleurs, boudaient en général la veillée, ne trouvant pas là un terrain propice à de fructueuses rencontres. Quant aux enfants, ils n'étaient présent qu'à titre exceptionnel ou durant les vacances scolaires. Pas question de laisser la nichée familiale sans surveillance chez soi. Dans l'éventail de trois générations, on trouvait généralement un adulte pour assurer la garde. C'est que nos gens avaient un sens profond de leur responsabilité et dans les familles généreusement dotées en rejetons, l'abondance de biens n'était pas signe de négligence.
— On aime autant le dixième que le premier, entendait-on souvent répéter.

L'amour ne se multiplie-t-il pas en se divisant?

Pendant que les femmes travaillaient, les hommes se retrouvaient autour du feu, se cantonnant pour l'heure dans le beau rôle de chef de tribu ou de patriarche. On parlait parfois de politique qu'on abordait timidement car l'on venait de passer depuis peu, et sans regret, du *Reich* à la République. Mais l'on était déboussolé par des institutions toute nouvelles et désorienté par les crises ministérielles d'un régime démocratique à la française.

Et puis, l'on évoquait le bon vieux temps, les souvenirs des guerres de 1870 et 1914. Parfois, de la mémoire collective de nos anciens, alimentée par la tradition, ressurgissait le souvenir lointain de l'horrible Guerre de Trente Ans qui anéantit à l'époque la presque totalité du village. On se remémorait les famines, les épidémies de peste et de choléra, autant de fléaux qui décimaient autrefois nos populations.

Quand il se trouvait un conteur émérite dans le lot, les histoires se succédaient comme les incendies. Alors la soirée était courte, bien trop courte!

Naissance et baptême

Depuis des mois l'on tricotait des brassières. A présent, l'accouchement était imminent. La délivrance s'opérait à domicile avec l'aide de la sage-femme.

Du dernier biberon à la première ardoise, petits frères et sœurs se trouvaient subitement en vacances pour quelques jours chez la parenté des environs. Au retour, l'unité supplémentaire piaillait dans le berceau. Pourquoi la petite chose, engendrée dans une tête de chou ou dans le creux d'un vieux saule, avait-elle eu la malencontreuse idée d'éclore en leur absence? Emmaillotée comme un momie égyptienne, les voisines lui trouvaient déjà des ressemblances.

Quant aux parents, un gosse supplémentaire! Il n'y avait pas là matière à problèmes! On accueillait avec la même simplicité, avec le même naturel le premier que les suivants, quel qu'en fût le nombre. Le travail de la terre n'exigeait-il pas des bras nombreux et robustes? Et puis, sous le même toit, il était bien rare de ne point trouver quelque aïeule ou vieille tante à la fibre maternelle qui acceptât avec joie de consacrer ses forces déclinantes à se rendre utile.

Et quand la mort emportait un petit être fragile, chétif ou handicapé, le fatalisme populaire s'abritait derrière «les desseins de Dieu» reconnus comme impénétrables. Le bon Dieu l'a rappelé à lui, disait-on en signe d'ultime consolation.

Le baptême avait lieu dans les huit jours, un dimanche. Le calendrier offrait un vaste répertoire de noms de saints. Les registres paroissiaux ne s'accommodaient pas d'excentricités et les dérivés prétentieux et ridicules de fruits, de fleurettes, etc., tels Amandine ou Roseline ne trouvaient pas grâce auprès du droit canonique. Nos gens modestes se contentaient d'un prénom modeste qui était généralement celui du modeste parrain (ou marraine).

Les prénoms à la mode étaient ceux de saints authentiques et bien connus : Pierre, Paul, Jean ; Marie, Anne, Barbe, etc. Pour reconnaître son monde, la communauté reconstituait un état civil de circonstance. Le patronyme à consonance étrangère était adapté aux intonations du dialecte ou remplacé par celui plus folklorique d'un lointain aïeul. Quant au prénom, on jouait les variations. Ainsi Barbe devenait parfois Barbara, mais plus souvent Bibi – Bibichen – Bibchen – Petasbibi (Bibi à Pierre) – Bêêb – Bèpchen – Bêabel – Jang sein Bibi (Bibi à Jean). Restait la ressource d'aligner les Bibi avec le patronyme d'un ancêtre souvent d'une autre lignée pour construire des Nike Bibi – Nickse Bibi – Rocke Bibi.

Et c'est ainsi que, avec un brin d'humour, nos Bibi se trouvaient répertoriées sans risque de confusion. Il en était de même pour les autres prénoms, sauf lorsque quelque original, sans souci des quolibets, s'avisait de remettre au goût du jour une Frédégonde, une Brunehaut qu'il faisait ressurgir du fond des âges ; c'était l'exemple unique qui se suffisait à lui-même. Pauvre progéniture affublée d'un nom pareil ! Elle s'exposait aux plus funestes prédictions.

Lors de la première naissance, les grands-parents, un de chaque lignée, étaient promus d'office parrain et marraine, conformément à l'usage. Pour les suivantes il fallait du doigté ; le choix relevait de règles complexes et d'un savant dosage pour ménager les susceptibilités dans le clan familial. C'est que la fonction n'était pas qu'honorifique ! Elle comportait des responsabilités, tant religieuses que morales et matérielles, à assumer envers la petite existence en cas de défaillance bien improbable du milieu parental.

Les promus, une fois désignés, s'affairaient dès lors à la préparation matérielle de la cérémonie. On achetait les dragées en vrac, au kilo. Il y en avait au cœur d'amande, au noyau de chocolat, au vulgaire sucre durci, enrobées dans leur gaine bleue ou rose, sans compter les figurines d'écume pour les bouches édentées. Leur conditionnement ne variait guère : les dragées nobles étaient logées dans des cornets rigides garnis de rubans, les autres dans de longs sachets en forme de flûte.

On avait évidemment procédé auparavant à un méticuleux recensement des ayants droit : Monsieur le Curé et ses deux servants, le sonneur, la sage-femme, la famille, les voisins et les amis. S'il ne fallait oublier personne, il convenait cependant d'évaluer au plus juste les besoins. Autant de savants calculs qui permettaient de ménager à la fois son porte-monnaie et sa réputation.

C'est la fin des vêpres ; la sage-femme porte le nouveau-né sur les fonts baptismaux ; les servants affairés tendent les burettes d'eau et d'huile ; le prêtre prie, lave et oint ; parrain et marraine murmurent les promesses d'usage tandis que le bout de chou proteste énergiquement en son jargon. Et la cloche qui sonne à toute volée annonce aux fidèles qu'une petite âme, délivrée de son péché originel, est accueillie en leur sein.

Dans la sacristie, on signe les registres. Deux paires d'yeux rapaces fouillent les grands sacs du parrain et de la marraine. A Monsieur le Curé les cornets où se cache la pièce discrète ; aux deux servants les modestes flûtes. Les deux lascars tombent le surplus en toute hâte et rejoignent, sur le parvis de l'église, les gamins et les gamines qui attendent la curée.

Cela ne saurait tarder. Les voilà ! Les dragées sont essaimées par poignées. Dans la poussière ou la boue, la marmaille picore, se bouscule, se marche sur les doigts. Parrain et marraine s'esquivent, la horde hurlante les poursuit, tenue en respect par des salves espacées ; la meute les accompagne jusqu'au logis et ne se disperse que lorsque les sacs tournés à l'envers font sombrer les derniers espoirs.

Au poids de la collecte, la marmaille juge ses bienfaiteurs. Elle conspue les ladres, applaudit les généreux et se remémore quelques fameux baptêmes où il pleuvait des dragées comme des grêlons.

Mariage

Comme dans toutes nos provinces, le mariage était célébré en grande pompe. Etant donné son caractère sacré et irréversible, l'union des futurs époux devenait un acte grave et solennel.

Dans nos campagnes, en ce début de siècle, il arrivait encore bien souvent que le consentement mutuel fût dicté par l'intérêt et planifié par les parents.

La richesse visible étant la terre, quelques lopins dans la dot constituaient un argument de poids.

— Il n'y a que les pauvres pour n'avoir rien à partager, disait la Rocke Bibi avec un grain de malice.

C'était une évidence pleine de sous-entendus ! Cela simplifiait en tout cas bien les choses chez les petites gens.

Dans ce milieu rural, essentiellement agricole, la vie était rude et les tâches quotidiennes de la femme multiples et pénibles. Lorsque le futur beau-père disait de sa bru : « La drôlesse est robuste, énergique et courageuse » et que la future belle-mère la trouvait « économe et point pimbêche », l'examen nuptial était en partie réussi. Dès lors, pour un satisfécit total, le contrôle de l'arbre généalogique du et de la partenaire était déterminant.

Le souvenir de la peste et du choléra s'estompait dans les mémoires. Grand-mère avait deux ans quand sévit, en 1866, la dernière épidémie en Lorraine. Les deux fléaux d'autrefois jugulés, il fallut en affronter d'autres, moins terribles certes, mais contagieux et héréditaires, disait-on, face auxquels la tragique impuissance de la médecine ravivait les anciennes peurs. Et le chef de famille, soucieux de sa lignée, passait au crible les ascendants d'en face pour y dénicher les nouveaux intrus.

C'était d'abord la quinte de toux tenace et caverneuse qui annonçait la tuberculose. C'était ensuite, bien plus sournoise, la fragilité mentale de certains sujets aux réactions bizarres, incapables d'assumer leurs responsabilités.

— *Der hat e Schplin* (il a un grain) disait-on. Pas étonnant ! C'est de famille.

Ce petit grain était le ver dans le fruit. Et s'il arrivait que son éclosion fasse l'impasse sur une génération, le danger était permanent car nos gens se souvenaient.

Que d'existences vouées au célibat à la suite de drames intimes de toute nature liés à l'exiguïté de notre petit univers rural ! Outre les problèmes d'intérêt et d'hérédité, il y avait ceux liés à des rancunes ancestrales, à la jalousie, à l'égoïsme, à la volonté farouche de ne point laisser démembrer l'héritage familial.

Chaque village possédait ainsi son lot de vieux célibataires parfaitement intégrés dans le système et visiblement satisfaits de leur état.

Et comment réagissaient les soupirants ? La jeune fille, généralement soumise, obéissait et le jeune homme conditionné subissait. L'amour n'y trouvait que rarement son compte.

Plus tard, affranchis de la terre, assurés de leur autonomie, nos jeunes couples se trouvaient enfin en mesure de suivre leurs inclinations.

Inutile de décrire la cérémonie du mariage et les festivités qui l'entouraient. Peu de choses ont changé depuis, sinon les arrivées en carriole, puis en gare de la parenté lointaine, le cortège coloré du domicile à l'église au milieu des curieux, les repas pantagruéliques qui duraient trois jours. Clapier, poulailler, porcherie et étable étaient mis à contribution pour satisfaire les solides appétits et le four à pain s'époumonait deux jours durant pour cuire les énormes miches, les tartes juteuses et les brioches torsadées. Et si nous n'avions ni vigne ni vin, il y avait le schnaps en abondance pour maintenir la bonne humeur.

A cette situation d'abondance exceptionnelle, à cette ambiance de liesse, il eût été incongru de ne pas faire participer la jeunesse du village.

L'avant-veille de la cérémonie, le futur enterrait en joyeuse compagnie sa vie de garçon. Pour certains, c'était leur dernière nouba lorsque les liens du mariage se refermaient sur eux comme les rets d'un filet!

Le jour des épousailles, la tradition associait aux festivités les compagnons du marié grâce à cette curieuse coutume appelée «*Den Ochs fahren*». On ignorait chez nous le coup de la jarretière. Etait-ce par pudibonderie ou absence de malice? Qu'importe! On présentait le bœuf à l'assistance au repas du soir. En de très rares occasions, on utilisait la bête en chair et en os. Se pliant aux caprices de l'entourage, elle provoquait parfois quelque mésaventure que je vous laisse deviner. Généralement, à force d'artifices, on reconstituait un animal plus docile. Trois adultes, pliés en deux, accrochés l'un derrière l'autre comme les joueurs d'une mêlée de rugby, formaient la structure sous-jacente. Une toile de jute recouvrait le ruminant jusqu'aux pieds. La tête de pacotille, bricolée à tous crins, pêchait par manque de ressemblance; mais dans la pénombre des lampes à pétrole, elle passait facilement pour une œuvre d'avant-garde. Et seules les cornes et la queue étaient des attributs authentiques.

Le bouvier, en blouse bleue, mettait le bœuf aux enchères. Quelque drôle parmi les invités jouait au chevillard; la main experte tâtait la bête sous tous les angles et en estimait le prix; un autre l'enfourchait pour éprouver sa résistance. La plus hardie des filles, encouragée follement par les invités, avait pour mission de vérifier le sexe de l'animal. Dans l'hilarité générale, la main s'aventurait maladroitement vers l'entrejambe pendant que l'arrière-train se trémoussait. Mission accomplie : la bête, châtrée, était bien un bœuf.

Des ovations saluaient le verdict de la pucelle rougissante. Après une bataille de surenchère, on adjugeait au plus offrant le quadrupède dont on acquittait le prix avec une collecte faite parmi les convives ou parmi les garçons d'honneur.

C'est le moment que choisissait l'animal pour s'écrouler dans un affreux beuglement. Et comme dans les contes de fées où la baguette magique change la bête en homme, trois solides gaillards un peu ahuris se dépêtraient de leur cocon de jute. Il ne restait, de la mascarade, que les cornes pour le marié et la queue pour sa compagne.

Et dans l'une des auberges, jusqu'au petit matin, avec le produit de la vente, nos drôles, dans la gaîté et la bonne humeur, étaient à l'unisson des invités.

La chèvre à barbiche, en chair et en os, remplaçait le bœuf encombrant quand la cadette de la famille se mariait avant l'aînée. Le scénario était presque identique. Mais Biquette, plus modeste, se vendait moins bien et il fallait tout l'art du vendeur pour en tirer le juste prix.

La coutume cependant était vouée à une rapide extinction à partir du jour où les restaurants allaient prendre le relais des cuisines domestiques. Chez nous, elle fut condamnée avant l'heure à la suite de circonstances tragi-comiques en l'an 1950. Un mauvais coucheur de père, irrespectueux des traditions, refusa la vente du bœuf en son logis. Qui pénétra ce soir-là dans l'arrière-cour, avec la complicité de l'obscurité, pour y dérober les plats de jambon et de crudités ? Résultat du dépit d'une jeunesse vindicative ! L'affaire fit grand bruit. Le maire heureusement apaisa les esprits et arrangea les choses. Mais le bœuf, dès lors, fut frappé par le couvre-feu.

Charivari

Il y a un demi-siècle, le remariage d'un veuf (ou d'une veuve) était un événement à ce point exceptionnel que la tradition populaire s'en emparait pour le marquer du sceau de l'originalité.

Dans la semaine précédent l'union, les jeunes du village, en mal d'espiègleries, se rassemblaient à la nuit tombante aux alentours de la maison de leur victime du jour. Cette fois, c'était le Néckel, un petit bonhomme grincheux, pingre et claudicant, à la canne toujours menaçante, qui avait décidé de prendre femme en épousant une veuve du pays. Commençait alors, dans la nuit d'encre, autour de la maison, un indescriptible tintamarre; tout ce qui faisait du bruit était utilisé en la circonstance: les marmites trouées, les casseroles bosselées, les seaux éventrés, les couvercles en guise de cymbales, jusqu'à la corne du hardier. Les instruments à percussion diffusaient leurs décibels assourdissants dans le silence de la nuit complice. L'orchestre de bric et de broc jouait sans partition, en fortissimo.

Le rai de lumière qui filtrait tout à l'heure par la chatière de l'huis avait disparu; rien ne bougeait à l'intérieur de la chaumière et pourtant le Néckel était là, terré dans le logis assiégé de sa promise. Qu'attendait-il pour se montrer sur le perron, ouvrir sa bourse et glisser quelques pièces à la jeunesse bruyante qui venait monnayer son silence.

– Il est dur d'oreille, criaient les uns.

– Grippe-sous, radin; on l'aura à l'usure! plaisantaient les autres. Et l'on montait le vacarme d'un cran supplémentaire.

La solution se trouvait derrière les volets clos.

Mais la prudence recommandait à nos drôles de ne pas s'aliéner leurs alliés, les voisins, plus ou moins complices.

– Alors, fini pour ce soir! On recommencera demain.

Depuis plusieurs décennies, le charivari a rejoint «la vente du bœuf» dans les archives des musées populaires.

Les Léncha

Il paraît aventureux d'avancer une explication autre que plausible de ce mot de notre dialecte qui désigne une ancienne coutume du folklore local.

Etymologiquement, *Léncha* est le pluriel de *Lénchen*, diminutif de *Léné* qui était un prénom féminin en usage autrefois et qui dérivait de Magdaléna (Madeleine). Dans le *Livre des Saints* on trouve une Madeleine de Pozzi (1566-1607) dont l'histoire peut expliquer pourquoi elle patronna cette vieille coutume appelée *Léncha*. Voilà en quelques mots l'histoire de cette sainte.

«A 16 ans, Madeleine entre dans l'ordre du Carmel. Dès lors elle ne cesse d'édifier ses Sœurs par sa profonde humilité et ses grandes mortifications.

Elle subit une lourde épreuve et durant cinq ans elle est horriblement tourmentée par des tentations de sensualité, de révolte et de blasphème. Par amour de Dieu, elle fait en tout sa volonté et accepte toute souffrance avec joie... Elle meurt à quarante et un ans.»

A notre connaissance, il se trouve que c'est bien l'unique fois où une coutume de notre folklore faisait participer la jeunesse en jupons à des amusements profanes, où garçons et filles se rencontraient dans les mêmes réjouissances. Certes, nos filles étaient bien sages, obéissantes et soumises; elles n'en étaient pas moins femmes comme Madeleine. N'était-il pas naturel de placer, sous le patronage de la sainte, ce jeu païen au demeurant fort innocent, dont il va être question à présent.

La pièce se jouait en deux actes dont le premier se déroulait le samedi précédent l'entrée du carême.

Les garçons se dirigent par groupes, à la nuit tombante, vers le Quetscheberg surplombant la localité. Chacun, au passage, pique un fagot sur les énormes tas disposés sur traverses au-dessus du ruisseau. Il était prudent de compléter la provision déjà mise en réserve au sommet de la colline.

Le feu, mis à la botte de paille, se communique instantanément aux brindilles et aux branches sèches. Un énorme brasier, dont la lueur se voit de loin, illumine rapidement le sommet du Quetscheberg. Vu d'en bas, c'est une spectaculaire torche de flammes autour de laquelle se détachent des ombres gesticulantes. Quel sacrifice païen prépare-t-on là-haut? Des lutins s'activent autour des langues de feu et chaque fagot jeté sur le brasier crache sa brassée d'étincelles.

Les filles du bas montent par petits groupes vers la rue du haut où l'on est aux premières loges. Soudain une voix étrangement perçante dégringole de là-haut et troue l'obscurité devenue totale alentour.

– *Ich gèb, ich gèb...* Je donne, je donne.
Une pause, puis la mélopée grave du chœur des lutins interroge:
– *Wem gèbst du denn?* A qui donnes-tu?
Nos demoiselles aux abois attendent frémissantes la réplique. Et dans l'étrange silence de la nuit, la voix claire du soliste déclame son couplet qui se répercute jusqu'au fond des chaumières où les vieilles filles, concernées elles aussi, se bouchent les oreilles, scandalisées.

A la criée, François appareille les couples éphémères, leur fixe leur mission, conseille, fustige, critique.

Je donne une telle à un tel pour...
- chatouiller la lune,
- traire le bouc,
- rincer les biberons,
- compter les picaillons,
- castrer les porcelets,
- sonner les cloches,
- tricoter une layette,
- plumer une mouche, etc.

Parmi les calembours de circonstance, certains étaient bien trop corsés pour des oreilles délicates.

Cette année-là, c'était encore le François qui avait tout cogité, durant les soirées d'hiver, pour accoucher de sa partition. Ne croyez pas que les couples naissaient au gré de sa fantaisie. Selon la tradition, Roméo ne retrouvait que rarement sa Juliette car François y veillait et cultivait les amours contrariés. Tant pis pour les naïfs qui s'attendaient à décrocher l'élu de leur cœur!

En quelques mots, il campait ses personnages dans une activité insolite, fustigeait un travers, se gaussait d'une manie, ridiculisait un tic, tout cela avec un humour caustique et une gauloiserie truculente. Le message de notre artiste, plein de sous-entendus et d'allusions malicieuses, n'était décrypté que par les gens du cru.

Sacré François qui n'encaissait que des reproches et ignorait les compliments!

Le second dimanche était la journée des retrouvailles. Au domicile de la belle, Roméo s'en allait retrouver une Juliette de circonstance et le couple procédait à l'échange des cadeaux. Pour elle la bonbonnière, la tablette de chocolat ou le foulard; pour lui l'énorme brétzel accroché au cou par une main fébrile. Nulle recherche d'une intimité lorsque le couple s'ignorait.

Il y avait toutefois les maisons accueillantes où le père allait chercher la bouteille de schnaps de la meilleure année, où le café était excellent et l'ambiance cordiale. Il y avait celles où l'on allait comme à regret, à deux pour s'encourager, où la porte s'entrebâillait avant de s'ouvrir sur un intérieur défendu par un cerbère en jupon, où l'on n'avait qu'une hâte, celle de retrouver l'air léger de la rue. Chaque maison avait son odeur d'étable ou de laitage, de pot-au-feu ou de potée, de cire, de moisi ou de bois dont elle vous enveloppait dès l'entrée et qui vous quittait dès la chaise avancée.

Durant la période des deux guerres, une dérisoire libération des mœurs permit d'adapter la coutume au goût du jour. Le père, sollicité par le partenaire de sa fille, accordait généralement la permission de minuit. Et dans l'une des auberges, au son de l'accordéon, le damoiseau entraînait sa drôlesse dans un tango à la mode.

Survint la dernière guerre; embrigadés dès l'âge de 17 ans dans des formations paramilitaires, incorporés à 18 ans dans la Wehrmacht, nos garçons des Pays de Nied mûrirent trop vite sous le feu de la mitraille, faisant l'impasse sur une jeunesse gâchée. Six ans suffirent; personne ne releva le flambeau et la coutume sombra dans l'oubli comme tant d'autres.

LA NUIT DES SORCIÈRES

Les uns l'attendaient avec inquiétude, les autres avec fébrilité. A quoi bon contrarier les sorcières dans leurs maléfices ! Elles reviendraient en force le lendemain.

Dans nos villages privés d'éclairage public, l'obscurité complice facilitait la besogne occulte de nos noctambules. Faut-il rappeler que dans nos campagnes, la lampe à pétrole ne rendit l'âme qu'en 1928 !

Dans l'immobilité de la nuit, tout bougeait en silence sur l'usoir de la rue. Le souffle des sorcières chevauchant leur balai, agitait le sommeil de leurs innocentes victimes et s'acharnait sur l'immobilisme des choses.

Sous la poussée de leur première sève, asparagus et géraniums émigraient sans raison vers des rebords de fenêtre inconnus. Les fagots aussi quittaient le ruisseau et rampaient vers les portes pour en murer l'ouverture. Jusqu'aux volets qui désertaient leur poste pour folâtrer dans les rues. Et la bougeotte se communiquait aux brouettes à fumier, mécontentes de leur emploi subalterne. Elles se groupaient en assemblées autour des deux fontaines pour protester contre leur condition ; et, du haut de la stèle, l'une d'elle, debout, haranguait le peuple silencieux.

La folie gagnait les chariots qui changeaient d'employeur. Ne voyait-on pas l'un ou l'autre, débarrassé de son avant-train, honteux de se voir travesti en tombereau ? Commençait ensuite la migration de nos bancs rustiques. Serviteurs et confidents de nos barbes grises et coiffes blanches, habitués à leurs palabres interminables, ils s'en allaient sans vergogne confier à d'autres des ragots dérisoires et des secrets publics.

Les fantastiques chevauchées de nos invisibles sorcières surveillaient les opérations et la nuit d'encre frissonnait au passage de leurs longues traînes noires. Si nul n'échappait à leurs « diableries », pourquoi, chaque année, s'acharnaient-elles plus particulièrement sur les mêmes foyers ?

Devant le logis du Frantz-Joseph, leurs lutins de service s'activaient autour d'une opération délicate. Le lourd chariot rempli de fumier avançait prudemment sur deux madriers disposés sur la Bach. Le long cric de paysan soulevait ensuite alternativement chacune des quatre roues pendant que le bec de son cliquet clapotait sur les dents de l'engrenage et comptabilisait la progression. On dégageait les madriers et le pauvre chariot, à cheval sur le ruisseau, s'interrogeait jusqu'au petit jour sur son avenir et son inconfort.

Peu avant l'aube, la horde des sorcières survolait le village pour la dernière fois, satisfaite de tous ces chambardements. Et nos braves gens, au réveil, entendaient encore au loin leurs derniers ricanements, pendant qu'ils se frottaient les yeux, éberlués.

La rue, derechef, repassait au monde des vivants. Parmi les coupables, qui se mêlaient aux victimes, les plus virulents à condamner avaient été les plus acharnés à semer le désordre nocturne. Mais gare! A ce jeu importun de propos outranciers, de mines trop réjouies, de sourires hypocrites et de clins d'œil coquins, ils risquaient de perdre leur innocence.

D'ailleurs, les victimes savaient sans savoir ; et pour éviter de se tromper, traitaient indifféremment d'arsouilles (*die Lausaten*) tous les jeunes pris en bloc.

Si l'ingéniosité de nos magiciens avait pris bien des formes durant cette nuit-là, elle n'avait jamais tourné au vandalisme. Car on savait, chez nous, respecter le bien d'autrui.

GALERIE DE PORTRAITS
La petite vieille

Recroquevillée sur le banc, petite boule immobile enrobée d'étoffe, l'étrange petite vieille se consume tout doucement dans la contemplation de son passé. Insensiblement, ses souvenirs s'estompent dans sa cervelle qui se meurt et, depuis longtemps déjà, le présent n'existe plus pour elle. Le temps l'a oubliée au passage, négligeant de revenir sur ses pas pour la reprendre, et elle reste là, souche desséchée, comme une de ces grosses bornes sur l'étendue plate de la prairie.

Son mari était facteur; elle, c'était la Dellingers'Grét. Ils habitaient tous deux une humble demeure démolie longtemps après leur mort. Devenue veuve, la Grét fut récupérée par sa fille qui demeurait dans la maison voisine de celle de mes grands-parents. C'était l'époque de mes six ans où je prenais tellement plaisir à passer mes soirées chez grand-mère.

Mon approche déclenchait un éclair fugitif dans ses yeux enfoncés au fond de leurs orbites profondes. La petite vieille esquissait un sourire; ce n'était qu'un pauvre rictus qui creusait un peu plus, sur une peau cuite et recuite, les rides tissées en trames fines et serrées, telles les hachures disposées autour des accidents de terrain d'une carte d'état-major. Elle marmonnait quelques mots inaudibles, fixait la pointe de ses bottines de Cendrillon dépassant l'ourlet de l'ample jupe noire et replongeait dans l'insondable.

Tout à l'heure, quelqu'un viendra la chercher; elle s'accrochera à son bras, tournera le dos à la rue et s'enfoncera dans le couloir obscur d'où, un jour, elle débouchera sur l'éternité. Elle aura fait partie de tous ces vivants qui luttent et meurent après avoir aimé, trimé et cherché obscurément ici-bas, jusqu'à épuisement, la part de bonheur auquel ils avaient droit et qu'ils n'ont point trouvé.

Le Bauer Anda

Il n'avait probablement jamais franchi les limites du canton; et pourtant il en connaissait des choses, le Anda!

Il aurait pu nous expliquer, par exemple, pourquoi on l'affublait d'un patronyme qui n'était pas le sien, mais dont il s'accommodait comme de l'unique pantalon qu'il enfilait tous les matins.

Célibataire comme tant d'autres, il était petit et sec à l'instar de beaucoup de ses contemporains; c'était l'époque où l'on restait mince, sans régime, et où l'on ne grandissait pas trop, afin de circuler plus aisément dans les chaumières et les étables basses. Sans compter que nos lits lorrains, taillés court et resserrés, ne convenaient ni aux longues carcasses, ni aux couples plantureux.

Son nez aquilin s'avançait en plongeoir au-dessus d'une bouche édentée dont les abords s'étaient affaissés, relevant le menton en galoche qui pointait vers le bout de l'appendice.

Il n'avait certes jamais entendu parler d'Hippocrate et, jusqu'à son dernier souffle, il ignora et méprisa tous les condisciples de l'illustre médecin. Le jour de sa mort, le certificat de décès, signé par le praticien sur le rebord d'une table de cuisine, fut emporté par un souffle étrange, inexplicable. Les mânes du vieillard protestaient ainsi contre l'intrusion du «charlatan»... Jean-Pierre dixit.

C'était son ami et son vis-à-vis avec lequel il passait des journées entières à discuter, sur tout et sur rien, fumant la pipe, assis sur un vieux banc rustique.

Le Anda, qui avait exercé quelque temps la fonction de maire, exploitait autrefois, avec son frère, la ferme familiale. Pas étonnant, dès lors, que le plan cadastral fût son affaire. Il connaissait ainsi chaque propriétaire et chaque borne de ces centaines de parcelles qui formaient le ban communal. Légiférant sur les servitudes, conseillant lors des successions et des partages, arbitrant les cas difficiles, il était, à lui seul, une étude de notaire, un état civil, un juge, un médiateur, une histoire locale.

Quiconque sollicitait un renseignement était assuré d'une docte réponse; encore ne fallait-il point être pressé! Plongeant aux sources, notre bonhomme faisait d'abord une large incursion dans le passé. Après un cheminement lent et méthodique à travers les arcanes de l'histoire locale, il ramenait une moisson de dates et de faits qu'il raccordait à une généalogie complexe, et vous fournissait enfin le renseignement demandé en le livrant avec ce cérémonial négligent et désabusé du chef, qui vous présente, pour la millième fois, la spécialité ayant fait sa renommée.

Son compère Jean-Pierre acquiesçait et confirmait par habitude, ignorant des faits, mais assuré de leur authenticité.

Si le village était solidaire dans l'adversité, sa vie en vase clos comportait ses problèmes de voisinage. Il n'y avait pire que ceux qui concernaient la terre, source de toutes les richesses ; ceux-ci laissaient des traces indélébiles, des rancunes tenaces, issues souvent de plusieurs générations.

Le Anda était au courant de tout ; il en parlait avec prudence, mais son information ne descendait jamais au niveau d'une gazette à ragots. Il garda, jusqu'à la fin, toute sa lucidité.

Le grand Chillès

Nennig, de son vrai nom, était un colosse parmi des nains, inclinant sa haute silhouette vers ses interlocuteurs par suite d'une certaine surdité et ne répondant que par quelques mots laconiques, comme s'il venait d'un monde où l'on méprisait de parler aux petits. Il se détournait ensuite en grommelant et disparaissait en trois enjambées.

Célibataire, il vivait avec sa sœur dans une pauvre chaumière. Il n'en reste plus que l'emplacement, si étriqué, qu'on imagine difficilement qu'une masure ait pu se loger là. C'était Robinson Crusoé, vivant en marginal parmi les siens. Son mutisme, son originalité, sa taille et sa force le rendaient redoutable et respecté.

La Nied était son royaume. Il était seul à la ronde à posséder une barque, si mal en point qu'il la réparait en permanence. C'est au confluent de la rivière et du ruisseau appelé Bachgraven qu'elle avait son port d'attache. Combien de voyages imaginaires n'avons-nous pas faits au fond de la coque pendant qu'une sentinelle surveillait l'horizon ?

Certains jours, le bonhomme remontait lentement la rivière jusqu'à l'*Ahfluss*, ce barrage qui déviait une partie des flots vers le bief du moulin de Diding. Sur un bas-fond, il puisait le sable fin et lavé dont il chargeait la barque à ras-bord, redescendait jusqu'au port et bradait son chargement que nos maçons utilisaient pour leur mortier.

La Nied, en ces temps-là, était propre et poissonneuse ; pourtant, les pêcheurs étaient rares et se comptaient sur les doigts d'une main. Dans la journée, Chillès y pêchait au carrelet ; mais à l'approche de la nuit, notre braconnier embarquait ses nasses, s'assurait que les rives étaient désertes, et les jetait dans des endroits inaccessibles depuis les berges. De bon matin, muni d'une longue gaffe avec crochet, il relevait ses pièges et vendait son poisson, bon marché.

Maintes fois, nous surveillions son manège, mais de loin, car notre frayeur nous maintenait à distance. Il nous arriva même de lever une de ses nasses ; comme par hasard, elle était vide.

Chillès tricotait lui-même ses filets, tressait ses nasses en osier et fabriquait paniers et corbeilles pour sa clientèle du village.

En 1927, après le décès de sa sœur, sa haute silhouette brinquebalante se fit plus rare dans l'unique tronçon de rue qu'il empruntait pour s'en aller à la rivière. Le sable et la pêche n'arrivaient plus à faire vivre leur homme. Comment subsistait-il ? Il est certain que le petit superflu de quelques-uns prenait souvent un cheminement discret vers l'indigence de quelques autres ; le hideux visage de la misère de jadis avait heureusement déserté nos campagnes.

Un jour, il fut emmené dans un « asile pour vieillards » et comme il n'avait point de proches, on n'en entendit plus jamais parler.

Sa barque ne lui survécut pas ; prenant eau de toutes parts, elle sombra tristement le lendemain de son départ. Et longtemps, on put voir au Bachgraven, la vieille carcasse qui pourrissait au fond de l'eau.

Le chiffonnier

Dans *Le Roman d'un brave homme*, on trouve cette citation :
 « *Il n'y a pas de sot métier,
  Il n'y a que de sottes gens.* »
Dans la conscience collective de nos villageois de ce début de siècle, il n'y avait de travail noble que celui de la terre nourricière et celui de l'artisan créateur. Le métier de chiffonnier, de l'avis unanime, était jugé, à la fois méprisable, car il ne pouvait nourrir son homme, et dégradant parce qu'on l'assimilait à celui de récupérateur vivant d'expédients. Mais le père Schober, qui l'exerçait, savait le faire respecter et comptait sur le temps pour le réhabiliter.

C'était dans la dernière maison en haut du village, qu'habitait la famille. La rue en pente amorçait un raidillon prononcé, et c'est à cet endroit-là que l'humble demeure s'emboîtait dans le flanc de la colline. Un jardinet en surplomb la ceinturait sur trois côtés; au-delà, un chemin creux et raboteux grimpait vers le plateau. Elle alignait, à l'aplomb de la rue, son écurie exiguë, sa cuisine et deux pièces, le tout en enfilade. De l'autre côté de la rue, une bâtisse en équerre, démolie depuis lors, complétait le domaine; une partie servait de dortoir, une autre de dépôt à chiffons.

Il n'y avait là rien de trop pour loger les parents, leurs dix enfants, dont quatre garçons et six filles, sans oublier le cheval. Tout ce monde se portait fort bien, nonobstant certaines mauvaises langues. Le père Schober dirigeait sa tribu avec l'autorité inflexible du patriarche.

Farouchement indépendant, il avait décidé de voler de ses propres ailes. Avec quels moyens fit-il l'acquisition d'un cheval et d'une charrette à plateau? Il faut croire qu'il possédait le sens des affaires et ne manquait pas d'esprit d'entreprise.

Et c'est ainsi qu'un beau matin, sous le regard narquois de quelques concitoyens, on vit partir attelage et équipage pour sa première tournée dans les villages à la ronde, afin de collecter les chiffons que tout ménage économe stockait ici ou là.

Plusieurs caisses de vaisselle constituaient la monnaie d'échange. Le sac rempli de frusques était troqué contre un bol, une soupière, des assiettes, selon des critères mystérieux. Le père Schober jouait le rôle de cocher, blaguait avec la clientèle féminine, car il ne manquait pas d'humour, tandis que sa femme, la Katchen, traitait l'affaire.

Les jours fastes, les sacs s'alignaient, bien en évidence sur le plateau. Il y avait aussi les jours de vaches maigres. Car nos gens usaient leurs affaires jusqu'à la corde et, dans les greniers, les sacs à chiffons ne grandissaient qu'au rythme de croissance des marmots. On soupçonnait fort notre chiffonnier de ramener, certains jours, une collecte qu'il n'avait point déchargée la veille.

Une ou deux fois l'an, le camion de ramassage, aux roues à bandages pleins et à chaîne d'entraînement, cahotait et s'essoufflait dans la montée. Les gamins du village se rassemblaient là-haut comme une nuée d'étourneaux piaillants. Dans son chargement moelleux, le véhicule allait emporter, vers l'usine à papier, leurs fonds de culottes rapiécés et toutes ces frusques râpées qu'on se repassait d'aînés à cadets, maintes fois.

A l'évidence, il ne semblait pas que le métier pût subvenir aux besoins d'une famille de douze unités. Mais notre homme avait plusieurs cordes à son arc. La Providence avait pourvu la plupart de ses enfants d'un réel talent de musicien que le père fit fructifier.

Aux filles la flûte, la clarinette et le saxophone; aux fils la trompette, le cornet à piston et le bugle; au père la grosse caisse, le tambour et la direction. L'orchestre au complet, huit musiciens pour les grandes circonstances, embarquait avec ses instruments sur le plateau du chariot. Les nombreux nids de poule de la chaussée déclenchaient le tintamarre du matériel qui annonçait le départ vers une fête de village des environs. La notoriété de l'ensemble était telle qu'il fallait s'y prendre longtemps à l'avance pour s'assurer de son concours.

Le Janges Schober n'est plus. Le destin voulut qu'un banal accident eût raison de cette nature indestructible. Le dernier de ses fils, octogénaire, vit encore au pays.

La Nicke Bibi

Elle habitait avec sa mère. Les deux créatures avaient cessé de grandir prématurément et, avec ma logique de gamin, je les imaginais, évoluant dans une maison de poupée au pays des nains plutôt que dans cette grande bâtisse où tout était à leur démesure. Quand je m'approchais de la fenêtre, à l'appel de l'une ou de l'autre, j'étais toujours intrigué par une menue tête souriante qui semblait posée sur la tablette. Etait-ce celle de la fille ou de la mère? Elles se ressemblaient tellement!

Courte sur patte, pleine de vivacité, la Bibi était toute en rondeurs sous la longue jupe qui escamotait ses pieds. Elle avait l'apparence d'une boule qui se déplace sur patins à roulettes. Dans une figure ronde, rose et fraîche, brillaient des yeux bridés, pétillants de malice.

Certaines soirées d'hiver, j'accompagnais maman qui allait veiller chez la Bibi; il n'y avait que le ruisseau à traverser pour retrouver là quelques jeunes gamins de mon âge, accompagnés de leur mère. Nous passions alors une soirée magnifique, bien trop courte, plongés dans le rêve et le merveilleux.

Tout le monde reconnaissait à la Bibi de réels talents de conteur. Elle possédait un répertoire inépuisable d'histoires mais aussi de chansons et de cantiques qu'elle nous enseignait en les interprétant d'une voix cristalline. Elle s'exerçait aussi à la poésie, caricaturant avec humour ses compagnes dans des satires dont nous ne comprenions qu'imparfaitement le sens, mais dont nous appréciions la sonorité des rimes et le rythme des vers.

Ces soirs-là, notre héroïne négligeait les commères présentes, préoccupée uniquement à diffuser sa culture populaire. Elle prenait un réel plaisir à nos émerveillements, et reportait sur nous un amour frustré. Et lorsque la soirée s'achevait, chacun emportait, tantôt une pomme odorante dont le parfum nous rappelait les vergers d'octobre, tantôt quelques noix, sonnant comme des grelots, dans nos poches qui baillaient.

Elle se maria, sur le tard, avec le Josel, un colosse d'un village des environs, insouciant et nonchalant, fort comme un Turc et doux comme un agneau, dont le mutisme contrastait avec la loquacité de la Bibi. Elle l'appelait « mon Sphinx ». Elle était fière de son homme, la petite bédouine au fichu noir, noué court !

Hélas ! Le Sphinx du désert avait continuellement soif et adorait la bière ; sa grosse bedaine en témoignait ; elle s'évasait par-dessus la ceinture qui retenait le pantalon au niveau du bas-ventre. On appelait *Bierpanz* (« panse à bière ») les gros buveurs de brasserie.

A la longue, la Bibi déchanta. Et lorsque, imprégné d'alcool, la corpulente personne du Josel s'annonçait à la porte d'entrée, elle l'accueillait avec des reproches véhéments.

Un jour, exaspérée par le départ de son époux, en route vers l'auberge, elle se lança à sa poursuite et s'accrocha à ses basques en vitupérant ; et, au moment où son homme se retournait, elle se rua, toutes griffes dehors, à l'assaut du Spinx. Le Josel la souleva comme une plume, à la hauteur de son visage. Goguenard, il lui murmura quelques mots à l'oreille. A cette altitude, la Bibi voyait, pour la première fois, l'univers sous un tout autre angle. Elle éclata de rire ; la scène fut cocasse. Le Josel, imperturbable, dériva vers l'auberge et la Bibi, vaincue, roula vers son foyer déserté.

Un trio pittoresque

Le Sieur Doyen, alias Frantz-Joseph, était un vieux célibataire, riche en terre, sinon en argent. Il était même propriétaire, à Alzing, d'un vieux moulin à huile désaffecté, sur la Oligbach[1], et, tenez-vous bien, d'une vénérable petite chapelle qui ne lui assurait guère de revenus, sinon quelques fausses pièces de monnaie glissées par des plaisantins, dans le tronc de cet ancien lieu de pèlerinage.

Son domestique, claudicant et sourd-muet aux trois quarts, répondait au sobriquet de Rackel. Tout village possédait son innocent; notre pauvre bougre était la véritable et vivante ébauche du Simplet de Blanche-Neige. Une maigre barbiche poussait dans une figure éclairée par un sourire perpétuellement béat.

Il dégageait, à distance, la mâle odeur du bouc qui imprégnait tous ses habits; il logeait chez ses parents, dans la ruelle du Schoberberg. Dans l'étroit passage qui, entre deux murs, conduisait à l'humble demeure, se déroulait, à l'abri des regards indiscrets, la saillie des chèvres du village.

« Que fait le Geisbock » lui demandaient nos drôles d'un ton gouailleur, en tirant doucement sur sa barbiche poivre et sel. Notre Simplet se livrait alors à quelques contorsions expressives qui amusaient follement la galerie; le bonhomme lui-même riait aux anges. Néanmoins, il lui arrivait d'abandonner son air débonnaire et de pousser des grognements terribles, lorsque la traction, sur la barbiche, était exagérée; ses réactions étaient alors imprévisibles.

La servante de la maison répondait aux pseudonymes de Grosse Lisa ou la Rouquine.
 — Elle n'est pas d'ici, disaient nos gens qui ignoraient son patronyme. Que diable! Ses deux sobriquets suffisaient amplement. Grosse matrone à la voix rauque, d'une taille impressionnante, un friselis de toison légère ombrageait son menton volontaire; et, sous une folle chevelure rousse, relevée en chignon rebelle, des yeux de feu lançaient des éclairs assassins.

---

1. Nom du ruisseau.

Elle détestait les gosses. Derrière ses persiennes éternellement closes, elle observait la rue et épiait leurs jeux de gamins insolents. Sa voix de virago invisible terrorisait les galopins qui s'égaillaient à la première alerte, poursuivis par son ricanement machiavélique.

Le troisième personnage de ce tableau insolite n'était autre que le Franze-Joseph, le patron, vénérable vieillard, voûté prématurément. La bonté et la douceur illuminaient cette noble figure de patriarche; une épaisse barbe blanche mangeait sa face et en faisait un personnage biblique.

Pour exploiter des terres lourdes, parfois ingrates comme celle de notre terroir, le bonhomme ne disposait que de deux chevaux: un bai, au poil rebelle, nommé Fuchs et un gris-pommelé, appelé Mamzelle, deux bêtes d'âge respectable.

L'attelage et son équipage, à force d'habitude, avaient fusionné en un ensemble harmonieux, qui travaillait en dehors des rythmes du temps, parfois même des saisons. « – Allons-y, Mamzelle ! » et l'on démarrait sans heurt et sans précipitation, indifférent aux sourires amusés et aux quolibets. L'on rentrait tard, le plus souvent à la nuit, avec des chargements dérisoires. Rackel suivait placidement la charrette à trois pas, et le maître, à la hauteur de Mamzelle, mains derrière le dos, poursuivait un rêve inachevé.

Les champs laissés en friches, au grand scandale du terroir, auraient fait bien des heureux parmi nos pauvres gens. Mais, pour des raisons obscures et mystérieuses, notre bonhomme ne louait pas. La réponse était invariablement la même: « Nous verrons. »

Nos pauvres avaient leur fierté et les choses en restaient là.

Comment expliquer le comportement étrange de ce personnage qui était pourtant la bonté même. Accepter de se séparer de ses terres, n'était-ce pas avouer implicitement à soi-même son incapacité de les cultiver. Suprême outrage pour un fils de paysan (qui avait fait ses études chez les jésuites) ! Et lorsque quelque « conseiller » tentait de ramener le Joseph à une sobre réalité, il s'entendait dire gentiment: « Les oiseaux du ciel ne sèment pas, ne récoltent pas; le Père céleste pourvoit à leurs besoins. »

Autour de cette parole d'Evangile, il avait bâti toute sa philosophie.

Il y a bien quelques autres personnages dignes de figurer dans cette galerie des portraits. Qui ne se souvient, en effet:

– du Bode Georges, soumis aux incessantes tracasseries de nos chenapans à cause de sa rocambolesque allergie au son des cloches. Agenouillé sur un vieux sac, il concassait, des heures durant, les pierres de carrière avec son curieux marteau à deux têtes, pour les calibrer à la grosseur d'un poing. Derrière lui, le tas de cailloux de forme trapézoïdale s'allongeait, léché sur toutes les arêtes, travaillé au centimètre. Et la pierraille, vendue au volume, s'en allait remplir les ornières et les nids de poule de nos routes et de nos chemins;

— du Père Terver, qui passait une grande partie de sa vie, perché sur les toits de ses trois maisons, pour y colmater les fuites. « Les toits seraient bons, s'il ne pleuvait pas » disait-il, très sérieusement;

— de notre insaisissable braconnier, 86 ans à ce jour, dont je tairai le nom puisqu'il vit toujours et qui ramenait, dans son fagot, le lièvre ou le cuissot de chevreuil pris au collet.

Notre petit peuple sans éclat possédait ainsi ses célébrités locales. Il ne s'agissait ni de héros qui s'étaient révélés par quelque action d'éclat ou de bravoure, ni d'artistes ou d'intellectuels, ni d'hommes politiques influents.

Il s'agissait de modestes concitoyens qui forçaient l'admiration par une longévité, des connaissances, une vigueur au-delà du commun. C'était le marginal qui échappait aux traditions de son milieu, l'original qui ne s'était point coulé dans le moule de tout le monde, le simplet aux réactions imprévisibles, etc.

Nos aïeux étaient loin d'être des manants méprisables ou des rustres incultes. Durs à la tâche, mais pleins de bon sens, de gouaille et d'humour, finauds et futés, truculents, parfois fêtards et rouspéteurs, ils cultivaient l'héritage de leurs ancêtres les Gaulois. Des maîtres d'école dévoués leur avaient transmis un solide savoir. Déjà la génération de nos grands-parents, nés au debout de la seconde moitié du siècle précédent, se flattait de ne posséder que les deux ou trois analphabètes traditionnels que comptait tout village.

Nourris de traditions, de rigueur dogmatique et de civisme, ils savaient concilier:
Prier, travailler, économiser
avec aimer, boire et chanter.

TRAVAUX DU TERROIR

La fenaison
La moisson
La batteuse
Vergers et maraudeurs
Pommes de terre
Automne en prairie
L'énigmatique poirier
Mutations

LA FENAISON

Dimanche, à la sortie de la messe, la convocation à circulé de bouche à oreilles : « Mardi, à l'aube, on attaquera dans la prairie les trois fauchées[1] du Katzebauer situées à la Fentlach[2] ».

Qui commence le premier entraîne les autres ! Manouvriers ! la fenaison va commencer. La veille au soir, le village résonne du bruit des marteaux ; on prépare les faux à l'entrée des granges. Sur la minuscule enclume plantée dans un billot, le marteau à tête bombée étire à petits coups précis l'acier pour en refaire le tranchant. La lame chemine imperceptiblement ; chaque coup y laisse sa marque, invisible pour le profane. Le métal se redresse, s'aplatit, s'allonge et s'effile. A l'endroit où le caillou, parfois l'épine l'ont ébréché, le marteau insiste, revient, comble la blessure et travaille avec une précision stupéfiante. Voilà enfin la lame qui sonne plus clair. Parti du talon, l'outil se hâte à présent sur la pointe épaisse et renforcée qu'il néglige, car elle ne sert pas à couper mais à dégager la voie. Entre le pouce et l'index on vérifie le fil que la pierre achève de rendre coupant comme un bistouri.

Chez nous, chacun est capable de citer « les fines lames » du village, tout comme l'on connaît aussi les maladroits qui ne sauront jamais, et auxquels, fichtre ! on ne confierait pas son outil. Les bons ouvriers savent adapter le fil aux graminées de juin, aux chaumes des céréales d'été. On bat aussi la faux de l'aïeul dont la lame a vieilli avec lui. Ah ! si elle pouvait parler ! Battue et rebattue, elle s'est miniaturisée à force d'usure, tout comme s'est recroquevillé son maître. Vieux couple fidèle qui s'en va lentement par les chemins pour chercher l'herbe à lapin.

On part au petit jour, la faux sur l'épaule, la pierre qui clapote dans la corne accrochée dans le dos, après la ceinture. Marguerites, ciguës, boutons d'or s'allument dans le fouillis des herbes folles, gonflées de rosée. Comment retrouver, dans cet océan de verdure bronzée à la cime, son bout de pré

---

1. La fauchée vaut 17 ares.
2. Lieu-dit.

et repérer les bornes qui font bout et rives ? L'œil et le flair ne trompent point. Voilà la branche de saule de l'an passé, plantée au pied de l'une des bornes. A l'autre extrémité, sur celle d'en face, se fige l'un des manouvriers. Le laboureur fixe cette statue humaine, la prend pour point de mire et, traînant les pieds, s'avance, traçant dans sa foulée la limite de sa parcelle. Autant pour l'autre rive ! Au loin, la Nied coule, paisible en cette fin juin, coupant la vallée en son milieu et servant de limite de ban pour les villages des deux rives.

Le chef attaque le premier, en lisière. Affaire doublement délicate ! S'il n'est pas convenable de mordre sur le voisin, il serait stupide de lui faire des cadeaux. A chacun son dû. C'est lui aussi qui règle la cadence de l'équipe disposée en échelon. A trop vouloir en faire, il tue ses hommes prématurément ; à trop musarder, il casse le rythme.

La faux va de droite à gauche, en larges arcs de cercle, promenant sa lame qui rase le sol et tranche l'herbe en sifflant. Jambes écartées, pied gauche en avant, le faucheur avance à petits pas, le buste légèrement penché pivotant sur le bassin immobile. Docile, l'herbe se couche paresseusement en andains réguliers, allongés le long des deux traînées jumelles laissées par les semelles du faucheur. Dans le petit matin blanc, tout baigne encore dans la facilité. Nous n'en sommes qu'à la première heure du premier jour, et la lame bien affûtée court et vibre de plaisir dans l'herbe engourdie. Mais attention ! Celle-ci a ses traîtrises auxquelles même le meilleur faucheur n'échappe pas toujours. Voilà soudain la faux qui s'enlise dans une taupinière qu'elle décapite. Fil émoussé ! Méfions-nous des bouts de branches mortes qui traînent près de la rivière. Ici, il faut tailler haut, là, il faut contourner l'obstacle de la trochée. Par contre, nulle crainte à l'égard de la pierre ou de la motte, de la ronce ou de l'épine qu'on ne retrouvera qu'en août dans les champs rugeux de la moisson.

C'est le moment d'aiguiser les faux qui n'attaquent plus qu'avec mollesse et dérapent sur les petites touffes d'herbes glissantes. Les uns après les autres, les bustes se redressent. Les faux, relevées, reposent sur leur manche, lame calée sous le bras gauche. La pierre humide, un coup dessus, un coup dessous, redresse le fil, fait gémir en mesure le métal sous sa morsure en se déplaçant du talon vers la pointe. Les deux doigts auscultent le tranchant. La pierre repasse une seconde fois sur chaque face dans un mouvement plus large et plus souple du poignet. Le bras gauche relâche l'étreinte à présent ; la lame vibre sous l'ultime caresse de l'outil et son chant métallique résonne allègrement jusqu'au fond de la prairie. Chaque faucheur vérifie la position de sa lame sur le manche et resserre les vis du collier.

La bouteille de Schnaps circule dans le groupe; chacun y boit au goulot ce qu'il faut d'ardeur pour continuer.

Il y a belle lurette qu'on a tombé la veste posée sur la touffe d'herbe humide qui tient au frais le bidon ou la bouteille, car chacun étanche la soif à sa façon: eau, café, piquette. Depuis peu, le gilet et le feutre ont rejoint la veste. C'est qu'un soleil radieux monte à l'horizon et fait scintiller des milliers de gouttelettes de rosée. Des centaines de chanteurs ailés accordent leurs notes pour un concert matinal et les faux qu'on aiguise au Schlagborren, à la Groskaoul, dans les Atzingen se répondent joyeusement. Lequel de nos faucheurs prendra le temps d'apprécier ce tableau bucolique?

Quoi de plus facile apparemment que de faucher! Ce n'est pas une affaire de force ou d'endurance, mais d'adresse et de gestes qu'on ajuste à l'herbe, au pré, à l'outil. Qui n'a vu des jeunes pleins de vigueur se désarticuler, s'époumonner et courir en pure perte derrière de vieux faucheurs expérimentés qui, à midi encore, allaient bon train? Que de fois l'adolescent que j'étais a demandé la faux au père pour un essai jamais concluant! Un moment d'inattention, et voilà la lame qui pique brusquement du nez, enfonce sa pointe dans le sol humide en se cabrant sur son arête. En lui relevant trop le bec, elle va filer sur l'herbe glissante comme une anguille. Que voilà un andain bien trop large! il épuise les forces et laisse un ourlet. Réduire trop l'emprise, c'est risquer d'être emporté par son élan. Dieu que c'est compliqué! Pas étonnant qu'il y eut tant de faucheurs maladroits dont on se gaussait aux soirs de fenaison!

Attaquée par surprise, l'herbe lourde et alanguie du petit matin ne se défendait guère. Elle a séché depuis et la voilà qui se rebiffe. Au bruit doux et soyeux de la lame succède son sifflement dans la houle des graminées. La tâche se fait rude, les muscles sont endoloris, les jointures grincent, la sueur coule et là-bas, au bout du pré, les bidons sont à sec. Dernier andain, dernier coup d'œil à l'ouvrage sur la parcelle décapitée et l'on quitte avant midi en s'arrêtant de place en place pour bavarder avec d'autres équipes de journaliers.

A présent, les faneuses prennent possession de la prairie. Fourche et râteau à la main, suivies par une marmaille processionnaire, elles arrivent en longues robes sombres, relevées à la taille pour dégager les chevilles, en tablier à carreaux, la tête prise dans une halette blanche. Avec sa visière à lamelles rigides incorporées dans le tissu et son voile léger qui protège le cou et la nuque, cette élégante coiffure avait de la classe et plagiait visiblement les cornettes de nos nonnes de l'époque.

Tout en devisant gaîment au milieu du babil des gosses, les faneuses éparpillent les andains qu'elles retourneront l'après-midi. Tournée et retournée le jour suivant, l'herbe sera mise en meules odorantes le soir, par crainte de l'humidité, et chargée le troisième jour. Vue du sommet du Hanseberg, la prairie a l'air d'une vaste fourmilière où des nains d'une activité débordante s'amusent sur un énorme damier aux verts changeants. Ils poursuivent l'herbe à la fourche, l'éparpillent en jouant du râteau, la rassemblent en tas pour en détruire l'ordonnancement en en faisant des « lits étales ». De place en place, des lutins, disposés en échelon, s'évertuent à peindre en vert clair un domino bronzé tandis que des attelages miniatures font le ménage dans une prairie en perpétuel changement.

Les chariots disgracieux viennent d'être mis au goût du jour : ridelles à claires-voies, échelle fourragère à l'avant, perches à l'arrière, treuil en bois avec ses battes. *Wiesbom*[3] flexible, chaîne, fourche et râteaux, tout y était.

Quel est cet attelage qui caracole en ce moment à travers la rue du village, dans un cliquetis de chaînes et des claquements de fouets ? Ce n'est autre que celui du Kläsen Anda qui inaugure à sa façon la rentrée des foins. Les sabots ferrés résonnent sur la chaussée empierrée et les roues en bois cerclées de métal rebondissent dans les nids de poule. Qui d'autre conduirait ainsi son attelage à l'abordage ? Célibataire, personnage haut en couleurs et fort en gueule, le Anda cultive son image de marque de paysan d'avant-garde : chevaux jeunes et fougueux, bétail soigné, taureau sélectionné... Son domestique, le Houbat, coriace et retors, un tantinet fanfaron mais compétent, n'en fait qu'à sa tête. Tous deux se complètent parfaitement, s'invectivent souvent copieusement tout en sachant ne pouvoir se passer l'un de l'autre : couple taillé d'une pièce dans la glèbe, rodé par des années de labeur en commun, rude à la tâche, uni par un même amour de la terre. Assis face à face sur les ridelles, les deux hommes semblent braver les lois de l'équilibre, tandis que, sur le plancher du chariot, deux « drôles », grisés de bruit bien plus que de vitesse, apprécient en connaisseur par des clins d'œil complices.

Voilà tout le monde à pied d'œuvre. A bout de bras, les meules sont soulevées par la large fourche du Anda et entassées sur le chariot par le Hubert, expert en la matière. On débute par l'arrière on finit par l'avant, on repart en sens contraire et ainsi de suite. Entre deux rangées de meules, l'atte-

---

3. Baliveau de frêne écorcé, taillé en pointe à sa grosse extrémité et muni d'une encoche.

lage démarre, s'arrête, repart au commandement et obéit à la voix. Les gamins râtissent, à l'emplacement des tas, ce que la fourche ne peut saisir, et emportent leurs râtelures sur les meules en cours de chargement. Six *Lohs*[4] s'entassent ainsi successivement sur le véhicule, débordent largement sur les ridelles et grimpent plus haut que l'échelle fourragère. Où s'arrêterait le domestique faraud, si le maître prévoyant ne pensait au portail de sa grange?

Le Houbat saisit le *Wiesbom*, le dresse avec bien du mal à la verticale, enfonce sa pointe le long de l'échelle fourragère, engage sa mortaise dans l'un des échelons et le rabat vers l'arrière. Là il s'empare de la chaîne qu'il saisit au vol et la fixe par un nœud coulant en son milieu à l'extrémité du long baliveau de frêne. Le reste n'est plus qu'un jeu: écarter les deux brins de la chaîne, les fixer au treuil et manœuvrer les *Knépels*[5] engagés dans les fentes du rouleau. Le *Wiesbom* plie, se bande comme un arc sous les efforts conjugués des deux hommes qui vérifient la tension des attaches.

Notre domestique n'est pas peu fier de son monstrueux édifice dont il contemple longuement le profil et le parfait équilibre. Ricanant et prétentieux: «Jamais on ne me fera payer le droit d'entrée dans cette pitoyable, "Confrérie des Maïa"». Elle comprend des adeptes qui, un jour, ont croulé sous les sarcasmes, la honte au front, tout penauds devant leur chargement culbuté sur le bord du chemin cahoteux.

Entre temps, on a peigné soigneusement le chargement au râteau. Ici, on aime le travail bien fait et l'on déteste le gaspillage. Rien à redire! c'est une charretée exemplaire qui n'essaimera pas sa toison dans les ornières du chemin. Qui a connu, comme gamin, ces retours triomphants sur le haut d'un chariot, n'oublie plus! Quelle suprême jouissance de s'étaler mollement sur le dos, dans l'herbe chaude et parfumée, de se laisser bercer en s'accrochant au *Wiesbom*, de suivre la fuite de quelque nuage blanc perdu dans le ciel bleu, de mordiller sur un brin d'herbe sèche! Là-haut, c'est le rêve, l'évasion vers des horizons inconnus pendant que le soleil, à travers les cils des paupières mi-closes, s'infiltre en étoiles irisées qui dansent au milieu d'une poussière d'or.

Le bruit sonore des roues annonce, au-delà la Rockemauer, l'arrivée sur la route départementale. Il n'y a qu'à saisir, à portée de main, des poires vertes qui s'offrent sur les branches en surplomb et les croquer en s'ima-

---

4. *Loh*: un étage de foin.
5. *Knépels*: battes qu'on engage dans le rouleau du treuil pour le faire tourner.

ginant qu'elles sont délicieuses. Et le voyage s'achève trop vite au grand désappointement de nos doux rêveurs.

De nos jours, la prairie a fini d'être l'immense scène d'un spectacle agreste dans lequel les acteurs – faucheurs, faneuses, enfants – travaillaient en chœur dans un décor de verdure, de soleil, de calme et semblaient heureux. Le bruit des faux, les vols des halettes, les arabesques de râteaux, les cris d'enfants et bruits d'attelage l'ont désertée. Qui oserait encore parler d'herbes folles quand, solitaires, elles ont perdu l'envie de grandir parce qu'elles mourront dans le plus total anonymat?

Après la guerre 1914-1918, l'Amérique nous envoya ses mécaniques robustes et fonctionnelles dont s'équipèrent rapidement nos laboureurs les plus aisés, privés de bras. Ce fut la faucheuse avec son attelage de deux chevaux, son conducteur assis dans sa cuvette-passoire. Elle s'en allait dans un crépitement lointain de mitrailleuse entraînant la lame à dents triangulaires dans un va et vient rapide, guidée par la barre de coupe. Elle tondait le pré avec une remarquable aisance, faisant le travail d'une dizaine de faucheurs.

Apparut ensuite la faneuse, cet espèce d'insecte désarticulé, haut sur roues, dont les membres squelettiques, terminés par une fourche, s'agitaient avec frénésie sur un vilebrequin. Elle retournait, à l'aide de ses griffes, l'andain compact pour l'effilocher en un vol léger qui laissait sa traînée d'herbe odorante et régulière. Le râteau mécanique date de la même époque. Ses côtes vacillantes peignaient le pré, ramassaient l'herbe en un large rouleau et se soulevaient dans un cliquetis de ferraille avec un bel ensemble pour relâcher leur chargement. Un «Fuchs» ou une «Coquette» suffisait à tirer l'une ou l'autre de ces mécaniques qui remplaçait avantageusement les faneuses.

Aujourd'hui, les grosses roues du tracteur écrasent l'herbe sans ménagement ; elle est hachée par le rotor et finit dans le silo malodorant, ou bien, saisie par la presse, elle est étranglée en un monstrueux rouleau.

Quel changement ! De nos jours, la fenaison a fini avant de commencer et la prairie solitaire a perdu tout le charme et la poésie d'autrefois.

LA MOISSON

Jour après jour, les lourds épis gonflent au soleil d'août et s'inclinent un peu plus au sommet des tiges jaune paille. La flamme des coquelicots gagne peu à peu la raie des champs et pénètre jusqu'au plus profond des chaumes; les bleuets, plus discrets, s'y faufilent à la suite, imités par les chardons envahissants, échappés à la houette[1].

Comme soulevés par une lame de fond, les blés opulents ondulent au moindre souffle de la brise, et la houle des graminées roule doucement vers l'autre bout du champ. Sous l'éclat du soleil, les ors chatoient au sommet de la vague et grisaillent dans le creux des molles ondulations.

Frotté à rebrousse-poils, l'épi lâche sa grenaille dans la paume du laboureur qui la vanne d'un souffle mesuré. Le grain est gonflé et sec; l'ongle et la dent le trouvent dur et ferme. Il est mûr, assurément.

Et c'est ainsi qu'un beau soir d'août, le chœur des marteaux, des enclumes et des faux annonce le début de la moisson.

On fixe la lame sur la Flaouss. Ce n'est qu'un manche de faux ordinaire avec son armature ultra légère en bois, servant de butoir garni de longues dents superposées, parallèles à la courbure de la lame. Rassemblés debout dans le « peigne », les chaumes coupés sont déchargés d'un mouvement sec du poignet qui les adosse aux blés encore sur pied.

On part dès l'aube par les chemins rocailleux pour grimper sur le plateau où, en cette saison, il n'y a point de brouillard et peu de rosée. A chacun sa faux, sa pierre qui trempe dans l'eau de la gaine et la provision de liens de chanvre rouges et bleus à embout de bois. A chacune sa faucille, son râteau et le panier à boissons pour calmer les gosiers brûlants quand se repliera l'ombre, à mesure que le soleil montera au zénith. La route est longue jusqu'aux confins du terroir et la charge pesante. L'on se rappelle les

---

1. Houette: outil à manche très long, conçu pour l'échardonnage en début de printemps.

lourdes et encombrantes bottes de liens d'orge qu'on traînait, embrochées sur le manche du râteau. Mais nos gens ne parlent guère à l'orée d'une rude journée, et se mettent à la tâche dès l'arrivée.

Manches retroussées, chemises largement ouvertes sur les poitrines velues, les hommes, disposés en échelon, attaquent dans l'air vivifiant du matin. Sur la raie du champ qui fait limite, le laboureur imprime la cadence. Dans chaque colonne travaille le couple faucheur-releveuse.

Le va-et-vient régulier de la faux coupe les chaumes dans un craquement de paille et un bruissement d'épis. La lame glisse au ras des mottes sèches, sur la terre crevassée, à l'aise dès qu'on a trouvé la bonne position et le bon rythme. Mais il faut ouvrir l'œil, deviner à temps le caillou et tailler juste quand le sol devient inégal et parsemé de pierres éclatées. A trop relever la pointe, et c'est la coupe en escalier qui laisse haut la paille et fait chanceler une réputation. Qui n'a vu un vieux faucheur scrupuleux repasser derrière le novice qui a laissé les traces des coups maladroits sur l'éteule rasée au niveau ? « Que diraient les gens en voyant ce travail ? » Il y avait certes les sourires amusés des équipiers, mais il n'y avait pire châtiment que celui d'affronter le jugement de l'opinion publique.

Derrière chaque faucheur s'active une femme ; cassée en deux, elle travaille à reculons, relevant à la faucille l'andain qu'elle ramasse contre sa poitrine pour le mettre en javelle. Tâche épuisante où, prise dans l'engrenage, elle s'interdit de faiblir par crainte de décoller de son faucheur et de voir le suivant sur ses talons.

Le soleil, cette horloge des champs, atteint le milieu du zénith quand arrive le petit déjeuner dans un bruit de marmots qui accompagnent le grand panier d'osier ; chacun porte sa charge. Autour de la nappe posée à même le sol s'installent les solides appétits sur des javelles servant de sièges et de tables. De la marmaille il faut calmer les impatiences. Voilà l'énorme cafetière pansue, la cruche remplie de lait crémeux, les grands bols qui se mettent à fumer à tour de rôle, le pot rempli d'un fromage onctueux, le beurre, la confiture et enfin le lard cuit refroidi qui est la seule « délicatesse » rescapée du dernier cochon tué à la sortie de l'hiver.

Mais l'on s'agite bizarrement sur les javelles ! Ça se gratte et ça semble poursuivre quelqu'intrus indécent. Ce n'est que la brosse raide de l'éteule qui se faufile traîtreusement à travers les cotons et la laine, ou bien la barbe d'un chardon irascible.

On ne flâne pas dans l'équipe ; par vertu d'abord et puis, ce qu'on ne fait pas aujourd'hui n'est que remis à demain. Si le temps programme, la terre commande et impose ses servitudes. Alors, sans tarder, on s'attèle à la tâche car nul ne sait ce que sera demain.

Midi approche. L'alouette partie à la rencontre du soleil s'égosille, point noir frémissant accroché à l'un de ses rayons. Des milliers de criquets infatigables grattent invariablement leur archet sur le même rayon lumineux. A mesure qu'ils se gavent de soleil, leur frénésie de répétitions s'amplifie en un crissement exaspérant. L'astre, au midi, devient impitoyable et des bouffées de chaleur montent de la terre surchauffée. L'air vibre et flamboie sur la campagne qui s'assoupit.

A mille signes on sent venir midi, aussi sûrement que la montre qui compte dans le gousset du gilet. Quand le champ est à proximité du village, l'équipe des journaliers se retrouve autour de la longue table de cuisine du laboureur. Mais l'on est ici au bout du terroir et l'on déjeune aux champs à l'ombre étriquée d'une haie. Avec quelle volupté les corps s'allongent, s'étirent et s'abandonnent un court instant pour rompre avec le cycle des gestes répétitifs! Mais le grand panier déballé éveille les appétits et rassemble son monde autour du chaudron fumant. Aux jours les plus torrides on s'accorde une sieste. Tête sur une javelle, chapeau de paille sur le nez chacun s'isole dans son sommeil ou dans ses pensées. Côté femmes, on a tant de choses à se dire que cet entracte ne suffit pas.

Après ce repos écourté, viennent les plus douloureuses heures de la journée. Il faut oublier la lourdeur de l'estomac, vaincre la fatigue accumulée depuis l'aube, remettre en route les articulations raidies, braver le soleil et... «y aller», heureux quand tout se passe bien.

Car que dire de ces champs maudits ravagés par la grêle ou la tornade, aux blés laminés, envahis par l'ivraie? Ici s'arrête le jeu facile des gestes bien rythmés où l'on s'abandonne à la rêverie. La mécanique se désarticule et les muscles sont mis à rude épreuve. Alors le faucheur se bat avec la vesce et le liseron qui engluent la lame, relève de la pointe les chaumes versés, tourne autour des touffes enchevêtrées; il faut hacher autant que couper dans ce fouillis d'herbes folles et de graminées, jeter à la raie des brassées de chardons qui essaiment leur duvet floconneux dans un ballet aérien. Pester, jurer, c'est d'usage mais cela n'arrange guère les choses, et l'éteule garde les traces indélébiles du combat qui s'est livré ici.

Et que dire de la releveuse qui essaie vainement de peigner sa javelle, qui cherche un sens dans les épis emmêlés, se bat pour arracher sa brassée à ses liens inextricables. Sous la halette blanche, la sueur ruisselle et brouille sa vue; le soleil tombe d'aplomb sur ses reins meurtris. Courbée sans trêve, elle est au bord du vertige, sauvée par ce seul moment de répit qui ne dure que le temps d'une faux qu'on aiguise.

Il n'y a que les «drôles» qui se sentent à l'aise sous la canicule. Quelques-uns promènent le grand râteau, d'autres portent le bidon, courent chercher le briquet et la cigarette, disposent les liens selon les instructions répétées : cordelette dans le sens transversal, l'embout vers le haut. En voilà, agglutinés dans la raie du champ, où ils viennent d'attraper une de ces énormes sauterelles vertes qui ravagent le Sud. Quittant leur nuée, il y en a qui, périodiquement s'égarent jusqu'ici. Pauvre bête livrée à la cruauté inconsciente du monde des innocents ! Pour qu'elle morde dans l'ourlet du mouchoir, les galopins la chatouillent avec un brin d'herbe, prononcent quelques incantations et lui crachent sur les yeux globuleux. Refermera-t-elle ses mandibules puissantes sur le bord de l'étoffe ? Selon un mode d'emploi, dont le résultat n'est pas garanti, il suffit alors de tirer brusquement pour décapiter la sauterelle. En cas d'échec, le sort du pauvre insecte n'est guère plus enviable.

Vers les six heures, les femmes quittent le chantier pour les multiples tâches de la maison et pour les hôtes exigeants qui se plaignent dans le fond des arrière-cours. Qui aurait le droit de se plaindre si ce n'est nos braves journalières, sur la brèche depuis le petit jour ?

Pendant ce temps, les hommes achèvent la besogne. Il faut à présent *bénnen*, ce qui veut dire lier les javelles disposées en tas de trois ou quatre sur un même lien. Travail facile apparamment, mais qui demande force et adresse. Genou gauche écrasant le tas, il faut rapprocher les deux brins, tourner l'un sous l'embout de l'autre, rouler la gerbe, y peser de tout son poids, resserrer l'étreinte et glisser l'extrémité du cordon sous la ceinture.

«Un tel ne saura jamais» disait mon père ; tout comme tel autre qui était incapable de rouler correctement une cigarette. Il pestait contre les embouts qui sautaient, les liens qui cassaient ou qui étaient mal orientés. «Une gerbe doit avoir de l'allure» disait-il. Cela voulait dire qu'il la voyait solidement ceinturée, la taille fine, la robe lisse, bien proportionnée, tenant debout toute seule comme une coquette sur ses talons. On finit enfin par les *Kaschten*[2]. La première gerbe, choisie pour son aplomb, est plantée debout d'un coup sec, et forme le cœur du futur édifice. De chaque côté s'appuie une autre en porte-à-faux ; à droite et à gauche de la rangée, deux autres font contreforts, le tout coiffé par une dernière étalée en auvent du

---

2. Les moyettes.

côté des averses. Bien construit, le *Kaschten* ne craint pas les rafales et protège les épis contre les intempéries.

Le soleil vient de disparaître à l'horizon. Tout là-haut, quelques petits cumulus captent un dernier rayon en rosissant d'un plaisir éphémère, pendant que nos journaliers silencieux descendent la côte, surpris par l'angélus.

La nuit tombe vite et sur le plateau, dans la demi obscurité qui efface les formes et rallonge les ombres, les *Kaschten* s'alignent comme des sentinelles immobiles à képi, visière rabattue sur la face. Saisissant tableau sous le clair de lune apparu entre temps, que cette multitude de dolmens étranges peuplant le plateau, édifiés à la gloire de quelque dieu païen par une cohorte d'esclaves!

Bon an, mal an, nos moissons, tributaires du temps, ne se ressemblaient pas.

Quand l'hiver trop vigoureux avait soulevé le blé en herbe, c'était pitié de voir au travers des chaumes d'été. Et quand août était pourri, c'était pire. On n'arrêtait pas de grimper la côte. On fauchait à la première éclaircie; une méchante averse, et c'était fini pour la journée. On tournait et retournait les javelles sous un soleil avare, on démontait et remontait les *Kaschten* transis qui passaient au gris sale. La moisissure gagnait l'intérieur des gerbes et, sous le capuchon, perçait une intempestive toison vert pâle qui coiffait les meules, réalisant avec horreur qu'elle s'était trompée de saison.

Ces années-là, il y avait, dans nos granges, plus de poussière que de grain à moudre, plus d'inquiétude que d'espoir.

Un siècle et demi après 1789, il fallut une autre révolution que celle des philosophes pour affranchir le monde paysan de la tyranie de la terre. Ce fut celle des scientifiques, des techniciens et de la machine. La première avait ouvert la voie; la seconde permit de faire passer dans la réalité les grands principes ébauchés et libéra peu à peu l'homme des travaux trop pénibles. On l'avait condamné injustement dès l'origine, à gagner son pain à la sueur de son front. La machine le réhabilitait.

Ce fut déjà un progrès considérable lorsque, il y a longue date, la faux remplaça la faucille. Cassés en deux, la tête au niveau du sol, nos ancêtres furent en mesure de se redresser de quelques crans au-dessus de l'ouvrage, trouvant une position moins avilissante. Bien aiguisée, la faux coupait comme un rasoir, taillait large, prenait profond, travaillait bien plus vite que la faucille au prix d'un moindre effort. Elle était, par principe, un outil masculin qu'on ne confiait pas au voisin, pas même aux proches.

Nos mères utilisaient encore la faucille pour aller aux orties dont raffolait le cochon et pour couper une brassée d'herbe sur le bord des chemins, au retour des champs, pour la chèvre ou le lapin.

La moissonneuse à double siège, proche parente de la faucheuse mécanique des prés, fit son apparition à la même époque que cette dernière. Puis, vers 1935, ce fut le tour de la première moissonneuse-lieuse. Nos gens, peu familiarisés avec la mécanique, considérèrent d'abord avec méfiance cet engin compliqué, tiré par quatre chevaux, qui se déréglait fréquemment et l'adoptèrent après maintes hésitations et palabres. Paraît que plus d'une machine trouva acquéreur pour marcher sur les traces du voisin. Enfin, l'énorme moissonneuse batteuse, vers les années 1960, autotractée, s'accapara de bien des tâches ingrates qui faisaient ployer nos paysans sous le harnais.

La faucille disparut, le faux aussi, ainsi que moissonneurs et moissonneuses et c'est sans doute mieux ainsi. La nostalgie pour une époque révolue ne pèse pas lourd face aux bienfaits du progrès.

LA BATTEUSE

Un grondement sourd, continu, envahit la rue et roule comme une queue de tonnerre jusqu'aux confins du village à peine réveillé. Quelque part, dans une grange, on commence à battre.

L'équipe est en place à l'heure prévue, chacun au poste qu'il occupe d'habitude. La batteuse se trouve à l'étage ; son cylindre herissé de pointes tourne dans un tambour garni de dents. A côté, les céréales s'entassent jusqu'aux tuiles et, sur le tas, deux gosses ravitaillent en gerbes la mère qui les étale sur le bas-flanc de la machine après avoir dénoué les liens. Alimentée par le cultivateur qui ne confie pas cette tâche à d'autres, la batteuse bourdonne sourdement tandis que les grains crépitent dans son antre. Gare à la bouchée trop grosse, ingurgitée imprudemment. La bête s'étrangle, râle, y perd son souffle puis, soudain, délivrée, s'emballe en rugissant de douleur et de rage.

Le ventre de la mécanique se prolonge jusqu'au rez-de-chaussée par le cribleur où les grains tombent sur un tamis, tandis qu'au passage le souffle canalisé de la machine en expulse les balles, les fétus et la poussière qui s'accumulent dans une loge obscure du fond. Les sacs, accrochés aux goulottes, avalent leur grenaille dorée. A l'avant de la batteuse, tout là-haut, voilà le « dégueuloir » avec ses quatre mâchoires côte à côte qui dansent sur le vilebrequin et plongent alternativement dans le ventre du monstre pour ramener par saccades la paille mutilée au sommet de la glissière d'où elle descend par vagues successives. Deux bras puissants la canalisent vers une table à claire-voie pour en faire une botte ficelée en un tournemain, emportée à la pointe de la fourche par un robuste mouflet sur l'usoir de la grange.

Ici, la besogne ne manque pas : changer les sacs, surveiller le box où le van de la machine crache sa *Schprie*[1], encourager les chevaux du manège, rassembler les râtelures des deux botteleurs, poser les liens.

---

1. *Schprie* : balles et fétus.

– Et comme il faut, petit ! L'embout à droite pour celui-ci, à gauche pour celui-là. A chacun sa technique !

Grange et grenier sont plongés dans un épais nuage de poussière, en dépit du courant d'air aigrelet qui vient de la rue et qui s'engouffre ensuite par l'unique ouverture du grenier, faisant frissonner au passage la fine dentelle des toiles d'araignées de tous âges. Quel bruit assourdissant ! Grondement caverneux du tambour, éclatement des épis, grincement des courroies, sifflement des engrenages. Dans la pénombre et le vacarme, les hommes se meuvent dans le brouillard comme des fantômes noircis de sueur et de poussière. En auraient-ils le temps qu'il leur serait impossible de se parler ! La machine dicte sa loi et tous se plient à ses exigences inhumaines. Flânez à l'étage, elle enragera de tourner à vide ; folâtrez en bas et tout s'y engorgera !

Voilà l'heure de la pause et du casse-croûte. Le monstre s'éteint progressivement tel un moribond, et nos gens, étourdis de bruits, s'étonnent du silence subit. Les poumons engorgés crachent leurs glaires noirâtres et les nez sont ramonés selon un rituel qui dispense du mouchoir. Grimés comme des clowns en deuil, nos besogneux s'interrogent. Au milieu des éclats de rire, chacun trouve très drôles les autres. Barbes et moustaches poudrées au gris cendré, cils passés au rimel, sourcils épais et broussailleux, éclat insolite du blanc des yeux, c'est en fait chacun qui ressemble à chacun !

Selon la coutume, la mère tire du panier, recouvert d'une serviette blanche, le saucisson maison, le camembert, le vin rouge, les grandes cannettes de bière de 75 cl et l'énorme miche de pain. La jeunesse, invitée dans le cercle des adultes, en est fière. Le père, laconique, n'a-t-il pas dit : « Ils ont travaillé comme des grands. » La mère a compris ; elle ne leur mesurera pas la portion de camembert et leur versera un grand verre de bière à la limonade.

Après cette courte collation, il reste à charger et à remiser la paille, à enlever la *Schprie* avec le cendrier[2] que nous appelions *Escha*, à balayer méticuleusement le sol de terre battue, à récupérer les derniers grains dans les balayures.

Aux scènes dantesques du petit matin succède le dernier acte joué dans une atmosphère de calme et de sérénité, au milieu d'une grange qui a retrouvé la paix. Le travail qui reste à faire n'est plus qu'une activité ludi-

---

2. Le cendrier est une toile carrée pour le transport de petites quantités d'herbes ; on noue en diagonale les coins.

que qui clôture tout un cycle d'efforts et d'espoirs commencé par les labours, les semailles, le hersage, poursuivi par le roulage, l'échardonnage, la moisson et le battage.

C'est au tarare à parachever l'ouvrage imparfait de la batteuse. Quel merveilleux chef-d'œuvre de formes et de légèreté, tout en rondeurs à l'avant, tout en figures géométriques à l'arrière, conçu vers la fin du siècle dernier par le cerveau créateur d'un artisan doublé d'un artiste. Pour le profane, ça ressemble plutôt à un meuble élégant et frivole égaré dans une grange qu'à un instrument de travail servant à séparer le grain de l'ivraie.

Du sac dans la corbeille, de la corbeille dans la trémie, la grenaille se faufile sous le clapet réglable pour tomber sur le tamis animé d'un hochement discret. Elle perd ses impuretés dans le souffle de la roue à aubes entraînée par la manivelle, tombe sur un second crible et débouche au ras du sol par une large goulotte. Les grains dorés se précipitent, se bousculent, s'accumulent à l'orifice et tentent de remonter la pente en une nappe bruissante.

– A toi, gamin, de les tirer avec la palette de bois!

Jeu amusant que de maîtriser cette récolte mouvante de grains fauves, de voir monter le tas, d'y plonger la corbeille, de remplir le sac pesé sur la bascule ou mesuré au *Zéchta*[3].

Piqué par la ronce ou le chardon de la gerbe, griffé par la paille de la botte, mordu par les barbes de l'orge qui se glissent sous la chemise, j'ai abordé, selon l'âge, tous les métiers de la grange. Aucun n'était facile, tous étaient pénibles avant que la perfection du geste conduise à l'automatisme. Et c'est ainsi que j'ai tiré du tas la gerbe rebelle, porté la lourde botte au bout de la fourche, ficelé la paille, emporté sur le dos le cendrier rempli de *Schprie* folle. J'ai tourné avec fierté la manivelle du tarare quand le père voulait bien me la confier.

J'ai porté, avant l'heure, et à la barbe du «paternel», le sac d'un quintal par les escaliers gémissants. Dans la chambre à grains, j'ai tourné et retourné à la pelle la récolte qu'il fallait protéger du charançon et de l'humidité. Autant de tâches pénibles qui n'étaient, pour les adolescents, qu'un apprentissage dans la joie, leur permettant de puiser généreusement dans leurs forces juvéniles.

---

3. Mesure ancienne en bois, cylindrique et de faible hauteur. Sept *Zéchta* correspondaient à environ cent kilos.

Il m'est arrivé tardivement de lire, dans le regard du père suspendu aux goulottes, de l'inquiétude ou de l'espoir. Quatre sacs pour son «jour»[4] de blé de la Fécheraï[5]! C'était honnête, une bonne année! Alors sa main calleuse plongeait et replongeait dans le sac et les écus en grains s'écoulaient en bruissant de contentement.

J'ai connu la batteuse avec son manège capricieux où deux ou trois chevaux tournaient inlassablement, aveuglés par des œillères. Vers 1925, le moteur deux temps à essence prit le relais dans quelques exploitations pressées, détrôné à son tour, trois ans après, par le moteur électrique. En revanche, je n'ai connu qu'à l'état de ferraille l'égreneuse à bras de la période précédente, cette machine de forçats où les hommes pesaient de tout leur poids sur deux manivelles, puis tiraient de toute la force de leurs biceps, les yeux dans le vague, la chemise collée au corps.

Le battage de l'orge au fléau n'était plus qu'un épisode folklorique. La paille, dont on avait besoin pour faire les liens des gerbes, n'en sortait pas déchiquetée. Le bruit des fléaux faisait chaque fois courir les vieux et les jeunes. Les premiers se rappelaient le temps où l'on battait des mois durant, de l'aube à la nuit; les seconds y mesuraient le progrès accompli depuis, tout en admirant le jeu des battoirs qui exécutaient au bout des manches leur acrobatique ballet aérien avant de s'écraser, à tour de rôle, sur les gerbes étalées en deux rangées, épis contre épis, sur le sol de terre battue. Il fallait une précision diabolique pour faire exécuter cette voltige délicate aux quatre battoirs sur un rythme à quatre temps.

Impossible pour nos petites cervelles de décomposer le mouvement de ces mobiles toujours en giration, dont les arabesques se croisaient, s'entrelaçaient, se frôlaient à tout instant sans jamais s'entrechoquer. Ce tableau, grandeur nature, me faisait penser à ces jouets d'époque, actionnés par un ressort, dont les personnages accomplissaient des gestes mécaniques d'automates sans jamais s'enrayer.

L'après-midi, on retrouvait, assis à même le sol, les quatre hommes à côté d'une botte de paille. Avec une remarquable dextérité les mains calleuses saisissaient une touffe, la peignaient entre pouce et index, puis une seconde, nouaient les deux extrémités égrainées, tiraient sur la ligature et torsadaient les deux brins qui s'entrelaçaient. C'était exécuté avec des gestes rapides, précis, venus du fond des âges.

---

4. Un jour = 20 ares.
5. Nom de la section cadastrale.

— Les enfants, c'est décidé, l'année prochaine, nous ferons comme tous les autres, nous achèterons des liens de chanvre. Au diable le fléau!

Ainsi parlait le Père Berveiller en s'adressant à ses trois fils. C'était la condamnation définitive du lien d'orge et du fléau. Ce fut aussi la fin d'une époque.

Aujourd'hui, nos granges sont désespérément vides et tristes. La plupart sont toujours fermées, attendant leur destruction. Fléaux, vans, égreneuses, batteuses, tarares ont déserté les lieux depuis que la moissonneuse-batteuse les a réduits à l'état d'antiquités. Sanctuaires du travail d'équipes, greniers des richesses de la terre, nos vieilles granges sont vides jusqu'au toit comme une nef de cathédrale.

VERGERS ET MARAUDEURS

Ils couronnaient le sommet du Hanseberg, du Quetscheberg, du Blohen-Hiwel et dévalaient sur l'unique versant de chacune des trois collines jusqu'à mi-côte.

Les quelques indigents du village n'en possédaient point. Réduits à la portion congrue, ils faisaient fructifier leur lopin de terre communale pour leurs besoins vitaux. Tout juste possédaient-ils un prunier précoce ou un quetschier robuste qui ombrageait la vespasienne à l'arrière de la maison.

Bien modeste était le verger des gagne-petits; sa rangée de quetschiers produisait généralement en abondance ces fruits oblongs, bleutés, un peu aigrelets, qui garnissaient les tartes d'octobre et donnaient un alcool convenable distillé à domicile par l'alambic ambulant du brandevinier. Séchés sur des claies, dans les fours à pain «retombés», on obtenait ces pruneaux que d'aucuns disaient d'Agen, mais qui étaient bien de chez nous. Parfois s'égarait là une paire de pommiers vigoureux qui fournissaient le cidre pour l'année.

Les vergers plus huppés avaient, en plus des autres, leur bataillon de mirabelliers: mirabelle de Metz ou de Nancy, l'une toute d'or, l'autre pigmentée de rouge. Laquelle était la meilleure? Les experts en discutent encore! Ajoutez-y quelques pommiers et poiriers greffés par une main experte et l'inévitable cerisier qui tentait les étourneaux et la petite fripouille des écoles.

Comment expliquer cette prédilection de nos aïeux pour le quetschier qui prédominait dans tous les vergers? A l'image de nos paysans, c'était un arbre rustique, sans exigence, qui proliférait sur tous les talus, et que la nature nous offrait gracieusement.

Mais qui était ce sorcier des vergers dont on évoque encore le nom de nos jours? Il s'appelait Krier; on l'appelait bizarrement Méla Matzen Péta. Il chevauchait deux siècles, était horticulteur de métier. Qu'il le fût pour les notables prétentieux du chef-lieu, soit! Mais foin de ce nom savant et ridicule! Pour nos gens il était jardinier, en toute simplicité.

Et quand la taille, la greffe ou la bouture avait échoué, on l'appelait à la rescousse; il en faisait son affaire. Bien des arbres avaient conservé sa griffe et perpétué sa réputation. N'était-ce pas lui qui faisait grimper jusqu'aux toits les poiriers en forme d'espaliers sur la façade de bien des maisons et pleurer les frênes devant l'école et la mairie?

Nos collectivités rurales, que d'aucuns prétendaient rétrogrades, assuraient par une organisation ancestrale l'indispensable aux plus démunis. Dans le verger communal de la Schäferei, le garde-champêtre vendait à l'encan pommes et poires en lots variables, suivant la demande. Et pour quelques sous, nos petites gens accédaient ainsi aux richesses «en pépins et en noyaux». Il arrivait que le petit sou pesât trop lourd dans un budget trop menu. Alors, pour échapper à la dégradante condition d'assistés, nos braves gens mettaient leurs bras courageux au service de la collectivité.

La coutume avait tout prévu, notre dialecte aussi. Ils allaient *frohnen* ; cela consistait à casser des cailloux et à réparer les chemins communaux. Ainsi ménageait-on leur fierté et leur dignité d'homme.

Les chemins aussi apportaient leur tribut en arbres fruitiers. Sur la route départementale, leur double rangée fournissait l'ombre et la fraîcheur. En début d'automne, un monsieur de la ville adjugeait sur place les lots par tranches de cent mètres et nos villageois les disputaient parfois à des étrangers dont les surenchères faisaient monter les prix et grogner les autochtones.

Enfin, fabuleux était le verger de Monsieur le Curé, clôturé d'un vieux mur épais couvert de mousses et de lichens. Le Bon Dieu, soucieux sans doute d'y conserver les espèces, y faisait pousser des variétés inconnues.

C'est ainsi que, non loin de l'entrée, se dressait un énorme cormier centenaire qui n'avait point honte de ses minuscules fruits ridicules. Le long du mur qui longeait le ravin prospérait un néflier dont les fruits étranges étaient teintés d'exotisme. Cognassiers aux grosses poires jaunes qui n'en étaient point, pêchers qui boudaient nos climats, poiriers nains et paresseux qui s'étiraient sur des fils, pruniers aux énormes reines-claudes gonflées de jus, tous ces arbres-là poussaient à proximité du jardin de la cure, dans la ligne de mire d'une fenêtre du presbytère. Quant aux différentes autres variétés de fruits à pépin et à noyaux, elles se partageaient le reste de l'espace.

Le verger de Monsieur le Curé recevait de temps à autre notre visite discrète. Le saint homme ne possédait pas le don d'ubiquité et ne pouvait être à la fois à l'église et au verger. Des nèfles? Je ne pense pas qu'il eût souvent l'occasion d'en goûter, car nous les récoltions avant maturité ; d'ailleurs, ce fruit âpre ne convenait pas au palais d'un curé ! Le cormier généreux déversait sa corne d'abondance ; nul ne se souciait de ses fruits rêches, sinon nous. Cormes et nèfles allaient ainsi rejoindre les poires des chemins sur le foin du grenier où nous leur préparions amoureusement leur petit coin douillet (*Maoutch*, en patois). C'était des fruits inconsommables dans l'immédiat ; nous les conservions là pour les manger blets durant les mois d'hiver.

Combien de fois nos pères ne trouvèrent-ils pas en été sur leurs dernières fourchées qui vidaient le grenier, quelque crotte noire et dure, complètement desséchée, frippée et ratatinée ? La poire, échappée à notre perspicacité, s'était momifiée peu à peu. Même les souris respectaient son caractère d'inviolabilité.

Mais revenons au verger où les noisetiers, qui proliféraient le long du mur Est, étaient régulièrement et avant l'heure dépouillés de leurs noisettes qu'on décortiquait entre deux pierres, assis sur le vieux mur.

Il existait un accord tacite entre nous et Monsieur le Curé qui tolérait nos incursions en bordure de son territoire et se laissait dépouiller d'un superflu indésirable. Mais au-delà, il y avait le domaine des fruits nobles qui devait rester inviolé. Ne s'y aventuraient que quelques rares inconscients qui oubliaient que, le jour de la confession, sonnerait pour eux l'heure de vérité.

J'ai parcouru l'autre jour le petit paradis de jadis. Le cormier n'est plus ; il était devenu inutile et indésirable. Alors la hache eut raison du géant ; et deux générations ne cessent de se lamenter sur son infortune. J'ai vainement cherché dans la région son semblable. Ai-je assisté à la tragique disparition d'une espèce ? Disparu aussi, Dieu sait comment, le néflier. Les noisetiers sont étouffés par des frênes envahissants ; les cerisiers meurent de vieillesse, les pommiers d'indifférence, les poiriers de honte, car voilà bien des années que le curé octogénaire n'a plus mis les pieds dans son verger. Même le sorcier, ressuscité, ne pourrait changer le cours des choses.

Il en va ainsi de nos autres vergers. Faute de soins et d'intérêt, les vieux arbres dépérissent et ne sont plus remplacés. Et dans deux générations, l'on trouvera, hélas ! toute chauves nos collines couronnées. Qui, jadis, n'engagea toute sa fierté à planter son arbre pour marquer son passage ici-bas et passer à la postérité le fruit tangible de son travail ?

De nos jours, on achète les pommes du Canada, les poires d'Afrique du Sud, les agrumes des pays méditerranéens. Ne va-t-on pas jusqu'aux antipodes pour y chercher des lychees pendant que nos fruits méprisés pourrissent sous la feuille à deux pas d'ici ?

Et c'est la même indifférence aujourd'hui pour la goutte (*Schnaps* ou *Brandwein*) que chacun distillait chez soi avec amour et plus ou moins de bonheur. Elle accueillait, avec sa transparente hospitalité, tout visiteur, à toute heure de la journée : le facteur, le voisin, le garde-champêtre, Monsieur le Maire, les gendarmes...

Et tout le monde trinquait – même ceux qui n'en buvaient pas chez eux – avec un air de connaisseur, lorsqu'elle était bonne. Pour honorer l'hôte de marque, le père cherchait la bouteille sans âge qui dormait depuis des années dans le fond du placard.

Les réputations étaient faites. Dans certains logis, les bouteilles avaient un avenir assuré pour longtemps, à cause des refus polis et circonstanciés des visiteurs. Les méchantes langues, entr'elles, parlaient de «Spiritus» (alcool à brûler), d'autres, de tord boyaux. En fait, c'était toujours les mêmes sur lesquels s'acharnait le sort pour frelater leur alcool. Avec une constance désarmante, ils recommençaient les mêmes erreurs l'année suivante.

Pour ne point laisser perdre les fruits de leur verger, des vieux distillent encore[1]. Et lorsqu'ils proposent à leur visiteur le verre de l'amitié, ils ne glissent que timidement le Schnaps dans la panoplie de leurs alcools disponibles. Voulez-vous leur faire plaisir ? Alors, choisissez du quetsch ou de la mirabelle, et vous verrez leur visage s'irradier de contentement !

Que de bonbonnes poussiéreuses s'accumulent de nos jours dans certaines caves ou greniers !

---

[1]. La loi locale accorde une franchise de 10 litres d'alcool pur, soit 20 litres de Schnaps aux anciens propriétaires de verger, droit non transmissible qui arrive à extinction.

LA POMME DE TERRE

Elle était à la base de l'alimentation des hommes et des occupants de porcherie.

Se complaisant en sol léger, elle s'accommodait toutefois de nos terres grasses du plateau au prix d'un lourd tribut de travaux harassants, étalés sur la moitié de l'année.

— La terre n'accorde ce qu'il faut pour vivre qu'à ceux qui en sont dignes.

C'est ce que répétait souvent la Rocke Bibi, ma grand-mère.

La Grompa était devenue le remède efficace contre les disettes endémiques d'autrefois. C'est ainsi qu'on la retrouvait dans toutes les potées. Rôtie au saindoux, elle accompagnait l'omelette, le boudin, la viande, se suffisant à elle-même au moment des fins de mois difficiles. Et le soir, en robe des champs, elle s'accommodait de laitages. Pommes de terre en salade en entrée, purée, frites, c'était pour les grandes occasions.

Dès les beaux jours, dans la Fécheraï, au Hanseberg, aux Stènkaïla[1] résonnaient les Hu-Hola-Hott-Har-Houf[2] laconiques qui dirigeaient les attelages. Langage sommaire qui assurait l'indispensable communication entre l'homme et la bête ployant sous le même joug. Derrière la charrue, dont le soc éventrait le sol et dont le versoir ouvrait un large sillon, les femmes déposaient un à un les tubercules et le sillon suivant enterrait la semence du précédent. Chaque journalière œuvrait dans sa section de champ et partait se ravitailler, panier à anse au bras, auprès des grands sacs alignés sur la raie.

L'attelage avançait lentement, dirigé par la longue lanière de cuir qui parcourait un trajet compliqué depuis le cheval de tête jusqu'au conducteur. L'œil rivé en bout de champ, l'autre à ses pieds, pesant sur les manche-

---
1. Nom de sections.
2. En avant-halte-à droite-à gauche-en arrière.

rons, le laboureur corrigeait la trajectoire, évitait la grosse pierre, redressait du talon une motte qui rejoignait sa place, encourageait ses bêtes de la voix et du claquement d'un fouet. Tout se déroulait dans le calme d'un beau jour de printemps.

Les tubercules, qui venaient de quitter la cave obscure où ils s'étaient préparés depuis peu à leur nouvelle sépulture, ne faisaient qu'entrevoir un court instant le soleil de leurs multiples yeux filandreux. Ils gisaient à présent sous les sillons humides qui s'alignaient au cordeau dans ce souci de perfection qui caractérisait nos gens.

Commençait alors, dès que la terre avait séché, cette besogne ingrate et fastidieuse des houes pour écraser les mottes, ameublir le sol, enlever les racines du chiendent et niveler le terrain. Appelé binage, c'était un travail peu édifiant que notre dialecte traduisait par *Blind hacken*, traduction littérale: piochage aveugle. Que cherchaient donc tous ces manants dans une terre nue, récemment retournée, qu'ils remuaient fébrilement?

Dans la glèbe qui s'échauffait sous le soleil printanier, le tubercule germait, une plante encore naine se hâtait, les mauvaises herbes hélas aussi.

C'était à présent la lutte ancestrale de l'homme contre l'ivraie et la crainte qu'une gelée tardive n'anéantisse son travail. Les mêmes acteurs revenaient cette fois avec des pioches pour sarcler des heures et des jours durant. Travail épuisant qui faisait appel de préférence à la main-d'œuvre féminine.

Et le champ voyait une nouvelle fois ses journaliers quand la plante adolescente était buttée. La terre, ramenée autour de son pied, favorisait la multiplication des tubercules. Par temps clément – sans pluies excessives ou sécheresse prolongée –, nos *Grompan*[3] s'apprêtaient à répondre à tous nos espoirs.

Mi-octobre; le brouillard matinal flâne dans la vallée et s'effiloche au travers des rues du village. Mais là-haut, sur la côte où l'on accède par le «Schmétloch», on récolte les patates sous un soleil radieux. L'équipe des journaliers, disposée en ligne, progresse lentement. La journée sera longue et rude pour tous ces dos courbés.

Quelques coups de pioche pour dégager les mauvaises herbes et l'outil s'abat lourdement à l'avant du pied. Une main saisit les fanes, les rassem-

---

3. Pluriel de *Grompa*, pomme de terre.

ble en touffe et hop! une traction, une secousse et les tubercules aveugles se répandent en grappes aux pieds. Il n'y a plus qu'à les ramasser, les rejeter vers l'arrière sur la jonchée, fouiller le trou pour récupérer les égarés, le combler et recommencer.

Jeu d'enfants apparemment! Voir! Mon inexpérience d'apprenti me conduit de découverte en découverte, de maladresse en maladresse. Là où l'œil averti devine la nichée qui a perdu ses fanes, le novice fait un massacre; c'est rageant et ce sont toujours les plus belles que le tranchant décapite. Le père conseille:

— Poursuis à la pioche ce long cordon qui te conduira à une sournoise.

— Inutile de creuser encore, le nid est vide; tes pommes de terre, tu les sèmes dans ton dos! Ajuste ton tir pour trouver la jonchée.

— Range tes fanes bien en ligne, comble mieux tes trous!

Rien n'échappe au regard du père, ni celle qui se cache sous mon pied, ni celle qui est restée accrochée après les tiges. Il sait par avance que cette touffe malingre, chevelue et frisée n'abrite que quelques billes, que telle autre est entièrement stérile. En voilà une, plantureuse, aux fanes encore vertes, qui fait illusion, alors que telle autre, mine de rien, va lâcher une nichée impressionnante. Je n'arrête pas de compter, cherchant dans le trou que j'agrandis démesurément, l'unité qui manque pour battre un record.

Ackersegen, Volkmänner, Indoustry[4], elles n'ont ni les mêmes habitudes ni le même caractère. Celles-ci s'enterrent plus que de coutume, celles-là se nichent loin du nid. Telle variété donne des plantureuses, telle autre des familles nombreuses. A vrai dire, chaque sorte a sa forme, sa couleur d'épiderme, sa chair et son goût particulier. On les connaît bien; songez que, depuis des générations, on replante leurs rejetons!

Notre sol lourd, parfois pierreux, produit une nombreuse population de handicapées et les enfants s'amusent follement de leurs infirmités: poupées à plusieurs têtes, boule difforme avec ses excroissances multiples, chapelet de billes, sœurs siamoises, vessies fripées, grignotées de l'intérieur par le mulot, figurines grimaçantes et, pour qui ne sait pas, une grise sans ride, la mère qui a résisté miraculeusement aux outrages du temps. Quelle débauche d'extravagances!

---

4. Variétés anciennes de tubercules.

Les pommes de terre de la jonchée ont séché au soleil. Quatre femmes passent au ramassage pendant que les gosses, après l'école, arrivent à la rescousse. L'équipe de tête s'occupe des grosses, la suivante des moyennes, celle des moufflets des laissées-pour-compte. Les paniers à double anse remplissent les sacs dont il faut pouvoir identifier ce soir, sans erreur, le contenu. A chacun son signe distinctif, noué au col : une fane pour les grosses, le brin de luzerne pour la semence, pas d'étiquette pour les petites.

Le soleil, à présent, commence à enfourcher la colline et embrase le couchant. Recru de fatigue, le dos cassé, on rassemble ce qui reste de force pour descendre en silence la côte, une charge de feuilles de betteraves sur les reins. Perdu dans son rêve, chacun pense déjà à tout ce qui l'attend encore au logis. Seuls dans le champ, deux journaliers, préposés aux sacs, attendent l'attelage dont les cahots du chemin annoncent l'arrivée. Les ombres s'allongent. Debout par groupes de trois ou quatre, les sacs grandissent avec l'obscurité.

Le chariot est à pied d'œuvre. A chaque extrémité du sac, deux mains soulèvent la charge, la balancent, ho ! hisse ! et la projettent à l'emplacement prévu. Au tas suivant. Le véhicule s'alourdit après chaque halte et s'enfonce un peu plus dans la terre ameublie. Quatre braves bêtes, muscles saillants, yeux flamboyants, bave autour du mors, soufflent avec force des jets de vapeur à travers leurs naseaux humides. Le chariot s'ébranle et gémit dans toutes ses jointures. Bêtes et gens s'en retournent lentement et s'enfoncent dans la nuit. L'Angélus les accueillera à l'arrivée et la lune les narguera par-dessus les toits.

L'adolescent que j'étais alors participait à la récolte domestique. Je garde le souvenir de ces années pluvieuses où, le sac servant d'imperméable, on pétrissait la glèbe pour sortir un tubercule gluant qui filait entre les doigts. La pioche travaillait une pâte épaisse qui collait des sabots de glaise tenace (Klompen) après nos galoches cloutées. Le travail n'avançait guère. Je piochais sans lever le nez, m'étant fixé un objectif pour la première heure. Que j'étais loin du repère prévu sur la raie et qu'il était long ce champ qui épuisait nos forces et que nous quittions, transis et boueux, pour y revenir durant des lendemains sans changement !

On attendait l'éclaircie durable qui sècherait la jonchée. Pauvres mains de gamins qui frottaient alors pour décaper une gangue rêche, collée au tubercule.

Dans l'obscurité, le chariot dételé attend devant notre porte. Je suis là-haut sur le chargement, redressant le sac, le dénouant, annonçant la couleur au père qui le charge sur le haut du dos et l'emporte à la cave. Une flexion et les tubercules croulent dans l'un des trois compartiments aménagés pour les accueillir selon leur grosseur.

Soudain un juron vient de la cave. Ça y est! C'est arrivé! Le sac des petites est déversé dans le box des grosses. Auquel des deux la faute? On ne le saura jamais.

AUTOMNE EN PRAIRIE

Sous le soleil de septembre aux ardeurs déclinantes, le regain dru et égal termine sa lente croissance, sagement et sans hâte.

Rien de comparable avec cette folle opulence des graminées de juin, quand le bruit répété du premier marteau faisait rapidement tinter le village entier du chant des faux. La modeste toison de velours sombre, en ces jours qui raccourcissent, attend dans l'incertitude son destin, pendant qu'au village on consulte longuement le coq du clocher, un mur qui transpire, un rhumatisme fantasque et que l'on songe avec quelque inquiétude à ces automnes pourris où les meules noyées d'averses répétées, les pieds dans l'eau, n'échappaient point à la moisissure et s'en allaient pourrir sur quelque décharge.

A chacun de prendre sa propre responsabilité. Les hésitations se traduisent en damiers sur la prairie. Ici, les cases vert foncé des indécis, là, les parcelles verts pâle tondues par les optimistes dans la précipitation. Qui aura fait le bon choix ? En ces jours d'automne où la rosée s'en va tard et revient tôt, le temps est compté pour les faneuses qui éparpillent, retournent, ramassent, recommencent le lendemain et les jours suivants, sous un soleil sans vigueur, jusqu'à ce que la toison crépue et légère comme une plume bruisse sous le râteau. Elles se hâtent en silence comme si la mauvaise saison était déjà à la porte. Criquets et sauterelles se sont tus et déjà quelques souris recherchent l'abri des meulons chétifs qui se sont frileusement recroquevillés durant la nuit.

Les voilà, remontés pour l'ultime fois, les *Hauschten*[1] attendant le chariot à ridelles avec simple attelage.

Le temps vient de fraîchir brusquement et le vent s'est levé. La fourche à regain, malgré sa double mâchoire, a du mal à maîtriser l'herbe courte, bouclée, insaisissable. Et le vent taquin d'automne folâtre avec la fourchée

---

1. Tas de foin appelés meules ou meulons suivant leur grosseur.

chevelue, essaimant sur sa trajectoire la toison crépue qu'il effiloche en queue de comète. Il n'y a que les gosses pour s'amuser à courir avec le râteau à la poursuite de l'herbe folle, alors que le charretier peste contre ce regain qui lui coule entre les bras.

C'est que l'heure n'est plus aux lourdes charretées ventrues bravant les lois de l'équilibre. Deux ou trois *loh* de duvet léger et frisé, récolté sur plusieurs fauchées, débordent à peine sur les ridelles et fuient le chariot dans les cahots du chemin. Que de modestes chargements traversent le village en pleurant de misère à la suite d'un été trop sec ou d'un automne trop pluvieux !

Le long de la rivière commence l'intarrissable bruissement des grands peupliers dont les feuilles jaunies prématurément virevoltent et chuchotent dans le vent. Du haut de leur cime altière, les géants contemplent ces humains minuscules qu'ils voient besogner depuis des décennies au ras du sol.

A présent, les troupeaux prennent possession de la prairie. « De notre temps, disaient les vieux, c'était la cloche de l'appariteur qui ouvrait la vaine pâture une fois la dernière charretée rentrée. » Aujourd'hui, on n'attend plus les retardataires, toujours les mêmes, fâchés avec la météo qui a bon dos.

Et me voilà redevenu pâtre d'automne avec une dizaine de bêtes à cornes — vaches et génisses de notre laboureur — auxquelles se joignent nos deux chèvres primesautières qui font bon ménage avec les gros ruminants. Ce sont d'ailleurs de vieilles connaissances qui se retrouvent chaque automne.

Les bêtes connaissent le chemin ; elles descendent la rue comme d'habitude, se rassemblent autour de la fontaine, hésitent un instant à y tremper leur mufle chaud en cette heure inhabituelle et ne s'attardent guère. La route vers l'étable barrée, elles tournent sans difficulté leurs cornes vers le bas et s'en vont de leur pas placide là où les mène leur instinct.

Les voilà, pour quelques centaines de mètres, sur la grand-route où elles affirment crânement leur privilège de premier usager. Au diable ! ces guimbardes qui viennent troubler sporadiquement leur progression. En 1935, la camionnette poussive, une Ford, du dépositaire de la bière de Fontoy fut la première à recevoir droit de cité au village. Ce fut ensuite la vieille limousine C4 du boulanger qui chargeait les miches à la place des passagers. Pas de qui pavoiser face au troupeau arrogant.

Le croisement se passe dans l'indifférence ; le véhicule s'arrête, le troupeau s'étrangle, s'étire vaille que vaille, une grosse panse frôle la carrosserie, une queue sournoise fouette une portière. Le dépassement pose des problèmes, surtout quand plusieurs troupeaux se sont amalgamés. Les bêtes cabochardes n'entendent pas céder la chaussée ; cris, coups de trompe et de trique finissent par avoir raison de l'entêtement d'une masse pansue difficile à mettre en formation linéaire. Et lorsqu'enfin l'automobile croit le passage dégagé, elle trouve devant elle une de ces bêtes stupides en tête du peloton qui, affolée, cavale lourdement en milieu de route devant le véhicule pétaradant. Il faut dire qu'à l'époque, l'auto balbutiante n'avait pas encore trouvé sa voie, alors que la corporation de nos petits pâtres frondeurs, sourcilleuse sur son prétendu droit, ne montrait aucune bonne volonté pour cohabiter avec elle.

A la «Rockemauer» le troupeau emprunte le chemin poussiéreux qui descend vers les prés. A nos yeux d'enfants, la prairie semblait immense ; elle l'était en vérité dans notre pays de collines. Une demi-douzaine de localités lui tressaient une couronne de toitures rouges et de clochers d'ardoises. Le ruban blanc de la Nied coupait le bassin en son milieu. Le cours capricieux de la rivière fut modifié, voilà plus de cent ans déjà, par les hommes pour assurer un meilleur écoulement. On l'amputa de trois méandres raccordés par un étroit cordon ombilical au nouveau tracé. Travail titanesque pour l'époque qu'évoquait souvent la Rocke Bibi, ma grand-mère.

Ces trois boucles constituaient la *Alt Nit* ou Vieille Nied. Alimentées par des fossés, elles se remplissaient à ras bord en période de crue, libéraient doucement une partie de leurs eaux à l'étiage, s'asséchaient par été trop sec, ne conservant qu'une eau croupie dans les fosses d'antan. *Gehannesecken*, *Weidewinckel* et *Totenkopf*, ainsi s'appelaient ces bras morts, domaine du roseau, de la vase, du rat musqué, des nids, des gîtes de lièvre et d'une population de saules et de peupliers.

A présent, les troupeaux prennent possession de leurs territoires respectifs. Regroupés sur les *Atzingen*, ils migrent au fil des jours vers le *Schlachborren*, la *Grosskaul*, etc., à mesure que la pâture s'épuise. Les petites vieilles, qui n'ont que leur unique bête, s'isolent avec leur tricot dans un endroit peu éloigné, les filles, qui fuient les pâtres turbulents, ne se hasardent pas trop près de la rivière.

Commence alors une longue attente dont il nous faut meubler la monotonie alors que les bêtes, bien sages, ne se livrent pas encore à quelque facétie. Les distractions ne changeaient guère d'une génération à l'autre. Entre des saules rapprochés, deux branches rabattues et nouées forment une balançoire rustique où les plus hardis se mettent debout et sautent le fossé en plein élan. Exercice plus périlleux, celui du parachute ! Grimpez donc tout au sommet d'une branche bien verticale, lâchez vos jambes ; la branche vous ramènera tout doucement en un large demi-cercle sur la terre ferme.

N'est-ce pas grisant, excitant ? Sous réserve d'avoir fait un choix judicieux : si la branche est trop grosse, la trajectoire se stabilise entre ciel et terre, trop fine, c'est la chute rapide, souvent brutale.

J'ai fait partie de ces pâtres malheureux dont le parachute s'est mis en torche (la branche pète dès le départ) et qui se sont retrouvés, une jambe plantée dans la vase du fossé, l'autre sur la terre ferme, avec une belle entorse. On n'est pas fier alors de sautiller à cloche-pied jusqu'au chemin, de se retrouver au fond d'un *Wänchen*, qui vous conduit entre les mains puissantes et crasseuses du père Adam, forgeron à Bouzonville et rebouteux à ses heures. Je ne souhaite à personne de passer par les doigts experts du bonhomme et j'espère qu'il ne léguât pas sa science à sa postérité.

Nos tentatives infructueuses de braconnage avortaient, faute de posséder l'expérience du vieux Chillès dont nous essayions de percer les secrets. Nos rudimentaires lignes de fond, farcies d'hameçons aux gros vers, fixées aux racines immergées d'un peuplier nous laissaient bredouilles. Quel émoi lorsqu'une anguille s'y accrocha un jour ! Rôtie sur la braise, personne n'y toucha. Les nasses du Chillès, découvertes au hasard de nos recherches, étaient toujours vides ; il les relevait bien avant notre arrivée et notre modeste attirail de pêche (branche de saule, fil de bobine, épingle recourbée) n'a jamais trompé que quelque ablette étourdie. Pourquoi notre maître, pêcheur émérite, ne nous enseigna-t-il jamais une science que nous aurions pu facilement assimiler ?

Mais que devenaient, pendant ce temps-là, nos troupeaux dispersés ? Il fallait périodiquement battre le rappel, regrouper les bêtes, régler à coups de trique les problèmes de mauvais voisinage, enfourcher la génisse égarée. Périlleux exercice qui tournait régulièrement à la confusion du cavalier.

Nos petites natures frustes n'étaient pourtant pas étrangères à la poésie de la rivière. C'était la pierre plate qui fuse à la surface de l'eau et y laboure son sillon frangé d'argent, le jonc qui frémit, mystérieusement secoué à sa base, la feuille qui rame à contre-courant, le vol gracieux d'une libellule diaphane, le ploc ! d'un poisson invisible qui happe la mouche imprudente au centre d'une spirale, l'envol soudain d'un couple de canards, la contemplation de l'eau claire et paisible dont le miroir renvoie le paysage en profondeur, l'écoute de tout un fourmillement de vie dans les berges, que sais-je encore ? Mais il fallait s'isoler pour apprécier tout le charme de cette nature aquatique.

Voilà que le temps est à la pluie. Notre instinct atavique nous transforme en bâtisseurs. Tâche ardue que de construire avec des branches, des roseaux, des joncs, de l'argile, une hutte élaborée. La main-d'œuvre est réquisitionnée et, pour la circonstance, de nombreux troupeaux sont regroupés dans le Weidewinckel, cette boucle naturelle du bras mort dont il suffit de surveiller l'unique issue étroite. Les vaches seront bien gardées. Voir ?

Poussée par la soif ou par une de ses compagnes, une vache s'est enlisée dans le lit marécageux. Engluée jusqu'au cou, ses yeux suppliants appellent à l'aide. En un éclair, la prairie est en émoi et l'inquiétude se propage aux troupeaux, mufles en l'air. Même les crapauds se sont tus.

A qui est la bête méconnaissable ? Chaque pâtre vérifie fébrilement son effectif. Tous connaissent la consigne impérative: donner l'alerte au village, éviter d'effrayer la bête; attendre sagement. Les secours arrivent. Le nœud coulant d'une corde solide, lancée comme un lasso, emprisonne les cornes après quelques essais infructueux. « Doucement, Fany, doucement. » Et la brave jument sort de sa fange un animal préhistorique aux allures de petit hippopotame.

Ce soir-là, on en parlera dans les chaumières et cette nuit-là, dans ses rêves, un malheureux pâtre ne cessera de compter et de recompter les bêtes de son troupeau.

Nos troupeaux paissent à présent à l'extrémité du finage, sur la «Lach», pâture située sur la rive droite du Lachgraven, cet étrange ruisseau issu de sources intarrissables. Son débit régulier en toutes saisons ne connaît par les colères de la Nied. A certains endroits, il s'évase, Dieu sait pourquoi, en larges bassins qui lui donnent alors des allures de rivière paisible et mystérieuse. Sous la dense frondaison des saules qui se referment sur lui, ses eaux de plomb, aux reflets métalliques, semblent insondables. Il se rétrécit de plus en plus puis s'étale à la *Faht*, pour permettre aux attelages de le franchir à gué.

C'est ici le domaine par excellence des vieux saules étêtés régulièrement par nos gens ou par des vanniers de passage. Leurs gros troncs éclatés et évidés avaient enfanté autrefois, dans la douleur, le petit frère ou la petite sœur, venant ainsi en aide aux tabous d'une époque où la procréation ne s'expliquait pas. Nous nous cachons dans leur tronc creux les jours de grand vent, y retrouvant la sécurité douillette de nos origines. Souvent il ne leur reste plus qu'une plaque d'écorce; mais, coriace, leur moignon vénérable rejette, à chaque printemps, une couronne de feuilles argentées. Et dans la cavité de leur pied ils abritent encore une touffe d'orties ou un groseiller sauvage. Il n'en reste plus guère, de ces saules indestructibles; ils se sont laissés dépérir depuis que les femmes leur ont fait l'affront d'enfanter.

La saison s'avance. Qui ne connaît ces matinées laiteuses où la brume argentée rampe insidieusement dans la prairie, refoule progressivement un soleil sans force et installe, pour toute la journée, une bruine pénétrante. Mais il y a aussi les matins de brouillard épais où le vent subitement vient à la rescousse et balaye devant un soleil blafard qui, peu à peu, reprend quelque assurance.

Fin octobre ramène les grues ; elles naviguent à vue au-dessus de la rivière et remontent la vallée. Leur formation se dirige lentement vers le sud-ouest, comme des bombardiers au retour de mission dont les traînards ont du mal à suivre le train en queue de peloton. Et leurs cris rauques se répercutent encore dans la vallée alors que leur formation n'est plus qu'un point noir à l'horizon.

Ce matin, au-delà du gué, l'assemblée des colchiques tient sa réunion sur la Fentlach dans un somptueux décor rose pâle. On les dit vénéneuses ; alors nos baguettes flexibles tranchent les calices dans un sifflement rageur. Le lendemain, d'autres, nées dans la nuit, les remplacent dans la constellation étoilée.

Panses gonflées, pis ballants, les troupeaux s'en reviennent à la tombée de la nuit, traînant dans leur sillage une odeur de lait frais. Depuis plusieurs jours, un vent infatigable bouscule les nuées et rend les retours ruisselants. Demain peut-être, un autre troupeau sera défaillant.

Le temps est hostile, l'herbe rare. Et bientôt, dans un coin proche de l'immense prairie vide, il ne restera plus que la chèvre ou la vache de ces braves gens dont les fenils pleurent d'indigence.

L'ÉNIGMATIQUE POIRIER

Il faisait partie de cette demi-douzaine de géants solitaires qui bravaient le temps et parsemaient le plateau au gré du hasard. Là, c'était un noyer, ailleurs, un chêne, ici, c'était le poirier des Kosaken, lieu-dit situé en bordure de forêt. La légende rapporte que les Cosaques y dressèrent leur campement au moment de la défaite napoléonienne; et le cadastre établi pour la première fois dans notre commune en 1836, officialisa le nom de «Kosaken» attribué à la section.

La terre y était lourde, ingrate, toute de glaise verte qui usait les bras pour un maigre rapport. On s'y disputait jadis les parcelles que la commune louait pour un prix dérisoire. Que de gens ont peiné là, autrefois, pour survivre grâce à quelques lopins de terre communale que des générations successives avaient améliorés insensiblement!

Il n'y avait nulle raison plausible pour que poussât, en cet endroit, un poirier. On sait, depuis La Fontaine, que les corbeaux volent les fromages. Il n'est pas exclu que l'un d'eux n'égarât en ce lieu les pépins d'une poire dérobée. A moins que, légende dixit, cette poire ne tombât de la besace d'un Cosaque qui la traînait avec lui depuis sa lointaine Russie.

Toujours est-il qu'une pioche charitable épargna le rejeton qui grandit rapidement. Effectivement, ce n'était pas un poirier de chez nous. Robuste au-delà de toute espérance, majestueux avec l'âge, ce bâtard ne donnait qu'un fruit chétif, presque rond, dur comme son bois, avec peu de jus et point de saveur. Notre poirier ne s'en souciait guère et cultivait d'autres ambitions.

A cent pas de là, un modeste fossé accusait le pli du terrain; en plein été, son filet d'eau claire conservait au frais les bouteilles qui désaltéraient les gosiers brûlants. Il traçait une frontière hésitante entre les Kosaken sur sa rive droite et le Wasem sur l'autre. C'était d'un côté la terre des pauvres où l'on peinait à deux, de l'autre celle des riches, fertile et généreuse, où s'affairaient des équipes de journaliers. La nature a parfois de ces caprices!...

Le géant solitaire régnait là sur tout un monde de besogneux. Les travaux saisonniers vidaient le village de tous ses habitants valides et le plateau se changeait en ruche bourdonnante où s'activaient les hommes et les bêtes.

On se hélait d'un champ à un autre lorsqu'on n'était pas encore fatigué. Aux cris de la jeunesse répondait l'alouette et le coucou. Les hu, hot, har dirigeaient les attelages aux cliquetis de chaînes et aux craquements d'essieux. Et le fouet s'écoutait dans son écho renvoyé par la forêt.

Pour le profane ou le peintre, quel merveilleux tableau pastoral baigné de lumière, quelle beauté grandiose où s'amalgamaient, dans un parfait équilibre, la nature, les bruits, les acteurs! Les parcelles d'un «demi-jour» ou plus s'ordonnaient dans un décor de marquetterie où les ors des céréales se mariaient aux verts nuancés des trèfles, luzernes, pommes de terre et betteraves.

Mais au-delà de ce tableau poétique, il y avait tous ces dos courbés qui vivaient là la réalité du quotidien. Qu'elles paraissaient sans fin, ces bandes étroites de champs de betteraves ou de tubercules à piocher! L'équipe des hâlettes blanches avançait sur une ligne, pliée en deux, dégageant le plant de l'invasion des mauvaises herbes. Mais attention! Chaque coup de pioche risquait de mutiler la plante.

Ce jour-là, l'équipe était mixte; les femmes appréciaient la présence de ces hommes rudes qui apportaient leur brin d'humour et de galanterie aux champs. A eux les raies au sol durci, domaine des épines, des ronces et du chiendent. On connaissait ceux dont les histoires drôles amusaient et dont les piquantes parvenaient même à dérider «des graines de puritaines».

En face, les champs des Kosaken étaient de dimensions plus réduites. Mais l'on y travaillait seul – l'homme relayant la femme après son travail d'usine – parfois à deux. Qu'il semblait lent à grignoter ce champ ingrat, lorsque le soleil tombait d'aplomb sur les reins et que les forces commençaient à décliner.

Imperturbable, notre grand poirier n'avait point d'état d'âme. Il repérait le premier la blanche hâlette annonçant la silhouette familière flanquée du grand panier à provisions et de l'énorme cruche. Elle avançait dans les chemins creux, disparaissait derrière une haie ou un talus, jouait à cache-cache avec les accidents du terrain. Midi s'annonçait au creux des estomacs. Les journaliers se rassemblaient à l'ombre du grand solitaire pendant que la marmaille courait au-devant du cabas qui allait leur coller tout à l'heure des moustaches blanches de crème fraîche sur leurs frimousses gourmandes.

Pour les petits, le géant était le repère, le compagnon à rallier lorsque la découverte du monde les avait entraînés au loin. Parfois une maman y venait allaiter son bébé ou calmer des ardeurs belliqueuses puis s'en retournait à pas pesants vers son lopin de terre ou rejoignait son équipe au travail.

En automne, lors de la récolte des pommes de terre, on mâchouillait ses fruits durs qui lâchaient un jus dérisoire tel une nourrice en mal de lait. Combien de générations ont ainsi trouvé à l'ombre de son feuillage la fraîcheur d'un midi brûlant ou l'abri hospitalier de nos étés orageux et de nos automnes pluvieux!

Et lorsque nos besogneux quittaient son territoire pour d'autres lieux, la nature reprenait ses droits. Tout un monde à plumes reprenait possession de son feuillage et, en certaines périodes, au petit matin, les marcassins attendaient là les adultes partis ravager quelques champs des environs.

Mais déjà étaient en gestation d'imprévisibles bouleversements qui allaient décider du destin du vénérable poirier.

MUTATIONS

La civilisation industrielle allait modifier radicalement le paysage familier de nos campagnes durant ce XXe siècle. La mutation s'opéra en deux phases, entrecoupées par la guerre de 1939-1945.

Dès le début du siècle, notre petit coin de Lorraine bénéficia d'une situation géographique privilégiée. A mi-chemin des bassins du fer et du charbon (Thionville, Merlebach, Dilligen), la construction de lignes ferroviaires le relia à ces trois pôles d'activités ainsi qu'à Metz. Ce désenclavement devint effectif avec l'inauguration de ces lignes en 1883, 1901, 1908. Comblée par la chance, la petite ville voisine et toute sa région bénéficièrent de l'implantation d'une importante entreprise industrielle, les Etablissements Delattre et Frouard en 1906.

Dès lors, nos journaliers se muèrent peu à peu en ouvriers d'usine, en mineurs de fer ou de charbon, abandonnant progressivement quelques-unes de leurs activités ancestrales.

On s'abrita derrière une relative aisance pour supprimer qui la chèvre, qui la vache; et les fumiers, sur l'usoir, rétrécirent comme peau de chagrin. Le cochon trouva grâce pour l'heure; la dernière guerre lui sauva momentanément la vie, prolongeant de cinq ans son existence. Les Kosaken retournèrent progressivement à la friche et furent livrés aux ronces et aux buissons. Les paysans pleuraient les bras qui commençaient à manquer et tel ladre ou arrogant assistait, impuissant, à la fuite d'une main-d'œuvre bon marché. Dans certaines chaumières, les familles nombreuses n'étaient pas toujours le fruit du hasard. Alors que le manouvrier comptait sa progéniture en bouches à nourrir, le laboureur l'évaluait en bras à travailler.

Mais en fait, qui trouvait son compte à cette situation nouvelle? Nos journaliers, mués en ouvriers, devenaient ouvriers-journaliers et le travail d'usine se prolongeait par les travaux domestiques et champêtres. Les journées étaient longues et une nouvelle forme d'esclavage commençait pour satisfaire des besoins nouveaux correspondant à des revenus améliorés.

Nos parents, un peu masochistes, rivés à leur glèbe par atavisme, réagissaient à l'instar de ces cancres d'école qui, devenus adultes, trouvaient une morbide satisfaction à l'évocation des raclées distribuées autrefois par le maître. Ils s'accrochaient à leur terre et, plus elle était ingrate, plus ils la trouvaient attachante.

Combien de fois n'ai-je pas entendu mon père, exaspéré par des tâches multiples et exténuantes, jurer ses grands dieux que – c'était fini – qu'il en avait plein le dos – que le travail d'usine était bien suffisant – que durant l'année à venir on condamnerait la chèvre, puis l'on occirait le cochon. Et dans ses plus mauvais moments, il finissait le carnage en saignant les lapins et en tordant le cou aux poules. Sanglant programme qui faisait sourire maman, dubitative ! C'était le rêve de Perrette à rebours qui achoppait chaque fois sur l'instinct d'enracinement à la terre. Etait-il possible de vivre sans elle ? C'était encore prématuré.

Ainsi s'achevaient les cinquante premières années de ce siècle durant lesquelles les choses évoluaient en douceur et de lentes mutations s'accomplissaient au rythme d'une nature jamais pressée.

Durant la période d'après-guerre, on allait assister à un rapide et total bouleversement des structures de la société rurale et des méthodes de culture.

– La guerre avait changé les mentalités en brassant les hommes.

– La prospérité économique réclamait des bras de plus en plus nombreux.

– Les conditions de travail, les nouvelles lois assurant la couverture sociale, les salaires en nette progression attiraient le gagne-petit de nos villages.

– La mécanisation introduite dans les campagnes libéra de nombreux bras. Autant de facteurs qui vont accélérer le processus de reconversion de nos ouvriers-paysans.

« Adieu, veau, vache, cochon, couvée. »

Le compte à rebours, déjà timidement engagé avant-guerre, allait se poursuivre à grands pas. Nos gens, désormais pragmatiques et réalistes, coupèrent leurs racines d'avec la terre et procédèrent au démantèlement de la petite exploitation personnalisée, adaptée aux besoins élémentaires de chaque foyer.

Après la vache et la chèvre, on fit le vide dans nos porcheries en supprimant délibérément cette industrieuse usine convertissant la pomme de terre en jambons savoureux et en lard épais. C'est ainsi qu'on déboulonna la statue de Parmentier, roi du tubercule. Pendant deux siècles, « la patate » avait fourni une solide assurance à nos logis en garnissant les caves et en imposant sa présence journalière sur les tables et dans les auges. Le plus gros consommateur éliminé, les champs de pommes de terre, qui coûtèrent tant de sueur, disparurent du paysage; un carré de jardin suffisait dorénavant à la nouvelle demande. Et l'on consomma désormais les côtelettes de rachitiques gorets d'élevage qui ne connaîtraient jamais le goût des eaux de vaisselle mélangées à la patate farineuse, vitaminées à l'émincé d'orties et la râpée de betteraves.

Un beau jour, un arrêté préfectoral (excusez du peu!) priva nos poules de la libre circulation dans la rue et sur le trottoir. Où aller lorsqu'il n'y a plus de fumier? – se faire écraser par les bicyclettes et les autos et, pour comble, se faire traiter de tête de linottes! On en voulait même au coq dont le clairon avait trop de décibels pour des oreilles nouvellement embourgeoisées; ne troublait-il pas les sommeils légers au petit jour?

Les canards clopinants, mal à l'aise sur la terre ferme, devinrent interdits de séjour dans la Bach lorsqu'un conseil municipal antipalmipède décida de la couvrir dans toute sa traversée du village. Leur assemblée nasillarde protesta maladroitement; rien n'y fit. Et le monde emplumé disparut de l'usoir avec les fumières au nom de principes nouveaux appelés hygiène et sécurité.

Et nos lapins? Inquiets dans leurs clapiers grillagés, ils se rendaient bien compte que leur voracité d'herbivores les desservait dans ce monde de récents affranchis qui ne savaient plus battre une faux et préféraient manger un râble sous cellophane. La soi-disant crainte de la myxomatose fut une excuse bien hypocrite pour justifier leur extermination!

Nos vieux greniers se vidèrent à l'exemple des caves inutiles et le peuple des souris en fut réduit à s'expatrier, condamnant au chômage Raminagrobis et les siens.

Il restait à nos terriens, qui finissaient d'être des ruraux mais n'étaient pas encore des citadins, leurs quelques lopins de terre dont ils gardaient jalousement la propriété par respect pour leurs ancêtres qui les avaient imprégnés de leur sueur. Et puis... qui sait?... la guerre l'avait prouvé... Un lopin de terre ne remplace-t-il pas avantageusement les cartes d'alimentation en période de rationnement?

Et pendant ce temps, que se passait-il dans les prés et dans les champs?

C'est en 1953, à la ferme Cridlig, qu'on vint admirer pour la première fois cette mécanique haute sur pattes qui, tel un insecte d'une autre planète, allait proliférer et devenir l'esclave des temps modernes. On la vit chalouper dans un de nos chemins cahoteux puis retrouver toute son adresse lorsqu'elle arriva à pied d'œuvre. Pourvu d'une force aveugle et brutale, elle fut la vedette ce jour-là. « Il va nous gâcher not' métier » disaient, incrédules et méfiants, nos vieux qui lorgnaient avec inquiétude ce nouvel engin qui prétendait tout faire. Il fit pire que ça ! Il supprima la race des paysans, réduisant la multitude « des bouseux » à une sélection de chefs d'entreprise. Il lamina aussi la race des manouvriers. Et là où tout un village vivait de la terre – laboureurs, journaliers, artisans – , il ne subsiste aujourd'hui que deux exploitants agricoles.

A ses modestes débuts, le tracteur se contenta, comme l'indique son nom, de traîner charrues et chariots. A mesure qu'il grandissait, il réclamait sans cesse des charrues plus performantes, des bi-tri-quadri-socs. Nos chariots cerclés de fer, devenus subitement archaïques, grinçaient et gémissaient comme des rhumatisants derrière la mécanique inhumaine. Le couple ne pouvait durer ! Méprisant le travail de fourmi, notre tracteur finit par tailler à l'emporte-pièce des pans entiers dans l'espace parcellaire du ban communal sans se soucier ni des bornes ni des titres de propriété. On lui adapta peu à peu une gamme de plus en plus complexe d'accessoires pour éventrer, herser, faner, charger et décharger, asperger, essaimer, sarcler, biner, cueillir, récolter, que sais-je encore ? Travailleur infatigable, il savait effectivement tout faire, bousculant dans sa frénésie de tâcheron, tout un mode de vie.

Insensible à la beauté du paysage, peu soucieux de la préservation du patrimoine naturel, le monstre délirant fit le vide autour de lui. Il supprima toute cette animation joyeuse qui régnait aux champs, allant jusqu'à commettre le sacrilège d'en expulser les fiers attelages traditionnels qui avaient défié les siècles.

Revenu au pays après trente années d'absence, quelle ne fut pas ma surprise de voir les chaumes de nos blés alignés comme à la parade sous le soleil de midi ! Les lourds épis se plaignaient de leur solitude dans l'uniformité de leur environnement. Pourquoi, à leur pied, s'est éteinte la flamme du coquelicot ? – où s'est dissipé l'azur des bleuets ? – que sont devenus les clochettes du liseron, la bourre des chardons, la vesce lascive et le pissenlit prolifique ? Le poison sélectif a détruit ces compagnons de jadis et les épis s'ennuient au sommet de leurs chaumes.

Et j'ai vu de vastes champs, peints en jaune moutarde, d'autres, d'un vert inconnu où – fait inhabituel sous notre ciel lorrain – une plante atteinte de gigantisme dressait sa tige cannelée et cachait sous de longues feuilles un gros épi incapable de grimper au sommet de son chaume. Le colza et le maïs avaient obtenu, depuis peu, droit de cité. Mais où étaient donc passés nos champs de pommes de terre, de betteraves, de trèfle, de luzerne et de sainfoin ? La question s'adressait au père Berveiller et à son fils. Le premier haussa les épaules, lançant un regard furtif vers le second qui, laconique, résuma sa réponse en deux mots : rendement, rentabilité.

Où se nichaient donc ces sentiers tortueux de mon enfance où la jeunesse batifolait gaiement sur le talon des tâcherons qui montaient la côte, les précédant lorsque, fourbus, ils étaient sur le trajet du retour ? Alors, j'ai suivi les chemins défoncés par les tracteurs dont les grosses roues inquiétantes creusent des ornières profondes.

Et j'ai retrouvé le *Schäferborren*, ce fossé issu de source vive où vermiculait, il n'y a pas si longtemps, toute une faune aquatique. La nature, livrée à ses caprices, y faisait assaut de créativité pour y étaler toute la munificience de son art floral et sur les berges couvertes d'une végétation luxuriante, les herbes folles disputaient l'espace aux fleurs opulentes. Nous revenions de ce petit paradis avec des brassées de marguerites, coucous, reines des prés, angéliques, cardamines et combien d'autres encore.

C'est là que nous allions chercher nos trésors pour compléter la *Wesch*, ce bouquet hybride dont la tradition fixait les composants : deux oignons cuivrés, quelques épis de blé et de seigle, un brin de menthe et puis des fleurs des champs à tiges ligneuses pour assurer un maintien rigide. Cette *Wesch* était le symbole de la fécondité de la nature à la fois sauvage et domestiquée. Nous la faisions bénir par Monsieur le Curé durant les vêpres de l'Assomption.

Hélas ! là où il y avait autrefois une véritable coulée d'explosion végétale, n'existe plus qu'un filet moribond d'une eau nue et triste, incapable d'engendrer la vie, car polluée par le cheminement insidieux du poison.

Je ne suis pas tombé en arrêt, ce jour-là, ni un autre d'ailleurs, devant l'imprévisible levée d'une compagnie de perdrix dont les battements d'ailes claquaient comme autant de gifles et lançaient la troupe en rase-mottes dans une fuite éperdue. Si le plomb du chasseur est souvent meurtrier, il laisse une chance ; mais le poison est impitoyable et destructeur.

Par hasard, je fus témoin d'une scène pathétique qui se joua dans le creux d'une raie. Là où la faux attentive aurait fait un brusque écart pour éviter le drame, la machine implaccable avala et emballa sans scrupules le levraut dans son gîte.

Les perdrix ont disparu, les lièvres se font rares, les escargots sont en route depuis longtemps vers une terre plus hospitalière et les grenouilles ont du mal à trouver une mare à têtards. Mais arrêtons ici ce massacre en coulisse, lourd tribut payé au progrès inexorable.

J'ai enfin recherché, et cela ne vous étonnera sans doute pas, cette demi-douzaine de géants si attachants qui parsemaient le plateau. Devenus des gêneurs, ils sont tombés sous la chaîne de la tronçonneuse. Seul l'énigmatique poirier des Kosaken fut épargné et leur survécut. Puis un jour il disparut sans laisser de traces.

C'est ainsi que sa mort restera tout aussi mystérieuse que sa naissance.

GLANES

Le monde des petits
Espiègleries
Expéditions lointaines
Joies de l'hiver
Fête patronale
Fontaines
L'auberge de la Marie God
Les juifs de chez nous
La mort du grand-père
Il était une fois

LE MONDE DES PETITS

Intéressés très tôt par tous les métiers, les petits boivent des yeux les gestes des adultes, impatients de les imiter.

Rien n'échappe à leurs regards curieux, ni à leurs oreilles faussement innocentes. Leur vivacité, leur félinité naturelle leur procurent ce don d'ubiquité qui agace tant leurs aînés lorsque ceux-ci les trouvent partout et surtout là où il ne faut pas. Habitués dès l'école à se rendre utile, tout leur paraît jeu et amusement avant d'être corvée.

— Toutes les bouches à nourrir doivent gagner leur croûte, disait le père mi-sérieux.

Il me confiait, chaque samedi, la délicate mission de nettoyer son vélo. Au bout d'une année, il était aussi neuf qu'au premier jour. Les instructions étaient suivies à la lettre : étaler la vieille couverture, retourner la bicyclette pour la faire reposer sur la selle et le guidon, nettoyer au chiffon imbibé de pétrole, finir avec celui humecté d'huile, graisser la chaîne, les moyeux, le frein à main. Quel plaisir de voir tourner les roues à vide pour contempler l'éclat de leurs rayons sous le soleil ! Restait à curer le réservoir à carbure de la lampe, à le recharger, à remplir celui de l'eau et tout finissait par un petit tour fait en douce, en équilibre, une jambe sur la pédale.

— Pas question de faire le mariole à ton âge sur un vélo tout neuf, disait le Jean.

A mon grand regret, il resta neuf trop longtemps.

Journée chargée que celle du samedi ! C'était le jour du nettoyage à grandes eaux. Quand maman m'avait sous la main, elle m'envoyait à la fontaine proche avec deux seaux que je ramenais, ras bord, en deux ou trois étapes. J'en perdais une bonne partie en route, tout fier d'être un petit hercule, tout penaud sous la claque parce que je nageais dans mes chaussures.

Quand tout allait bien, chacun en avait deux paires : celles de la semaine et celles du dimanche. Devant la porte, alignée sur le banc de vieux chêne, la demi-douzaine qui n'était pas de service attendait son petit cireur. Les grosses godasses, décrottées à la brosse à chiendent et au vieux couteau, se gorgeaient de graisse, les souliers et les bottines de maman étaient passés au cirage et lustrés au chiffon.

— Et que ça brille, disait la mère.

Pas toujours facile, quand le cirage vous était compté!

C'était aussi, dans la soirée de samedi, le balayage de l'usoir et de la moitié de la chaussée en front de façade. Au vis-à-vis l'autre moitié! Paté Grincheux se montrait intraitable sur le sujet et le Jean lui donnait raison. N'était-ce pas à son petit-fils à donner l'exemple pour que le grand-père shérif puisse faire respecter la loi?

Faisaient partie de l'ordinaire, pour alléger les tâches de la mère, toutes ces petites corvées qu'on maudissait lorsqu'elles vous surprenaient en plein jeu. Chaque maman avait sa façon d'appeler son galopin qui traînait quelque part hors de sa vue, à l'arrière des maisons, dans une autre rue ou dans un verger proche. Que d'appels enregistrés, mais restés sans réponse!

Il y avait l'herbe à lapin ou bien les orties pour le cochon à couper à la faucille, le pot de moutarde à chercher chez l'épicier, la petite sœur à surveiller, le goret à garder sur l'usoir le temps de nettoyer la porcherie, le crottin à ramasser de suite. Coquette, la vieille jument, venait de le perdre, tout fumant sur la chaussée. Il fallait le disputer à toute une bande de moineaux pillards et le ravir aux voisins qui convoitaient, tout autant que la Lisa, cet engrais précieux.

S'il était une tâche dont je me défilais volontiers c'était d'aller glaner avec maman. Au grand râteau qui peignait l'éteule durant la moisson il n'échappait pas grand-chose. La mère ramassait les épis détachés de leur chaume dans son tablier retroussé. Chacun ficelait sa botte pour la poser sur la raie et continuer. On les récupérait au retour et on avait la paille et le grain après un long après-midi passé à rôtir sous le soleil.

— Et souviens-toi qu'on ne glane jamais dans un champ où la récolte est encore en meules!

J'avais compris!

Il me reste le souvenir cuisant de quelques initiatives inopportunes qui finissaient généralement par une double déception: l'échec, et le regard réprobateur du père qui me glaçait d'effroi. Tel ce traîneau qui marchait de guingois, pour la fabrication duquel j'avais massacré les planches en bois de chêne réservées aux cloisons de la porcherie. Tels ces souliers recloutés dans le clair-obscur de la petite grange, avec plaquettes de métal sur talons et pointes et clous à double tête sur les bords, que la maladresse du marteau faisait fuser dans tous les azimuts. Imaginez une de ces pointes dans le foin de biquette ou le brouet du goret! Le pouce gonflé, bleu et douloureux, c'était bien peu de chose! Le métier de cordonnier ne me convenait décidément pas.

Celui de petit commissionnaire avait ses agréments. Il vous ouvrait des portes peu familières, celles où ne règnait pas le bruit d'une nichée. Tous les quinze jours, je franchissais le seuil des Pitia. Dès l'entrée, la maison me soufflait au nez son haleine de laitage et d'étable. Petits cultivateurs, les deux frères et la sœur étaient célibataires. Ils étaient coulés dans le même moule, petits, rondelets, curieux, farceurs, pleins de verve et de drôlerie.

J'apportais au cadet, le Pitiéch Pierre, les rouleaux noirs de Schicktoubac passés en contrebande par les ouvriers sarrois qui travaillaient avec mon père. J'étais fasciné par la grosse chique qui gonflait sa joue et ses jets de salive brune qu'il faisait gicler à trois mètres dans le cuveau à charbon avec une précision stupéfiante. Vous étonnerais-je si je vous avouais y avoir goûté un jour? Je quittais le trio, gavé de tartines ou de brioche, les poches pleines de pommes, de noix ou de pruneaux séchés.

Avec l'âge, d'autres tâches nous attendaient. Pâtres très tôt, il fallait nous familiariser par la suite avec les travaux de la terre puisque nos parents, peu ou prou, étaient tous cultivateurs.

Les gestes du paysan, vus de la ville, paraissent simples et monotones. Là où l'on voit la faux courir à l'aise sur la prairie, combien a-t-il fallu de temps pour ajuster le geste à l'outil et au terroir avant qu'il ne s'inscrive dans la tête et les muscles et devienne machinal. Il en est de même quand il faut semer, labourer, fagoter, nettoyer le sabot, réparer le chariot, etc. Songez que chacune de ces tâches est un métier et que c'est un seul homme qui les fait toutes. Il y avait, pour les adolescents, du pain sur la planche.

Chaque âge avait ses jouets et ses jeux. A commencer par l'ours pelucheux, bourré de sciure, adulé et maltraité, suivi du cheval en carton-pâte. Pourquoi était-il toujours gris pommelé? C'était ensuite quelque fragile mécanique hésitante qu'accompagnait une maigre clochette. Venait ensuite le temps des cachettes naïves, des chevauchées fantastiques sur un tabouret, du train de chaises qui emportait ses voyageurs en crachant et sifflant, du coin de cuisine aménagé en abri de primitifs. Après l'éveil de l'imagination, on devenait sensible à l'imagerie d'un almanach, d'une bible illustrée où se développaient le rêve et la poésie.

Et voilà qu'on ne veut plus être seul. A quelques pas du seuil, c'est la rue où l'on s'évade à la première occasion. Ici tout devient simulacre : attaque de diligence, guerre meurtrière, gendarmes et voleurs... C'est déjà l'éternel combat des bons contre les méchants. C'est aussi le moment où les moins turbulents se contentent d'un bout de ficelle, d'une balle, d'un osselet, d'une palette, d'une corde, d'une bobine de fil... Ce n'est pas grand-chose ! Mais avec quelque ingéniosité, il y avait là matière à passer des heures d'amusement.

Chaque saison ramenait invariablement les mêmes jeux. Au printemps on sortait les billes en terre, en verre irisé, en métal. Que d'essais avortés dans une fabrication domestique ! Il eût été le plus pacifique des jeux, si la contestation et les petites tricheries n'eussent terni son image. Le plus faible y perdait ses billes et y gagnait des horions.

Nos *Klékaten*[1] servaient de monnaie d'échange pour copier une dictée, marchander la solution d'un problème, confier la petite sœur au copain habitué à materner, acheter un silence, troquer contre une image, que sais-je encore ? Quand la période de l'engouement s'arrêtait comme par enchantement, elles n'avaient plus que la valeur d'une fausse monnaie.

L'apparition de la première toupie était le signal d'une folie collective. Les suivantes poussaient toutes durant la même journée, comme les colchiques dans les prés.

Lancée entre le pouce et l'index qui lui imprimaient sa rotation, elle pivotait sur son pied clouté, cherchant son équilibre sous la ficelle du fouet. Elle rebondissait sur le sol inégal, virevoltait comme une folle et finissait par se vriller dans la poussière, entre deux cailloux de la rue. Exténuée, elle titubait puis se couchait, emportée en cercles concentriques et agonisait dans une ultime pirouette à contre-sens.

Nous l'appelions la « Cigogne », celle du grand Nicolas. Notre gaucher lui faisait exécuter des bonds prodigieux et la saoulait de coups. Elle tournait, tournait durant une récréation entière, comme une cinglée étrangère au vertige. La Cigogne ne se trouvait pas sur le marché ; spécimen unique, elle naquit sur le tour d'un oncle menuisier. On se la refilait dans la famille, de frangin en frangin. Alors qu'elle excitait nos convoitises, elle ne se souciait que de durer, assez longtemps pour passer au dernier rejeton.

Et un beau jour, nos toupies disparaissaient comme elles étaient venues.

---

1. Billes.

Qui ne se souvient de son premier couteau aux multiples usages qu'on exhibait triomphalement un lendemain d'anniversaire ? Nos fabrications artisanales lui devaient tout : le lance-pierre, le sifflet, l'arc, la flèche, la fronde, le bâton, la gaule, etc. Il sculptait des ronds, des spirales, une tête de serpent sur la canne de frêne et les initiales d'une petite amie sur l'écorce du hêtre. Lancé avec adresse, il se plantait jusqu'au manche dans le sol, ou vibrait dans le tronc du tilleul. Des profondeurs d'une poche de pantalon nous venaient l'assurance et la certitude de faire partie à présent du monde de nos aînés.

L'eau exerçait sur nos petites natures une véritable fascination. Dès les premiers pas, nous pataugions dans la Bach, domaine que nous partagions avec les canards, au grand désespoir de nos mamans. Un peu plus tard, c'était les fontaines, puis les fossés de la prairie où s'élevaient nos barrages et tournaient nos moulins.

Venait l'âge de la grande aventure où l'on allait apprivoiser la rivière. Nul n'ignorait l'histoire véridique de cet officier allemand qui, vers la fin du siècle passé, plongea dans la grande fosse de la Nied, à l'entrée sud du Gehannesecken et y disparut à jamais. On ne retrouva pas son corps et ses mânes rôdaient depuis ce temps-là entre les berges. Que d'histoires encore, accompagnées de menaces et d'interdits pour nous tenir à distance de la rivière ! Mais la curiosité de la petite canaille triomphait généralement de la crainte et une complicité sans faille s'établissait entre les aventuriers de l'eau, depuis les polissons de huit ans jusqu'aux drôles du fin d'études.

La grande affaire était d'apprendre à nager. Une botte de joncs sous le ventre, il n'y avait qu'à imiter la grenouille, dégarnir peu à peu notre bouée naturelle, boire quelques tasses et, en plusieurs séances, c'était fait ! N'apprirent jamais à nager qu'un couple de froussards et quelques sages qui ne franchirent pas le pas.

Limité à sa plus simple expression, notre maillot de bain c'était deux grands mouchoirs à carreaux subtilisés généralement à l'aïeule. Noué aux trois coins, enfilé puis resserré à la taille par un dernier nœud, notre bikini possédait les normes minimales pour couvrir une certaine nudité et satisfaire aux exigences de notre pudibonderie.

Avec le brevet de natation en poche, on avait droit à sa première promenade en radeau. Imaginez une infrastructure en branches de saule et un épais matelas de jonc ; il n'en fallait pas plus pour que l'embarcation accueillît une demi-douzaine de garnements qui contemplaient, sous un angle inhabituel, la berge inconnue de leur rive, le fond noir des fosses, les tentacules des nénuphars, la profusion des herbes aquatiques, le ciel à l'envers dans le miroir aux cumulus cotonneux.

Le radeau dérivait lentement, poussé et dirigé par une longue gaffe qui se perdait dans les profondeurs. Tout bon pilote connaissait à fond le lit de la rivière. Généralement on abandonnait au Bachgraven l'embarcation qui prenait eau de toutes parts et qui continuait à descendre le courant pendant que les naufragés, en maillot exotique, retournaient au pas de course vers le port d'embarquement, à un demi-mille de là.

J'ai possédé moi aussi mon nounours, mon cheval à bascule offert par Patté Grincheux — ce fut sa seule folie — mon jeu de cubes en bois, un carrousel déglingué, un jeu de l'oie. J'oubliais la tirelire, cadeau de ma Godé, qui devait m'inculquer le sens d'une économie dirigée, qui ne s'égarait pas en frivolités. Ici se termine mon inventaire. Cela ne variait guère d'une famille à l'autre.

Pouvait-on désirer ce qu'on ignorait ? N'avions-nous pas tout naturellement la notion de ce qui était possible ou inaccessible à notre petit monde aux lendemains incertains ? Le terroir nous fournissait en abondance la diversité de ses aires de jeu, la richesse de ses centres d'intérêts où se conjuguaient harmonieusement l'apprentissage de la vie et l'amusement de la jeunesse. Nous étions de petits sauvageons élevés au contact d'une nature familière. Qui oserait prétendre aujourd'hui que nous n'étions pas heureux ?

Compagne de nos jeunes années, la peur faisait partie de notre univers quotidien. Elle s'imposait à nous par atavisme et s'était installée ici-bas depuis qu'il y eut des hommes effrayés par l'étrange, l'insolite, l'inexplicable. L'enseignement de l'Eglise y pourvoyait à sa façon. Prêchant la soumission aveugle, celle-ci utilisait le dieu vengeur, l'enfer, les démons, le purgatoire comme pièces à conviction. C'était terrifiant certes, sur l'heure ! Mais c'était à longue échéance et nous avions le temps d'y penser.

En revanche, la superstition et la crédulité peuplaient le monde d'esprits, de fantômes, de revenants, de sorcières... Comment oublier ces soirées de veillée autour du feu quand l'évocation du *Houtata* — qui appelait du fond des bois «*Komm mit, komm mit*» — du *Zänsemann* (l'homme à la faux) du *Ewiger Jäger* (le chasseur éternel), communiquait le frisson à l'assistance.

Et comme si ces histoires effrayantes ne suffisaient pas, notre entourage immédiat en inventait d'autres, adaptées à nos âges, propres à nous convaincre d'être sages et obéissants. C'est ainsi que les parents faisaient peur à leurs enfants, les aînés aux cadets, les garçons aux filles, le gendarme à tout le monde. Il y avait le maître aussi, craint et respecté. Ignorait-il la peur, lui qui nous parlait souvent de courage, évoquant Bayard, le Chevalier d'Assas, Bara ? L'exemple de ces braves nous changeait en héros éphémères et, ce soir-là, on traversait en chantonnant le corridor noir et inquiétant pour aller fermer le poulailler au fond d'une cour lugubre, sans faire de mauvaises rencontres.

Comment ne pas avoir peur de la nuit, dans le noir de nos rues sans éclairage, lorsque l'ombre se nourrit de croyances populaires ? Qui expliquera pourquoi certains crépuscules sont plus sinistres que d'autres ? Ces jours-là, on enfilait la rue au pas de charge pour parcourir le chemin entre deux foyers, on s'accrochait à un rai de lumière qui filtrait ici, à une lucarne qui luisait là, havre de sécurité où l'on reprenait souffle et courage. Qui osait avouer sa peur en rentrant, lorsque la porte précipitamment tirée, on vérifiait si le pan d'une tunique ne s'était pas coincé. Qu'elle était rassurante alors la maigre lampe du foyer ! Pendant que dehors !...

Ici, il fallait passer devant le cimetière aux croix figées dans l'au-delà, ailleurs devant une masure abandonnée. Qui se cachait derrière des ouvertures béantes ? Pourquoi ces clignotements de feux-follets ? As-tu senti le frôlement d'aile de la chauve-souris ? Ecoute le hululement de la chouette du clocher. Notre imaginaire découvrait, au-delà de ces signes, l'invisible, et frissonnait de la crainte inexpliquée de l'inexplicable.

Et que dire de la chambre froide et noire où l'on se réveillait soudain, le cœur battant, l'oreille aux aguets, pour vivre les bruits qui peuplent le silence ? Craquements de vieilles poutres qui se plaignent, dispute des filets d'air sous la porte, trou de serrure qui accorde son sifflet, cri d'un pêne fatigué qui s'enclenche tardivement, course-poursuite dans le plafond, bruits étranges et pourtant coutumiers de la cave au grenier. La maison continuait à vivre sa double vie mystérieuse faite de chuchotements, murmures, frôlements, gémissements, soupirs.

Si l'obscurité était le royaume de la peur, celle-ci s'exprimait aussi, moins diffuse, dans la journée. Il y avait ces étrangers, nomades en général, imprévisibles, avec leur poil hirsute et leur oripeaux, la maison du Chillès qu'on dépassait en courant, celle du chien méchant, le puits public du Héneschtecken où l'œil glacial de l'eau vous regardait du fond de l'abîme et dont la voix caverneuse venait d'outre-tombe.

Si, pour beaucoup d'entre nous, la peur était une obsession, pour certains elle faisait partie des choses de la vie et devenait indispensable lorsqu'elle était chassée par l'âge. Le frisson qui vous pénètre et vous glace, l'attente angoissée, le sursaut soudain devenaient un besoin morbide qu'on prolongeait au-delà du naturel comme font certains nourrissons avec le biberon. Quand on n'avait plus peur, on la simulait pour l'émotion. Allez donc comprendre !

ESPIÈGLERIES

Les sonneurs

Chaque âge avait les siennes. L'obscurité de la rue favorisait nos entreprises et nous assurait d'une relative impunité. Il arrivait cependant qu'une bonne correction exorcisât, pour un temps, les démons responsables de nos diableries.

Muré sur ses deux rives, le ruisseau nous assure protection et sécurité. En pataugeant dans ses eaux troubles, les chenapans effectuent leur marche d'approche. Quelle sera la victime ce soir ? On en décidera selon les circonstances. Mais l'on sait déjà qui accrochera la pierre à la poignée de la porte d'entrée, avec un fil peu résistant. On connaît aussi celui qui tirera sur la solide ficelle reliant la pierre au ruisseau.

A chaque traction, « le marteau », suspendu à son fil effectue son balancement et cogne contre la porte. Nous appelions cela « sonner la cloche ». Coups isolés, répétés, accélérés, sourds ou secs, toute la gamme y passait, suivant les réactions qui se jouaient derrière les persiennes closes. Nos gens avaient le sommeil lourd et le réveil programmé. Qui, à cette heure intempestive, venait troubler ainsi leur repos ? Il y avait sans doute urgence ? Un voisin avait besoin de leur aide pour une vache qui vêlait difficilement, pour un moribond qui demandait l'assistance du curé ou du docteur...

Le volet s'ouvrait ; personne ! Le voisin était-il déjà reparti ? La même scène recommençait. On finissait par comprendre que c'était une fausse alerte.

— Encore ces arsouilles qui troublent les gens dans leur sommeil ! C'en est trop !

Une vigoureuse traction sur la ficelle arrachait la pierre ramenée en hâte au ruisseau et les vauriens, cachés sous le pont, se marraient en douce et se pâmaient de joie. Le lendemain matin, à la clenche de la porte, balançait un bout de fil, unique témoin d'une nuit agitée.

Insaisissable portefeuille

La farce était pourtant grosse, mais nombreux étaient ceux qui se faisaient piéger.

Comme ingrédients: un brin de malice, un vieux portefeuille attaché à du fil à coudre, qui se confond avec la poussière de la route empierrée, et une bonne dose de patience. A l'affût, sous le pont du ruisseau, il suffit d'attendre les «pigeons».

Bizarre, cette fascination extraordinaire qu'exerce cet appât sur chaque individu! Mais l'on ne pêche que le gros aujourd'hui; le menu fretin est chassé impitoyablement et tenu à distance pour éviter les trahisons.

Les moins dupes, avertis par une ancienne expérience, tombent en arrêt un court instant, puis s'en vont dignement. Les méfiants trouvent bien insolite ce portefeuille qui s'égare au milieu de la chaussée. Ils s'en approchent doucement, jettent des regards circulaires et soupçonneux, poussent l'objet de la pointe du pied, découvrent le subterfuge et s'en vont, méprisants. Par contre, les écervelés sont tels le brochet qui bondit pour happer sa proie. Il faut ferrer au bon moment et mettre l'appât hors de leur portée. Ceux-là, «honteux et confus, juraient, mais un peu tard, qu'on ne les y prendrait plus».

Le cycliste surpris fait un écart, donne un coup de frein brutal et revient sur ses pas.

— Il était pourtant là, ce portefeuille. Que diable!

Des rires moqueurs fusent dans les parages!... et le voilà qui remonte en selle en grommelant.

Le gibier de choix, qu'ils nous en excusent, étaient nos petits vieux à courte vue et aux réflexes usés. Brave grand-mère, sans malice, suivant à la trace l'objet capricieux qui exécutait son saut de puce chaque fois qu'elle pensait s'en saisir.

— Elle sera privée du plaisir de restituer la bourse diabolique à son propriétaire.

Tonnerre dans la conduite

Le premier dimanche d'octobre, la Saint-Rémi, c'est la fête patronale.

Durant la semaine, on a subitement renoué les relations avec le parrain, la marraine, un oncle, une tante, étonnés de ce soudain regain d'affection. Visites honteusement intéressées qui sont tout profit pour la tirelire se plaignant d'indigestion pour avoir avalé trop de pièces en si peu de temps, après une longue période d'austérité. On termine par les grands-mères, soucieuses de leur devoir, et possédant au plus haut niveau le sens de la solidarité familiale.

Et le dimanche matin, après l'appoint des parents, on fait et refait les comptes et l'on communique, sans pudeur, l'étendue de sa fortune aux copains. Dès la sortie de la messe, chez le forain du coin, après bien des hésitations, on fait sa première acquisition : une arme à feu qui entame douloureusement le budget dominical.

Le choix est limité ; il y a le pistolet pour les mouflets de six ans, avec sa boîte de confettis à poudre. La tête du chien écrase la « bricole » posée sur un réceptacle évidé ; ça pète, pas de quoi effrayer un moineau ! ça sent la poudre, si peu, et ça rate souvent.

Et puis, il y a le révolver qu'on charge par le canon. La munition : un bouchon évidé, rempli de poudre qu'on force dans le tube. La gachette déclenche un chien en forme d'aiguille à tricoter qui pénètre au cœur de l'explosif. Et c'est la formidable détonation : un canon qui fume, des projections inoffensives de débris de liège et la capiteuse odeur de la poudre. Voilà ce qui convient à un Buffalo de dix ans.

Pendant plusieurs jours, on attaque les diligences, on tue les Sioux par dizaines, on se fusille à bout portant dans les saloons. L'insécurité gagne les rues du village.

Hélas ! les munitions se font rares et le forain est reparti ; il faut les utiliser à bon escient pour le dernier combat de ce soir.

Il fait nuit ; on se répartit les tâches. C'est encore le ruisseau qui sera le théâtre des opérations. A chacun sa bouche de canalisation qui conduit à l'évier des cuisines toutes proches. Et au signal, toutes les armes crachent leur dernière charge dans les tuyaux. L'écho, enflé démesurément par le conduit, se répercute dans les bicoques où les assiettes dansent la sarabande sur les tables des cuisines.

Quelle frayeur dans les logis ; que d'armes confisquées le lendemain ! Pas de regrets ; elles devenaient inutiles.

LES TRÉPASSÉS

L'aube a du mal à maitriser la nuit à cause d'un brouillard persistant. Le temps est triste et maussade, un vrai temps de Toussaint.

Durant la messe de dix heures, on fête, dans l'allégresse, les saints de l'Eglise. Bougies et cierges en grand nombre éclairent l'autel, garni abondamment avec les dernières fleurs de la saison. Une dizaine de servants, l'équipe des grands jours, sort de la sacristie et s'aligne sur deux rangs dans un ordre impeccable, suivie du prêtre en chape rutilante d'or. L'orgue embouche ses trompettes, l'assistance se lève, la messe commence.

Après les vêpres, les familles se regroupent autour de leur tombe dans un profond recueillement et le curé, suivi de sa cour, passe lentement, bénissant les vivants et les morts. Et l'on retrouve avec plaisir ceux qui ont quitté le village et reviennent honorer leurs disparus.

La nuit tombe vite en cette saison et commence alors une longue soirée de prières, entrecoupée de visites au cimetière, qui dure jusqu'à 23 heures. Il est d'usage que les membres d'une même famille s'organisent pour aller, à tour de rôle, égrener le chapelet dans l'église, gagner des indulgences pour les pauvres âmes du Purgatoire et se recueillir sur la tombe familiale.

Dans le cimetière, les petites flammes des bougies et des lampes à huile vacillent, évoquant la fragilité de la vie et la brièveté de l'existence. Le glas lugubre résonne par intermittence, enrobant sous une chape pesante la profonde tristesse des vivants et ressuscitant les morts. D'où viennent ces sanglots étouffés qui se faufilent entre les croix ? Le vent aigre se gonfle des gémissements des trépassés et dans un bruissement d'étoffe, les revenants frôlent les vivants accablés que les lueurs des cierges de l'église arrachent au royaume des morts.

Au premier rang du *Boaschpeicha*[1], à côté de l'orgue, une voix flûtée

---

1. Tribune de l'orgue.

perce comme une lueur d'espoir dans le sanctuaire glacial. Amplifiés par la voûte, les répons des fidèles se répercutent en un caverneux murmure d'outre-tombe. Voilà que l'assistance s'abîme à nouveau dans le silence de ses prières et de ses pensées. L'ombre propice et ce glas qui recommence la plongent dans une macabre ambiance, faite de deuil, de tristesse, de douleur et d'attente.

Et pendant ce temps, d'autres ombres se glissent, comme des voleurs, sur le chemin de l'église plongé dans l'obscurité, faute d'éclairage public. Elles attendent les filles qui vont sortir en groupe de l'allée du cimetière.

Ce sont nos garnements qui, la veille déjà, avaient fabriqué leur horrible panoplie de têtes de mort. C'était à qui trouverait la plus grosse betterave dans la cave familiale. Creusée, vidée, on l'avait percée à l'emplacement des yeux, du nez, de la bouche qui prenaient des contours extravagants selon le talent de l'artiste. Au centre, une bougie dans son écrin de papier crêpon rouge. Anodine le jour, la chose attendait les ténèbres pour être redoutable et grimacer à la flamme tremblotante de sa bougie. Les voilà donc, ces objets d'épouvante, disposés sur le mur du cimetière ou sur les planches d'un chariot, attendant leur proie au coin de la rue.

Et soudain, c'est le face à face. Nos pucelles effarouchées s'égaillent comme une bande de moineaux surpris par le claquement du fusil, poursuivis par des hurlements rauques qui répondent à leurs cris terrorisés. C'est la débandade, le sauve-qui-peut. Au bas du village, à bout de souffle, nos jolis cœurs se regroupent, palpitants, pour commenter l'événement.

Mais au fait, quels étaient les dupes de cette mascarade ? Nos jouvencelles n'ignoraient pourtant pas la coutume qui se répétait tous les ans. Décidées à jouer crânement le jeu, elles se laissaient cependant prendre au piège de cette sinistre farce. Tant de complicités se conjuguaient pour leur faire perdre leur superbe : la nuit d'encre, l'ambiance morbide du cimetière, les bruits insolites autour des tombes, les inquiétants jeux d'ombres et de lumières provoqués par l'éclairage tremblotant de l'église, etc., autant de motifs pour les conditionner et les précipiter dans une peur collective.

Ne croyez pas que nos jouvencelles tenaient rancune aux gars qui avaient procuré à leur nature féminine quelques émotions fortes dont elles devenaient friandes avec l'âge.

Dites-vous plutôt qu'il est probable que ce soir-là, un poursuivant plus dégourdi que les autres, découvrît pour la première fois dans une étreinte rapide, le corps frémissant d'une drôlesse pantelante.

C'est au travers de ces espiègleries que s'exprimaient notre exubérance, notre débordante vitalité, notre malice. Ces diableries étaient un exutoire à nos ardeurs juvéniles. Le bouillonnement de nos jeunes années était endigué par une religion sans indulgence – que prolongeait la stricte éducation scolaire – et canalisé par le milieu familial auquel il ne restait souvent qu'à appliquer, avec intransigeance, les peines au troisième degré. Le curé et l'instituteur n'avaient-ils pas toujours raison ?

Nos jeunes d'aujourd'hui considéreront sans doute avec un sourire amusé ces distractions innocentes. Qu'ils se rappellent que nous n'avions ni cinéma ni radio, à plus forte raison pas de télé et rarement des journaux. Notre petit coin de terre natale était notre unique univers, alors que l'horizon de la jeunesse actuelle s'est élargi aux limites de notre planète.

EXPÉDITIONS LOINTAINES

Le ban de la commune n'avait plus de secrets pour des gamins parvenus à mi-scolarité, habitués aux grands espaces.

Nous en connaissions les moindres recoins : cultures, friches et forêts profondes ; mais aussi sources, fossés et ravins ; halliers peuplés de nids d'oiseaux, vieux murs à lézards, mares à têtards, etc. Les plus hardis poussaient leurs explorations au-delà du domaine communal, dans le louable souci de découvrir des terres nouvelles avec de nouvelles richesses.

Durant la saison des fruits, il était difficile de résister à la tentation d'un cerisier aux grappes rouges, d'un mirabellier ployant sous le faix de ses grosses billes jaunes, d'un robuste pommier aux fruits acidulés.

Manger sur l'arbre le fruit défendu était une véritable jouissance ; n'était-ce pas remonter à nos origines ? Nous en éprouvions parfois, à des degrés divers, un sentiment de culpabilité qui nous venait de notre éducation. Mais confusément, notre instinct naturel, parvenu du fond des âges, alors que l'homme ne vivait encore que de cueillette, nous libérait de notre soumission à l'ordre établi. Piquant, excitant que de croquer à pleines dents, sur le haut d'une branche, les fruits de la terre, tels nos premiers parents.

Nos gens n'accordaient qu'une importance relative à ces jeux de gamins chapardeurs. Mais il y avait le propriétaire chicanier pour jouer au trouble-fête. Certaines grandes personnes n'avaient-elles pas une drôle d'idée de la gravité de ces choses-là ? Le respect de la propriété était un dogme si bien établi que le képi du garde champêtre se trouvait vite dans les parages, et bien humiliante devenait la visite chez l'homme « aux cerises volées ».

Avec l'âge et l'expérience se développait le goût de l'aventure. A douze ans, on ne se contentait plus d'un espace étriqué dont on avait épuisé les émotions rassises. Adolphe, un drôle madré et coquin, perpétuellement en quête d'un nouveau coup, se chargeait d'élargir nos horizons.

Nous avions marché longtemps ce jour-là, à travers bois et champs, et traversé deux bans de commune avant d'arriver dans la « forêt de Nadler », un bois privé sur le territoire de Valmunster[1]. Au milieu des essences habituelles, des merisiers s'élançaient à la conquête du ciel pour rechercher l'air et la lumière. D'en bas, leurs cerises noires semblaient des grains de sureau. Bien souvent j'avais escaladé des peupliers géants pour dénicher des nids de corbeaux, mais cette fois-ci l'entreprise me paraîssait insurmontable. Les troncs lisses, sans aucune branche jusqu'à la couronne, s'élevaient à des hauteurs prodigieuses.

Adolphe avait tout prévu. Où s'était-il procuré la paire de *Steighaken*[2] à crampons utilisée par les ouvriers des P.T.T. pour monter aux poteaux télégraphiques? Faisaient aussi partie de l'arsenal: un ceinturon avec mousqueton, une longue corde et, dans chaque seau, une pelote de grosse ficelle.

Pas facile de sangler cet instrument bizarre au pied et à la jambe. Une des extrémités de la corde s'accrochait au mousqueton de la ceinture, l'autre se fixait à l'anse du seau. Paré! Adolphe débuta l'escalade. Il montait lentement, prudemment, selon la méthode P.T.T. dont nous connaissions la technique sans l'avoir expérimentée. Arrivé à la couronne, il tira à lui le seau et renvoya le reste du matériel pour le suivant. Il fallait avoir le cœur bien accroché pour ne point succomber au vertige. Au goût du risque succédait le plaisir de la réussite puis l'ivresse de l'altitude. Quelle griserie de dominer cette mer de végétation s'étendant à l'infini! Les pies bavardes parlaient entre elles des intrus, mais le coucou s'était tu. Une brise caressante bruissait dans les feuillages, tandis que, dans les profondeurs, le sol, dérobé à nos regards, ne nous communiquait plus les mille petits frémissements d'une vie en sourdine.

Mais voilà que la cueillette se révélait délicate sur ces branches minces et cassantes, et les cerises petites et de médiocre qualité. Peu importait la récolte face aux émotions de l'heure! Le seau rempli, on le larguait en dévidant lentement la pelote de grosse ficelle. Il amorçait une descente hésitante, se frayait un passage au travers des branches, puis se balançait dans le vide comme un pendule. La dégringolade des «petits singes» n'était plus que broutilles.

Le trajet du retour fut long, le seau pesant. Nous n'avions nulle mauvaise conscience. Les cerises, cueillies après un exercice aussi périlleux, n'appartenaient de droit qu'aux audacieux qui avaient osé.

---

1. Nom du hameau.
2. Escaladeuse.

Dans la cuisine, la Lisa me fit redescendre sur terre où se dissipa mon euphorie. Effrayée du danger encouru, horrifiée par l'état de mes culottes et de mes jambes en feu, elle m'administra la correction de routine assortie de la menace traditionnelle.

— Je le dirai à ton père, cette fois tu n'y couperas pas, mon gars!

Elle n'en fit rien, comme d'habitude.

Quelques mois plus tard, ce fut la saison des noix. Il y en avait à profusion cette année-là, fait exceptionnel dans nos contrées où elles ne réussissaient guère. Les noyers étaient rares dans les vergers de notre village, trop près des habitations, donc trop facile à surveiller. Par contre, Remelfang, la localité voisine, en possédait en quantité. Ils prospéraient sur le haut d'une des collines qui dominait la petite agglomération. Plusieurs fois centenaires, ils y trouvaient un terrain à leur convenance.

Adolphe m'entraîna dans son expédition; nous n'étions que quatre, sélectionnés par le chef. Grand-mère me fournit le sac, tout étonnée qu'un soi-disant sac à billes dût être de cette taille. L'approche des lieux exigea des ruses de Sioux pour ne point éveiller l'attention de quelques travailleurs des champs. Le brou éclaté avait libéré les coques cannelées qui tapissaient le sol comme des œufs de poulettes fraîchement dorés. De mémoire de gamins, nous n'avions vu autant de noix en si peu d'espace. C'est un sac à pommes de terre qu'il aurait fallu ce jour-là! Devant tant de prodigalité, notre fébrilité avait provoqué le relâchement de notre attention habituelle; de la plus élémentaire vigilance dépendait pourtant notre réussite.

Et ce fut un homme hirsute, sorti l'on ne sait d'où, armé d'une fourche, qui se rua sur nous. Vif comme l'éclair, quatre sauvageons aguerris détalèrent comme des lapins. Dans cette course échevelée, nous ne gagnions que peu de terrain sur notre poursuivant car notre encombrante récolte nous alourdissait. En longeant une raie profonde, envahie de ronces et de hautes herbes, le chef nous lança:

— Jetez vos sacs!

Allégés, nous fûmes rapidement hors d'atteinte, d'autant que notre bonhomme avait apparemment renoncé à sa vaine poursuite. Haletant, notre groupe souffla après le franchissement de la Essebach, petit ruisseau qui délimitait les deux communes. Nous étions chez nous à présent, à l'abri de toute atteinte. Qu'allaient devenir nos sacs? La prudence recommandait d'attendre jusqu'au lendemain.

Ce soir-là, je fus saisi de remords. Cette aventure ne s'apparentait-elle pas plutôt à un vol organisé qu'à un inoffensif chapardage ? Et quel affront pour grand-père, garde champêtre, si son petit-fils était impliqué dans une sale affaire ! Dans le songe d'une nuit agitée, le sac grossissait, devenait énorme, démesuré et la faute s'amplifiait au même rythme. Brusquement, les noix, s'échappant par une déchirure, cascadèrent sur l'escalier qui descendait vers la cuisine où elles se répandirent ; leur flot grouillait dans le corridor d'où elles se précipitaient, par la chatière de la porte d'entrée, sur l'usoir puis vers la Bach qui les avala.

C'était de mauvaise augure !

Le lendemain matin, j'avouai à Adolphe mon trouble et mes scrupules et renonçai à récupérer les noix maléfiques. Il me regarda, goguenard, et s'en alla tout seul en territoire ennemi, repêcher les quatre sacs qu'il ramena triomphant.

Cachées au sommet du fenil de grand-père, sous le foin, privées d'air, les belles noix de Remelfang y moisirent toutes.

Le jour suivant ces faits, tout était oublié, alors que le vent fou d'automne nous lançait dans la construction de fantasques cerfs-volants, auxquels il fallait apprendre à voler, ou de girouettes écervelées, prises de folie au fond des jardins.

Les remords juvéniles n'ont pas de lendemains.

JOIES DE L'HIVER

Chaque saison amenait immuablement les mêmes distractions.

En hiver, c'était les interminables glissades dans les caniveaux à purin, sur la nappe de caramel boursouflée. Quand le clou de la semelle était usé et aplati, l'élan vous emportait à toute vitesse dans le sillage d'un traînard culbuté sans ménagement. Il en résultait une chute générale ponctuée de rires, de gémissements, de vociférations féroces. Dans l'inextricable amas des corps s'échangeaient des horions, des coups perfides dont les coupables étaient tout aussi difficiles à identifier que l'étaient les bras et les jambes emmêlés. Pendant que les intrépides glissaient en chandelle, les mains dans les poches, sur un pied ou accroupis, les maladroits balayaient la piste sur le ventre ou sur le dos. Et, à la nuit tombante, dans les chaumières, il fallait panser les bosses, soigner l'onglée, pommader les gerçures, réchauffer progressivement les engelures.

Le lendemain matin, on recommençait; la glissoire, saupoudrée de cendres au petit jour, était inutilisable; et nous accusions telle petite vieille, importunée le jour précédent par nos hurlements et nos déchaînements, de s'être vengée honteusement. N'avait-elle pas, derrière ses rideaux, suivi nos ébats avec un regard mauvais de sorcière?

Certains hivers, il prenait fantaisie à la rivière de déborder dans les prés avant un gel opportun. Toute la vallée se transformait alors en une immense patinoire qui se prêtait à nos jeux et compétitions variés: courses de vitesse, courses de fond, courses d'attelages, etc. A une dizaine se formait une chaîne vivante qui, pivotant de plus en plus vite autour de l'une des extrémités, lâchait un à un ses maillons humains filant comme des flèches sur la glace transparente.

J'avais acheté, hors saison, à quelque connaissance, une paire de patins à glace d'occasion. Leurs mâchoires à griffes se refermaient à l'aide d'une clé et mordaient dans la semelle et le talon, mutilant affreusement les godillots, au grand désespoir de ma mère. Quel casse-gueule que ces patins primitifs qui se détachaient traîtreusement et vous envoyaient voltiger sur la glace! Je ne menai pas l'apprentissage à son terme car le père y mit bon ordre. Je refilai, à regret, mes engins à un copain disposé à renouveler l'expérience.

Ce matin, sous l'épais duvet de plumes, une douce chaleur m'enveloppe entièrement et je baigne dans une voluptueuse félicité. Comme l'on est bien dans ces draps de futaine, sous l'édredon gonflé! A l'extrémité du lit, je sens l'arête de la brique; hier soir elle m'a servi de bassinoire. Je la repousse du pied, lui refusant la chaude hospitalité. Quelle ingratitude! Mais attention! ne bougeons pas trop les bras et les jambes qui se trouvent rapidement en zone inhospitalière! Le nez rosi renifle l'air glacial et pointe comme un périscope entouré d'haleine fumante.

Sur les vitres de la chambre, le froid a travaillé en artiste, livrant sa peinture suggestive à mon esprit imaginatif. Et je contemple cette féerie de fleurs exotiques, de rameaux et de feuillages, de fougères dentelées au bord de lacs et de précipices, véritable paysage tropical dans un cadre boréal!

Mais quel étrange silence ce matin! L'absence des bruits habituels de la rue est inquiétante, et bizarre cette lueur blafarde dans ma chambre. La neige serait-elle arrivée? Depuis deux jours, les vieux, perclus de rhumatismes, l'avait annoncée. Elle est là en effet, qui bouleverse le paysage coutumier de sa blancheur immaculée.

Elle coiffe les toits, pose son capuchon sur les vieux murs, fusionne «l'usoir» à la rue, habille les fumiers, tresse ses festons aux arbres, tisse ses ourlets, efface les contours, lime les angles, nivelle, matelasse et uniformise. Durant toute la nuit, lentement, patiemment, elle a imposé sa présence silencieuse et travaillé sans relâche.

Vite debout! on ne résiste pas à son appel. La file des traîneaux se dirige déjà vers le Hanseberg. Ce sont des engins rustiques de fabrication domestique, bricolés par le grand frère ou quelque camarade doué et complaisant. Il suffit de trouver dans le hangar ou le grenier quelques planches solides dans la réserve paternelle. Le problème majeur est d'obtenir l'accord de les utiliser ou... de les subtiliser. En maugréant, le menuisier du village vous découpe les arrondis de patins et le forgeron, contre quelques heures de soufflet, vous redresse le cercle d'une vieille barrique et y perce des trous. Le montage se fait dans une arrière-cour. La technique de fabrication ne varie guère; elle produit des luges dont chacune a sa personnalité et ses performances.

Le Hanseberg domine le village. Son versant nord est si raide que le chemin finit en sentier; aucun attelage ne s'aventura jamais jusqu'au sommet.

Aux plus jeunes d'étrenner la piste car ce n'est point l'affaire des grands. Il faut tasser, damer, compacter et durcir la neige du chemin. Les descentes se succèdent; chacun, selon son courage, choisit son point de départ; et l'on remonte en courant pour ne point perdre de temps. Essoufflé par l'effort, déséquilibré sur la neige glacée, voici un marmouset qui vient de lâcher la corde de son traîneau. La luge folle et capricieuse dévale la pente en reculant; la panique, au sein de l'équipe montante, se propage instantanément.

Les aînés à présent entrent dans la danse. Prendre la piste à mi-hauteur n'est qu'un jeu, une mise en train. C'est de là que partent quelques filles courageuses, quelques mauviettes de garçons et la méprisable marmaille. Pour ne point perdre la face, il faut démarrer à l'avant-dernier talus; les intrépides qui, tout à l'heure, vont tenter la grande aventure du sommet se comptent sur les dix doigts.

Tout là-haut, au faîte de la colline, se détache une minuscule silhouette. Sur les bords de la piste dégagée, les badauds retiennent leur souffle. Rivée à sa luge, la chose commence à bouger. Le talus à pic donne l'élan initial et sur le premier tiers du parcours, l'accélération est foudroyante. Le bolide passe comme l'éclair, traînant sa comète de neige poudreuse dans son sillage.

Voici l'amorce d'un virage à droite. Une traînée fuse à l'arrière du talon qui imprime la direction, une figure grimaçante passe comme un éclair. La pente s'adoucit, la difficulté s'accroît; attention à la série des bosses perfides! L'engin décolle, retombe, rebondit et plane à nouveau. C'est là qu'il faut montrer toute sa maîtrise de cavalier soudé à sa monture. Un atterrissage de travers, et le traîneau se dérobe, désarçonne son cavalier, culbute et roule sa carcasse hystérique sur la pente glacée. Un corps désarticulé perd la notion du temps et compte les secondes en minutes jusqu'à l'arrêt total de sa trajectoire.

Pour corser le spectacle, le Fränzchen, tout à l'heure, descendra toute la piste à plat ventre sur la luge. En attendant, on organise des attelages de traîneaux qui tournent à la confusion. Les grandes luges emmènent des passagers qui remontent le véhicule pour s'acquitter du transport. Parfois un pilote déserte au dernier moment et condamne son chargement de fillettes à la catastrophe. Et midi, au clocher, fera le vide en un instant. Faut-il que nos anges gardiens aient eu du boulot pour qu'il n'y eût point de victimes ce matin-là!

Un jour, l'on vit apparaître sur la piste, pour la première fois, ce «traîneau de riche» offert comme cadeau de Noël à l'un de mes semblables. Léger, élégant, racé, il était travaillé tout en lattes fines et manœuvrait avec docilité sous la pression du talon. Il passa de mains en mains et fut essayé par les experts. Il y avait de quoi en être jaloux! Mais son jeune propriétaire, timide et maladroit, ne fut jamais en mesure d'imposer la supériorité de sa monture. A nos vieilles luges il allait rester quelques belles années de survie.

C'est la sortie des classes, bruyante comme d'habitude : des cris, des rires, des bousculades. Qui mit le feu aux poudres? Nul ne sait! Une première boule a fusé et éclaté sur une oreille. A partir de ce moment-là, tout se passe très vite. On ne choisit pas son camp; c'est le haut du village contre le bas et dans le feu de l'action, ce qui ne devait être qu'un jeu devient un impitoyable affrontement. Ceux du haut sont retranchés derrière les auges de la fontaine, ceux du bas, derrière le muret de la cour.

Les filles ont fui, les petits préparent les boules. Les projectiles se croisent, les coups heureux déchaînent des hurlements. Attaques et contre-attaques, savants replis se succèdent. Point de pitié pour les prisonniers; on leur fait manger la neige à pleines poignées. Et c'est la charge finale où l'on se fusille à bout portant.

Un coup de sifflet connu pétrifie les combattants : sur le haut du perron, voici la silhouette du maître. En un clin d'œil, le champ de bataille est déserté. Dans ces combats féroces, il n'y avait jamais ni vainqueurs, ni vaincus, que des oreilles bourdonnantes, des visages tuméfiés, des yeux au beurre noir et des mains frigorifiées.

Pendant une partie de la matinée, l'hiver a plumé un ciel d'ardoise bas, pesant et insolite, déversant son inépuisable réservoir de flocons énormes. Ils descendent par myriades dans l'air calme en s'amusant follement. L'un d'eux s'est introduit par mon col et se coule insidieusement entre le coton et un morceau d'épiderme transi; un autre se plaque sur une paupière qui verse un pleur; un autre enfin atterrit sur un bout de nez cramoisi, y accrochant une perle.

Oubliées les rancunes d'hier! Le théâtre des combats de la veille, remodelé par tant de neige, se transforme en un vaste chantier. Chacun roule sa boule. Les bonhommes de neige se multiplient; un seul est digne de survivre. Il se dresse sur l'ancien champ de bataille comme une statue de la victoire. Pauvre géant impavide et impassible! Son existence éphémère s'achèvera demain sous la mitraille, car le sifflet du maître lui a donné un sursis.

Les galoches ferrées cognent aux contremarches de l'escalier et lâchent leurs paquets de neige salie. Au milieu de la classe, le fourneau ronfle et dévore ses bûches. Mains crevées de gerçures et engelures se réveillent à la chaleur et le troupeau fume comme nos vaches en prairie, par certains jours d'automne.

Fêtes de fin d'année

Saint Nicolas, évêque de Myre, était devenu le patron des «petits» depuis que, selon la légende écrite au XIIIe siècle, il rappela à la vie trois petits enfants découpés et mis au saloir par un méchant boucher. Il était très populaire en Lorraine. Nous invoquions sa générosité par cette chanson apprise au berceau, où les paroles, d'une touchante naïveté, mesuraient nos modestes exigences.

Saint Nicolas, mon bon patron,
Apporte-nous quelque chose de bon;
Des bonbons
Pour les garçons,
Des mirabelles
Pour les demoiselles.

Le 6 décembre au soir, le vénérable Saint visitait chaque foyer. Son ample pèlerine s'ouvrait sur une tunique mauve. Tandis qu'il tenait d'une main sa longue crosse, l'autre bénissait les têtes innocentes; les feux d'une bague brillaient à l'annulaire. A l'échelle du ciel, il devait trouver bien bas nos modestes logis; sa haute mitre frôlait les poutres du plafond. L'affreux Père Fouettard agitait ses chaînes et brandissait ses verges dont il faisait grand usage; et cette terrible association de la carotte et du bâton, du bien et du mal, gâchait en partie notre plaisir. Les farauds, qui clamaient haut et fort «ne plus y croire», étaient ceux qui tremblaient le plus ce soir-là.

Il n'était pas riche, saint Nicolas: dans une assiette, un pain d'épice à son image, un autre à l'image de son âne, quelques noix, deux oranges, une friandise à cinq sous; c'était plus qu'il n'en fallait pour notre bonheur.

Le Père Noël nous était inconnu; il nous boudait parce que nous n'avions plus ni sabots ni cheminée en notre pays et pas encore de sapin richement garni.

En revanche, l'Enfant Jésus faisait sa tournée dans les chaumières avant la messe de minuit, alors qu'il n'était pas encore né. *Chriskind* se présentait sous les traits d'une jeune fille habillée de blanc, une clochette à la main, une couronne sur son voile. Tant de bizarreries ne nous troublaient guère. Qu'importait que sa voix ressemblât à celle de la voisine, et que son regard ne nous fût pas inconnu. Le merveilleux et la magie s'accommodent fort bien de toutes les invraisemblances. J'y allais d'une prière ponctuée d'un «Amen» en fortissimo et je roulais mes yeux dans l'assiette traditionnelle où les étoiles givrées de sucre glace remplaçaient le pain d'épice.

C'était enfin Nouvel An, jour des étrennes, précédé de la nuit la plus longue. Qu'elle tardait à poindre cette aube paresseuse. Sous les couvertures, je m'entraînais à la formule magique des vœux que, sous le coup de l'émotion, je bafouillais ensuite lamentablement.

Ça bouge à la cuisine. Allons-y! Ce premier essai est concluant; la réplique du père est brève: «Moi de même.» Et la scène se répétera dès lors dans tous les foyers répertoriés avant l'aube. On court chez le parrain et la marraine, généreux ce jour-là, qui récompensent d'habitude en espèces. On file sans s'attarder chez les oncles, les tantes, les voisins. On croise les copains avec des airs complices et satisfaits, les bras chargés de brioches, les poches remplies de quetsches séchées, de noix et d'espèces sonnante et trébuchantes. J'apprenais aussi ce jour-là l'indispensable sens de l'économie lorsque mes «écus», un par un, étaient avalés par la fente de la tirelire sous le regard impitoyable de maman.

Vers le milieu de la matinée, les stocks de brioches torsadées en forme de losange s'épuisaient dans les foyers et commençait alors la démarche des adultes. Excellente occasion de faire goûter sa quetsche ou sa mirabelle de l'année! Autour de la grande table, les hommes parlaient de l'an passé et l'on espérait en un avenir meilleur, tout en sachant confusément que la sueur et le travail seraient encore le lot quotidien des jours à venir. Une douce euphorie déliait les langues dans la pièce enfumée. Et l'on évoquait, dans la bonne humeur, les terribles hivers d'autrefois; les plus âgés puisaient leurs anecdotes dans la fin du siècle dernier et campaient, avec un solide humour, quelque personnage pittoresque ou pathétique du bon vieux temps.

La veille au soir, la jeunesse masculine se rassemblait dans l'une des auberges, attendant sagement le dernier coup de minuit. C'est alors que la tournée du patron bouclait l'ancienne année et débouchait sur la nouvelle. Dans la liesse générale se succédaient les tournées, les défections aussi. On connaissait d'avance les vertueux qui ne tiendraient pas le coup et qui chercheraient, dans la nuit d'encre, le chemin du logis. Le dernier carré quittait au petit matin après le rollmops des fêtards.

Déjà ça bougeait dans les écuries ; la lueur falote d'une lampe tempête attirait ces « oiseaux de nuit » qui connaisaient par avance la cuisine qui leur offrirait l'hospitalité. Rien de tel qu'un café bien chaud, une belle tranche de pain et un saucisson maison – il y en avait dans tous les fumoirs à cette époque de l'année – pour ragaillardir et rétablir les équilibres. Et l'on commençait alors la tournée des vœux, en groupe, sélectionnant les maisons où l'on avait une chance de trouver, au saut du lit, la belle de ses pensées.

FÊTE PATRONALE

Chaque fête patronale nous ramenait pour quelques jours, la sœur de Patté Grincheux. Elle arrivait la veille, en gare de Bouzonville, où j'avais pour mission de l'accueillir. Avec ses chapeaux élégants et sa garde-robe de citadine, elle faisait grande dame sortie d'un autre monde. Et pourtant, je ne l'aimais pas. On m'obligeait à l'appeler « la tante de Nancy ». Un poil sur la joue droite avait le don de m'irriter quand elle m'embrassait. Avec son petit air condescendant, elle trouvait que je n'avais pas grandi depuis l'an passé.

— Tu te portes pourtant à ravir, disait-elle.

Je comprenais son allusion et en étais humilié. N'était-ce pas un outrage à mes rondeurs ? Et puis, bien des choses s'expliquent si je vous dis qu'elle était radin.

Le dimanche, arrivaient, par le train de Metz, les cousins du Sablon et leurs parents : la Marie, sœur de maman qui avait le cœur sur la main et le Moritz, son époux, toujours souriant et spirituel. Par le train de Thionville venait de la parenté de Metzeresche qui parlait une drôle de langue ; c'était un dialecte luxembourgeois qui m'écorchait les oreilles mais que je maîtrisais en partie ; dès le lendemain, je faisais étalage de mes nouvelles connaissances linguistiques devant des copains ébahis. Je garde pour la fin l'arrivée toujours inopinée de Pauline et de Camille, son époux, fils de la tante de Nancy. Nous étions dans les années 1920 et l'on ne parlait pas encore d'extra-terrestres. Et pourtant ! Ils ne comprenaient pas notre langue et arrivaient, casqués et bardés de cuir sur une rutilante « Motosacoche », une marque suisse, impressionnante de puissance. Lui travaillait « aux tabacs » (manufacture de Nancy), elle à l'usine. Sans doute gagnaient-ils beaucoup d'argent pour s'acheter pareil engin ?

Il me tardait d'être après les vêpres pour attendre mon tour comme passager sur le tan-sad de la grosse moto ; je me rappelais l'an passé lorsque, grisé de vitesse et les genoux en feu — parce que trop petit encore pour arriver aux cale-pieds – j'étais heureux comme un roi au point d'en oublier les manèges.

Ils étaient arrivés en milieu de semaine et s'étaient installés à l'entrée du village. Devant un parterre de badauds, les forains avaient monté leurs boutiques et installé leurs bâches. A l'abri des regards indiscrets, la loterie, le tir, le bazar préparaient mystérieusement leurs étalages. Enjambant la Bach, les balançoires, avec leurs esquifs à deux places, étaient à leur emplacement habituel. Certaines années, un carrousel enrichissait l'arsenal forain.

Les manèges étaient ceux du Père Kiener, qui se sentait un peu des nôtres pour avoir séjourné durant quelques hivers frileux dans nos murs, quand les saints, dans les églises, ont trop froid pour faire la fête. Façon à lui de nous faire une faveur, disait-il, et de nous remercier de notre hospitalité d'antan.

– Un si modeste village ne méritait pas un tel déploiement de moyens, avait-il pour habitude d'affirmer.

Chaque année, la fête était mise aux enchères par le Maire et adjugée au plus offrant : pompiers, conscrits, harmonie municipale, orchestre Schober. A grand renfort de solives, de cales et de panneaux de bois, on montait, devant l'auberge de la Marie God un plancher surélevé et une estrade sur tonneaux de bière vides. De solides garde-fous assuraient une protection contre l'exubérance des dernières heures de la nuit. Les bancs et tables à l'entour étaient prévus pour l'âge mûr et particulièrement pour les mamans soucieuses de la vertu de leurs filles.

La semaine précédant la fête, la maison devenait un chantier d'intense activité que les ménagères s'ingéniaient à rendre accueillante. Les galopins, dépaysés et gênants, fuyaient vers la rue où tant de choses se passaient. Les chiffons traquaient la poussière dans les moindres recoins. Meubles cirés, cuivres astiqués, rideaux lavés, taies et draps renouvelés, l'haleine du logis sentait bon le frais, le linge, la cire, la lessive. L'amour-propre des ménagères s'aiguisait au fil des jours, jusqu'à l'arrière-cour et la porcherie passées au peigne fin puisqu'il fallait les traverser pour certains besoins.

– Que diraient les gens si ?...

Et le samedi soir, fort tard dans la nuit, travaillaient le lave-pont et la serpillière pendant que des têtes innocentes souriaient en rêvant au bonheur du lendemain.

Chaude et odorante était la journée du four qui avalait une armada de tartes aux pommes et aux dernières quetsches de l'année, ainsi que la ribambelle de brioches torsadées aux couronnes tatouées par la pointe du couteau avant qu'une plume de poule y bavât le jaune d'œuf battu, pour les rendres brillantes et dorées après cuisson. Où trouver place pour cette orgie pâtissière ? On les perchait sur les armoires, on les nichait sous les lits, dans l'espace mesuré du logis.

A l'arrivée du boucher, le samedi matin, il y avait foule à chaque arrêt. La ménagère réceptionnait sa commande, la glissait furtivement sous la serviette blanche de son panier, fouillait fébrilement dans son porte-monnaie et se sauvait, un peu honteuse encore sous le choc de l'addition.

Pourquoi tant de mystère, alors que la coutume imposait le menu traditionnel ?

> Potage au vermicelle
> Bœuf avec céleri ou cornichons
> Rôti de veau
> Légumes et frites
> Salade
> Œufs à la neige
> Tartes

Pas de fête sans forains, pas de dimanche sans messe. L'église était pleine. Même la tante de Nancy, quittant la maison de ses jeunes années, s'en allait seule, traversait le pont sur la Bach, tournait sur la droite à travers la Zwèachgass, montait le raidillon puis les escaliers conduisant à travers le cimetière vers l'église. Etait-ce pour réchauffer sa métaphysique agnostique ou pour refaire le trajet mille et mille fois parcouru au cours de sa jeunesse de gamine innocente et soumise ?

A la sortie, ce n'était que joie des retrouvailles, poignées de main, embrassades. Les groupes se formaient, se dissociaient, se reformaient ailleurs pendant que les cuisinières couraient à leurs casseroles et que les hommes se dirigeaient vers les auberges.

— Aujourd'hui, on mange comme «le beau monde», disait le Jean, faussement cérémonieux.

Voyez l'heure, la nappe immaculée, les petits plats dans les grands, les serviettes nouées en bavoir, le gros rouge supérieur ! Fichtre ! Alors, bon appétit ! Et l'on attaquait en fanfare. L'harmonie municipale s'arrêtait de place en place, détachant une grappe de filles qui se dispersaient dans les maisons pour accrocher des rubans à la veste des convives. Fiers dans leur bel uniforme, les joues gonflées de notes, nos musiciens se gavaient de partitions. Nos hommes faisaient sonner la pièce dans la petite corbeille en berceau, écoutant l'oncle Moritz qui disait : « Un peu plus pour les musiciens, ça fait un peu moins pour le curé. »

Le protocole plaçait les hommes ensemble, ensemble les femmes, et les jeunes en bout de table. Serré comme des sardines, le beau monde tombait la veste après la première lampée de potage bouillant. Pendant qu'une pauvre maman ne savait plus où donner de la tête, les conversations allaient bon train à table où l'on trinquait et buvait sec à un avenir qu'on souhaitait meilleur que le passé.

L'oncle Moritz, chauffeur de locomotive à vapeur, était fier de sa machine qu'il bichonnait avec amour et en parlait comme de son premier jouet. François de Metzeresche, cheminot lui aussi, aimait son métier plus prosaïque d'aiguilleur tandis que Camille, prenant sa mère comme interprète, parlait syndicalisme, socialisme, des mots qui, ici, ne trouvaient encore guère de résonance, sinon chez le Jean, intéressé. Inévitablement on en arrivait à la guerre de 1914-1918, à la vie de soldat pour les uns, de prisonnier pour les autres. Camille finissait par lâcher, en langue germanique, avec un accent cocasse, quelques mots appris dans le Stalag, qui faisaient rire tout le monde. Ils étaient là, tous amis, les soldats du Kaiser et ceux de la République, ennemis hier sur le terrain parce qu'une ligne imaginaire les avait séparés. Et grand-père évoquait le service de sept ans, par conscription avec tirage au sort, qui fit de son père un vrai soldat de métier.

Comme une volée de moineaux, les jeunes s'étaient égaillés dès que la compagnie leur eut ouvert son porte-monnaie. Les cloches des vêpres avaient vidé le coin des femmes ; ne restaient que les hommes pour goûter la quetsche du pays.

Vers cinq heures tout le village était rassemblé sur la place qui grouillait de monde. A chaque âge ses plaisirs ! Les petits, barbouillés de sucre d'orge, les doigts poisseux, n'avaient d'yeux que pour les berlingots, sucettes, bâtons de sucre irisés, pains d'épice, trompettes ou petits baigneurs à quelques sous. Les galopins hésitaient devant les révolvers à bouchon, les pistolets à amorce, les fusils à flèche, tâtaient leur poche, comptaient et recomptaient ; les plus sages se décidaient pour un lot de pétards. Leurs aînés fusillaient les pipes de plâtre au stand de tir. La loterie attirait les demoiselles par sa verrerie de pacotille et ses ravissantes poupées qu'on ne gagnait jamais.

Les costauds mesuraient leurs forces au « Loucas ». La masse en bois, manœuvrée par deux bras musclés, lançait le curseur sur une glissière verticale étalonnée. Et lorsqu'au haut de sa course l'arrêtoir faisait exploser l'amorce, une médaille récompensait le fier à bras. Au-delà de la Bach, les adroits s'essayaient au concours de quilles, tandis qu'aux balançoires il fallait freiner les téméraires avec la planche mobile qui frottait sous le sabot de l'esquif.

Le soupirant invitait sa belle pour un tour de carrousel. Les chaînes enlacées se dévidaient et la chaise, projetée bien haut, faisait goûter à la fille quelques instants de folle ivresse, ponctuée de cris effarouchés.

Confiné en si peu d'espace, le vacarme était infernal : claquements de carabine, éclatements de pétard et de ballon, crécelles de la loterie, mélopées égrainées par un limonaire nasillard, cris, exclamations, pleurs, cuivres de l'orchestre ; les décibels affolés se bousculaient en un tintamarre indescriptible.

Le bal tenait bon jusque fort tard dans la nuit. Nous n'étions guère loin de cette époque où Monsieur le Curé jetait l'anathème sur ce divertissement païen et refusait l'absolution aux filles, déflorées – le croiriez-vous ? – par une modeste polka.

Cavalières au bras des cavaliers, les couples marchaient en rond sur la piste durant ces deux minutes d'entracte où le préposé encaissait les cinq sous pour deux danses. L'orchestre enchaînait et les couples se séparaient à l'issue de la seconde. Valses, polkas, pasodobles se succédaient jusqu'au petit matin.

Le soir de la Saint-Rémi, ou le lendemain, les invités, heureux mais fatigués, emportaient chacun, selon la coutume, tartes et brioches faites à leur intention, dans des serviettes nouées aux quatre coins.

Une fois de plus, les lampions de la fête s'étaient éteints pour une longue année et son souvenir s'estompait dans l'éclatement d'un dernier pétard retrouvé.

FONTAINES

Notre village en avait deux, parfaitement identiques : le « Borren du Haut », et le « Borren du Bas ».

Taillée dans la pierre, une stèle trapue avec chapiteau et corniche s'ornait d'une tête de lion féroce, coulée dans le bronze. Un tuyau de fonte – poli par le temps et les milliers d'usagers qui s'y étaient accrochés d'une main, buvant dans le creux de l'autre – plongeait dans la gueule du fauve pour y puiser l'eau fraîche d'une canalisation allant chercher, au gré de la pente, la source du Schäferborren.

Trois auges de grande taille se succédaient, édifiées en pierre à l'origine, en béton depuis le début du siècle : l'abreuvoir en amont, en aval le lavoir aménagé avec des rebords formant table de travail et entre les deux bassins, celui du rinçage.

Elles avaient leurs humeurs, nos deux fontaines, telles des sœurs jumelles. Quand le vent d'ouest persistant bousculait des nuées intarissables et que l'orage d'encre et de feu crevait sur les collines du Hanseberg et du Quetscheberg, elles crachaient un flot laiteux virant à l'ocre. On ne sait pourquoi leurs eaux, pourtant domestiquées, se mettaient au diapason de la nature et piquaient leur brusque colère. Quand tout allait, elles chantaient dans le bac comme un métronome, limpides et froides, s'amusant au jeu des rides. Et ce n'est que durant certains étés secs qu'elles languissaient, épuisées d'avoir tant donné.

Matin et soir, il y avait de l'animation autour de la fontaine ; les troupeaux, quittant l'étable, s'en approchaient lourdement. Les mufles fumants humaient le breuvage, s'y trempaient jusqu'aux naseaux frémissants et, telle une ventouse, aspiraient longuement, sans hâte et sans bruit, l'eau fraîche dont le niveau baissait régulièrement, mettant à nu la mousse des parois où vibrillonnaient d'étranges petites créatures. Et les mufles ruisselants partaient comme ils étaient venus.

Parfois d'anciennes rancunes se réglaient à coups de cornes, dans l'indifférence générale des bêtes. La charge était terrible, le choc effrayant entre deux masses de chair et d'os. Le plus souvent, plus de peur que de mal; parfois un flanc zébré, une corne arrachée. Et l'on pouvait suivre le troupeau à la trace sur le chemin du retour, tandis qu'autour de la fontaine, le cloaque d'excréments et de boue grossissait à chaque nouvelle arrivée.

Les chevaux aussi s'abreuvaient là. Les poulains se livraient à un petit galop d'essai et narguaient les juments dociles. Quand on réglait un différend entre adultes, tout se passait très vite. Crinière hérissée, lèvre supérieure retroussée sur une dentition féroce, de furieux hennissements sonnaient la charge. Les antagonistes essayaient de se mordre mutuellement, d'habitude sans résultat. Alors ils se rabattaient sur la ruade; c'était terrifiant, ces sabots projetés très haut, aux fers étincelants, capables de tout fracasser. Après quelques coups mal dirigés ou esquivés, tout rentrait dans l'ordre et les petits polissons, qui s'étaient égaillés durant ce combat de géants, revenaient vers la fontaine qui, indifférente, remplissait inlassablement les bacs.

Le lundi était jour de lessive durant lequel les lavandières se relayaient au lavoir en double rangée. Exposées à tous les vents, privées de l'abri d'un toit, stoïques sour le crachin, elles avaient bien du mérite à faire ce travail ingrat. Il y avait en revanche le miracle de la communication et les heures exquises des confidences.

Voici par exemple la Kätté, dans son innocent jeu de l'information:

– Ça va, Kätté, ce matin?

– Ben oui!... Hélas tout n'est pas rose dans notre pauvre monde.

Décidément, elle sait quelque chose, la futée; inutile de la brusquer on la connaît. Elle y va à petits pas.

– Il fallait que ça arrive à la Bibi!

Les battoirs s'arrêtent en pleine envolée. Un ange passe. Elle reconnaît là le signe qu'elle est la seule à savoir.

– N'avait-elle pas déjà assez de misère avec son fils?

C'est le suspens; ça doit être sérieux.

– Voilà que sa Julie lui en fait voir à son tour!

Attente angoissée. Elle prend son temps.

– Voilà-t-il pas qu'elle a connu au bal un de ces farfelus de la ville...

Cela devient insoutenable.

– Et ben, elle est partie avec, laissant sa « pov » mère toute seule à présent. C'est-y pas malheureux ?

Exclamations indignées.

Elle n'en dira pas plus, ne rajoutant pas au-delà de ce qu'elle sait.

Dans le petit univers de nos villages, on se connaissait plus qu'il n'aurait fallu. Impossible de s'ignorer les uns les autres et cacher longtemps ce qui ne pouvait l'être. C'était la rançon d'une vie communautaire où, tout en vivant chacun pour soi, on lisait comme dans un livre ouvert les secrets de tous. Il n'y avait là, chez la plupart de nos gens, aucune malice, que le simple désir de connaître et d'informer.

C'est au lavoir que se distillaient à petites doses les informations qui passaient dans le domaine public. Si la petite boule de bleu communiquait à toute l'auge son azur pour rendre le linge plus blanc, on connaissait les deux ou trois mauvaises langues qui troublaient les imaginaires. Tout se passait par indiscrétions calculées, allusions perfides, supputations équivoques, avec le seul désir de nuire. On ne recueillait leurs informations qu'avec une extrême prudence. Mais à partir de ce moment-là, le ver était dans le fruit.

Pendant ce temps, on ne chômait pas.

Ici, du baquet où le linge trempait depuis la veille, on sort le pantalon ruisselant du grand-père étendu sur le plan de travail lisse comme un miroir. Le gros cube de savon de Marseille glisse sur le velours côtelé ; la brosse de chiendent s'en empare et frotte, frotte sur l'endroit, frotte sur l'envers, dans un bain de mousse, s'attardant sur les endroits douteux où l'écume sort, terreuse. Plongé et replongé dans le bac, vérifié sous toutes les coutures, il y a de fortes chances qu'il repasse sur la planche.

Là, on rince le blanc qui a concocté dans la lessiveuse bouillante, arrosé par les jets du champignon. Le jeu du battoir fait gicler l'eau et cracher l'air du boudin torsadé qui se recroqueville et agonise dans un dernier souffle. Et la *Schouka*[1] ou le *Wänchen* emporte le linge lavé d'une maman trempée comme une soupe.

Une fontaine, de la place autour, le mirage de l'eau, l'animation habituelle, c'était inévitablement le lieu de rencontre idéal des « courtes culottes », le haut lieu de leurs premiers exploits : courses-poursuites sur le rebord des

---

1. Brouette.

auges, chute imprévisible dans le bassin, escalade de la stèle, pêche imaginaire, guerre de l'eau pour la conquête d'une auge dans un éclaboussement de gerbes argentées.

Que de corrections maternelles pour briser le charme mystérieux de l'eau! Que d'inestimables trésors ne trouvait-on pas au fond d'un certain bassin quand le garde champêtre faisait la vidange pour récurer les bacs: boutons, modestes sous, billes, couteaux rouillés échappés aux pantalons négligents. Et que de cris indignés chez les petites vieilles derrière leurs rideaux, lorsqu'à son tour, un téméraire défonçait le gros bouchon à étoupe de la bonde pour laisser couler un flot déchaîné.

L'eau était-elle potable? Personne n'en douta jamais. Mais il y a fort à parier que sa réputation n'eût pas résisté à une analyse sérieuse obéissant aux critères actuels.

Deux fontaines, une pompe publique sur la façade du Kaoudé, un puits public avec sa margelle dans le Héneschtecken, quadrillaient le village. Telle était la richesse des humbles.

Les puits privés se multiplièrent par la suite. L'an 1959 apporta l'eau au robinet et 1962 signa la condamnation des fontaines.

Saisie par le modernisme, faisant peu de cas des richesses du passé, l'ignorance de l'époque les fit tomber sous les coups du marteau-piqueur. Restait le *Chèmik*, cette auge de plain-pied dans le haut de la Bach, où s'écoulait la source du Schoberberg dont l'eau d'une extraordinaire pureté servait aux brandeviniers pour couper les alcools. Elle coule toujours, mystérieuse, sous la chape de béton du ruisseau.

L'AUBERGE DE LA MARIE GOD

Elle était connue dans tous les villages à la ronde. Tout ce qui circulait, de l'amont vers l'aval, sur la rive droite de la Nied, passait inévitablement devant l'auberge pour s'en aller vers le chef-lieu du canton. Y passait, en sens inverse, tout ce qui se dirigeait à pied, à cheval ou en voiture, vers le chef-lieu d'arrondissement, à trois lieues de là.

Les attelages s'arrêtaient devant l'auge remplie d'eau fraîche, les chevaux s'y abreuvaient, tout heureux qu'on les attachât ensuite aux anneaux fixés sur le mur du pignon. Les hommes, à leur tour, se rinçaient le gosier dans l'estaminet. L'établissement n'avait point d'enseigne; on allait boire le coup chez la Marie God.

C'était la tenancière de l'auberge. Dans ce milieu d'hommes rudes, cette diablesse de femme régnait en souveraine, intraitable sur les principes, faisant respecter d'une voix ferme la Loi et sa loi. Elle passait entre les tables à grandes enjambées et sa longue robe noire voltigeait autour de ses jambes arquées comme une soutane de curé en colère.

Son auberge était propre, nette, mais sans prétention. Très dévote, la tenancière l'avait placée sous la protection de plusieurs saints dont les portraits s'accrochaient aux murs. Il est peu probable que ces figures angéliques lui fussent de quelque utilité quand quelques verres de trop chauffaient l'assistance.

En ce temps-là, on n'exposait pas, et pour cause, toute une gamme de tord-boyaux «frelatés» qu'on trouve dans nos troquets actuels. Sur quelques rayons trônaient des chopes en terre cuite, d'autres en émail, richement décorées, des séries de verres sans grande valeur et les traditionnelles mesures en étain prescrites par la loi. On buvait la bière au goulot des cannettes ou dans les chopes couronnées de mousse. Quant au gros rouge, il eût rougi de se retrouver dans ces petits verres pour freluquet dans lesquels on le verse aujourd'hui au compte-gouttes; il ne se complaisait qu'au sein de la «fillette» qu'on appelait «chopine» chez nous.

Pour quelques sous, on pouvait se faire servir un «Kahlé» d'alcool de pommes de terre, de seigle ou de poire dans un verre trapu de quelque 5 centilitres. C'était la bonne mesure pour des gosiers patinés. La méprisable limonade était pour «les poules mouillées» et le Malaga offert courtoisement à quelque dame qui s'égarait dans ce «lieu de perdition».

Il arrivait qu'on bût sec et qu'on souquât ferme sur les goulots. Mais gare! L'alcotest de la Marie God était infaillible. Le seuil de tolérance, qui franchissait allègrement le cap de 0,8 g était fonction du client. Et quand, à certains signes cliniques, la tenancière jugeait que la mesure était pleine, elle devenait intraitable. Pas question de concession au sujet de ce dernier verre réclamé avec insistance par tous les pochards.

On raconte que plus d'un ivrogne se retrouva brutalement à l'air libre pour avoir oublié que toute privauté décuplait les forces de la Marie God pour laquelle un gonflé de vapeurs d'alcool ne pesait pas lourd. Et les saints, tout souriants dans leur cadre, inscrivaient à leur compte cette expulsion miraculeuse.

Notre héroïne était célibataire; qui en eût douté? Elle avait hérité l'auberge de ses parents. Tout laisse supposer que le ménage Vilbois-Pennerath était relativement aisé. Cultivateur, aubergiste, épicier et boulanger, il avait de quoi pour occuper un fils et quatre filles. Une certaine Marie Lobsinger *(Chante-Louanges)* était la bonne du ménage. On exigeait d'elle toute autre chose que ne le laissait supposer son patronyme suave et évocateur.

Notre aubergiste racontait dans l'intimité que, durant cette période faste, sa mère emportait périodiquement, dans le creux de son tablier, quelques poignées de pièces, dont quelques-unes d'or. Elle allait à la ville voisine, à 1 km, déposer son trésor chez un «argentier», un certain Kromholz *(Bois-Tordu)* connu sous le nom de Groschen-Voupat *(Grippe-Sous)*. Il était exceptionnel, en ces temps-là, de confier sa petite fortune à autrui; le bas de laine était la panacée pour nos gens méfiants.

Après les mariages successifs de quatre de leurs enfants, les Vilbois renoncèrent à exploiter l'épicerie et la boulangerie; le local, affecté à cet usage, servit à agrandir l'auberge, dont la Marie God devint la tenancière.

Rien ne laissait présager que cette jeune fille décidée, au caractère bien trempé, allait se vouer au célibat. Respectueuse et obéissante, elle semblait s'accommoder d'un soupirant des environs pour répondre aux souhaits des deux familles. La maladresse du futur beau-père qui imagina sa bru débarquant chez lui d'une charrette remplit de meubles magnifiques, modifia le cours des événements. Face au malheureux médusé, la réponse fusa, percutante :

— Gardez votre fils, je garde mes meubles.

La rupture fut irrévocablement consommée ; et, dès lors, notre tenancière éconduisit sans ménagement tous ses soupirants ultérieurs.

Certes, les propos de bistrot n'étaient pas toujours édifiants. Les plaisanteries grivoises, les allusions osées, les sous-entendus hypocrites, toute cette dialectique fumeuse et pharisaïque ne contribuaient pas à donner à une jeune fille une très haute idée du bonheur conjugal. Il est probable aussi que ni sa nature ni son caractère ne la prédisposaient au mariage. Et c'est ainsi qu'elle demeura célibataire.

Je m'excuse ici, auprès du lecteur, de tous ces détails d'ordre familial. Il en comprendra la raison par la suite.

Les dimanches, l'auberge vivait au rythme des cloches. La porte était close durant la grand-messe et les vêpres. Quand notre aubergiste mettait son chapeau, l'assistance savait que c'était l'heure de l'office. Non sans maugréer, les clients quittaient l'établissement en traitant la tenancière de bigote. Elle ne s'en offusquait jamais et ne manquait point de dire quelques « Ave » pour le salut de leurs âmes. Aux clients récalcitrants, elle répliquait : « Allez chez le Juif ». C'était l'expression consacrée par l'usage. Il n'y avait là nul mépris ou animosité vis-à-vis d'un concurrent, le vieux Léon, marchand de bestiaux, dont la fille tenait un café au n° 8 de la rue Saint-Rémi.

A deux pas de l'église, c'était le troquet bien intime où le Dieu d'Israël réunissait, les dimanches matin, quelques mécréants qui échappaient au sermon dominical. Et le suisse de l'église, dans son uniforme chamarré, qui devait y pointer les présences, trinquait allègrement avec eux jusqu'à en oublier sa mission. Quelques vieux y chopinaient habituellement en toute tranquillité, évoquant durant des heures leurs souvenirs d'antan. Parfois aussi, quelques drôles en goguette, contestant les comptes de la vieille Henriette, un peu sourde et simplette, lui croquaient gaiement son maigre bénéfice.

Les veilles de fête religieuse importante, il y avait affluence à l'auberge de la Marie God. Les hommes ne confiaient leurs péchés capitaux qu'aux oreilles d'un curé étranger. Ils s'en revenaient, après confesse, de quelque paroisse des environs, s'arrêtaient à l'auberge, glosaient sur la maudite et pesante corvée accomplie et arrosaient leur état de grâce bien précaire au risque de le perdre à tout moment. Mais la Marie God veillait au grain.

Le dimanche matin, à huit heures, le prêtre distribuait la communion ; il fallait être à jeun depuis minuit. Les gens d'Alzing, qui faisaient partie de notre paroisse, venaient à pied à travers la forêt, par groupes d'âge bruyants ou sages et, dès la fin de la cérémonie, se répartissaient inégalement entre les trois cafés du village pour y attendre la messe de dix heures. Pourquoi ne distribuait-on pas la communion en ces temps-là au cours de cette messe dominicale ?

Dans l'auberge de la Marie God, tout brillait pour la circonstance et l'odeur du bon café se mêlait à celle de la cire toute fraîche. Les hommes taillaient dans le jambon et buvaient du gros rouge. Côté femmes, on trempait la bonne brioche de la maîtresse de maison dans les grands bols de café au lait fumant. Tout baignait dans une chaude ambiance bruyante et bon enfant et flottait dans une espèce d'apesanteur débarrassée du travail despotique et des soucis quotidiens.

Et les saints, dans leur cadre, tout étonnés de trouver subitement autant d'hommes et de femmes à l'unisson, se réjouissaient de l'arrivée de temps meilleurs.

En 1909, à l'âge de 72 ans, les parents de la Marie God décédèrent à quelques mois d'intervalle. Pour se prémunir contre une future solitude, celle-ci avait pris en charge, dès 1906, la petite Nanette qui venait de naître dans le ménage de son frère, le Vilbois Péta. C'était le cinquième enfant d'une nichée de douze dont sept seulement parvinrent à l'âge adulte.

La petite Nanette possédait, en la personne de sa tante, à la fois une mère affectueuse et un père intransigeant. Elle grandit en sagesse, dans le respect et la crainte de Dieu dont elle chantait les louanges d'une voix merveilleuse en s'accompagnant de son harmonium. Elle passa de l'école à l'auberge, fut remarquée par un certain Pierre Altmayer qui eut l'heur de plaire aux deux femmes et qui l'épousa en 1925 avec la bénédiction de sa vieille tante. Celle-ci légua tous ses biens au jeune couple ; ce fut un merveilleux cadeau de mariage.

La vieille aubergiste passa définitivement du comptoir à la cuisine. Le progrès était en marche ; elle s'en rendit compte et dès lors elle se voua aux casseroles et se dévoua à l'éducation des enfants du jeune couple.

Et c'est ainsi que le vieux comptoir fut troqué contre un « zinc » clinquant, que le phonographe à manivelle, grincheux et nasillard, céda sa place à une radio naissante et bégayante. Pour attirer la jeunesse, le nouvel aubergiste aménagea un jeu de quilles dans le jardin d'en face. La bière de Freistroff allait couler dorénavant à la pression et mousser dans les bocks en verre épais tandis que naissait, sur l'étagère, le rayon des apéritifs: Cap Corse, Dubonnet, Byrrh, Raphaël, Suze, tous ces soi-disants «amis de l'estomac». Mais ces boissons nouvelles, bien trop chères pour nos gens, n'avaient qu'un succès limité.

La brasserie effectuait sa livraison hebdomadaire; c'était le spectacle du jour pour la marmaille curieuse. Que de choses à admirer: le lourd chariot à plateau aux roues trapues, chargé de tonneaux et de caisses, l'attelage composé de deux magnifiques percherons, les harnais luxueux pailletés d'or et d'argent, le Bier Josel de la brasserie, petit bonhomme claudicant qui maniait avec une dextérité incroyable les lourds tonneaux de bière, grognait dans sa barbe et nous chassait sans conviction. Combien de fois ne l'avons-nous pas croisé en chemin, éméché et endormi sur son siège, ramené à bon port par ses deux braves percherons.

Par la suite, il fut question de la construction d'une salle de danse attenante au café. Hostile au projet, le vieux curé vitupéra, du haut de sa chaire, contre cette *Teufels Bude* (boutique du Diable). A la stupéfaction de l'assistance, notre aubergiste quitta ostensiblement l'église en plein sermon, claquant la lourde porte, dont le bruit résonna comme un glas sous les voûtes. On parla dans tous les foyers de cet éclat et, ce jour-là, il y eut foule à l'apéritif. En 1934 fut inaugurée la salle.

La petite Nanette, arrière-grand-mère à présent, compte 86 ans; si son règne est fini, son univers reste la salle du café. Pour sa descendance, pour l'auteur devenu son gendre, pour les clients, elle est devenue «la Mémé». Quant à la Marie God, décédée en 1949, une simple grippe l'emporta, alors qu'elle n'avait «jamais connu un docteur» auparavant.

Pour clore ce chapitre, voilà une anecdote qui mettra une touche finale au personnage et témoignera de l'état d'esprit de notre population à l'égard de l'occupant. Après l'annexion de notre département en 1940, le portrait du dictateur devait obligatoirement figurer en bonne place dans les établissements publics. C'est ainsi qu'il était accroché dans l'auberge de la Marie God. Il arrivait à cette dernière d'y faire un tour par nostalgie du passé. Elle lançait un bonjour sonore, véritable défi au *«Heil Hitler»* de rigueur, faisant, comme autrefois, le tour des tables pour saluer les connaissances. Elle flairait l'étranger d'outre-Rhin et, comme sa vue s'était très affaiblie, elle s'en approchait au plus près, le toisait des pieds à la tête et pointant son index: «Tu n'es pas d'ici, toi? Regarde là-haut, à la place de celui-là était accrochée la Sainte Vierge.» Et, tournant les talons, elle s'en allait dignement. Elle entendait bien vivre assez longtemps, disait-elle,

241

pour redevenir française en changeant de nationalité pour la cinquième fois. Son vœu fut exaucé.

    Française : avant 1870 (de naissance)
    Allemande : après la défaite de 1871
    Française : après la guerre de 1914-1918
    Allemande : après la défaite de 1940
    Française : à la libération.

LES JUIFS DE CHEZ NOUS

Par le passé, notre village fut un berceau de juifs qui y avaient pris racine depuis fort longtemps. Il y avait les Moïse, les Marx et la tribu des trois familles Lévy, tous marchands de bestiaux connaissant à fond toutes les étables des localités environnantes.

Nos gens, tous peu ou prou attachés à la glèbe, marquaient quelque mépris pour quiconque ne travaillait de ses mains, en même temps qu'une pointe d'admiration refoulée, teintée de méfiance, pour ceux qui vivaient de négoce.

— Est-il possible de gagner honnêtement sa vie sans travailler, entendait-on souvent!

Et pourtant, nos fils d'Abraham étaient logés à la même enseigne que tout le monde et vivotaient sans plus d'éclat ou d'aisance que le reste de la communauté. Ils adoraient un dieu proche du nôtre et fréquentaient, sans bruit ni ostentation, leur synagogue de Bouzonville, le jour du Sabbat. Voilà longtemps que leurs ancêtres s'étaient fondus dans le creuset commun sans que rien ne les distinguât des autres.

Certes, l'Eglise leur marquait ses distances et, si son enseignement biblique les chargeait sans discernement de l'abominable crime de déicide, ses fidèles en revanche ne connaissaient pas l'intolérance, encore moins le fanatisme.

— N'était-ce pas nous rendre un fier service que de crucifier notre Christ pour lui permettre de remplir sa mission de rédemption? disait le Jean, pince-sans-rire, à la Lisa, scandalisée.

Les ouailles du curé, très pratiquantes et profondément croyantes, ne se posaient point de questions. Il n'y avait qu'une vraie religion, la leur, qui enseignait la vérité. Foin des doctrines! Ce n'était pas leur affaire! Pour eux, les différences entre les deux confessions résidaient avant tout dans les signes visibles et dans les pratiques rituelles par lesquels les deux religions se démarquaient.

— Quelle idée d'interdire la consommation de la viande de notre populaire cochon, de renoncer à ses délices charcutières, de refuser toute chair qui n'était pas *Kaoucha*[1] !

— Bizarre, ce calendrier juif en retard sur le nôtre, mais en avance de quelques millénaires !

— Pas mauvais, ce pain azyme que la Liza ramenait de la Goustel, sa copine, durant la période des Pâques juives quand elle lui entretenait le feu parce que « la Loi » interdisait toute activité quelle qu'elle fût !

Notre religion n'avait-elle pas aussi ses bizarreries ?

Qui ne connaissait Sarah et sa petite épicerie ? Petite femme pétillante d'énergie, on disait d'elle qu'elle n'avait jamais été jeune et qu'elle ne serait jamais vieille. Cinq gosses à élever, c'était courant. Pas facile avec un époux qui préférait les auberges aux étables, assouvissant sa passion des cartes dans les premières quand la chance le fuyait dans les secondes.

A cinquante mètres de là demeuraient les Marx. Le père, alias Folchen, très autoritaire et dur en affaire, avait deux fils dont l'un de mon âge, le Roger, était mon meilleur copain. Ici, la porte s'ouvrait à peine et l'on ne dépassait pas la cuisine. Ça sentait l'encaustique, la femme de ménage, le cossu hésitant et les tartines à volonté. Plus loin vivait le Léon, grand bonhomme aimable et sympathique dont les filles tenaient l'auberge du lieu. Pas une peau de biquette ou de lapin du village qui n'échappât à son flair lorsque, sur le tard, son âge canonique lui fit abandonner ses tournées en carriole.

Face à l'église vivait la Goustel, veuve de guerre de 1914-1918, qui portait avec élégance son *Zwicka*[2] attaché à une chaîne en or et s'exprimait dans un allemand académique. Comment était née son amitié pour la Lisa, bien plus jeune ? Celle-ci lui rendait maints services. Nonobstant tous ses efforts, la brave femme n'arriva jamais à apprivoiser le garnement de son amie.

Sur la route de Metz, la maison du Ernest se nichait un peu à l'écart du village. Tout ce qui passait sur la route était capté par la Carolinchen[3] et collecté à usage strictement personnel, afin de meubler son isolement.

---

1. Terme du dialecte = kasher. La bête devait être tuée selon certains rites.
2. *Zwicka* = binocle.
3. Petite Caroline, femme du Ernest. Le suffixe… «*chen*» est un diminutif dans notre dialecte.

La tradition avait la vie dure chez l'Ernest qui continua longtemps ses tournées à pied jusqu'au jour où son fils Ziwitt réussit à le convaincre d'acheter une carriole comme tous ses coreligionnaires. En avait-il les moyens avant? Carolinchen trouva, sur ses vieux jours, une issue tragique dans un camp d'extermination nazi, à la consternation de tout notre petit monde.

Le Folchen, comme chaque matin – excepté le jour du Sabbat et le dimanche – se prépare à partir en tournée. La légère carriole, remisée dans la grange en pente douce, recule sur l'usoir de la rue. Le Fuchs est de mauvaise humeur aujourd'hui. Opération délicate que de le faire déplacer en marche arrière entre les deux brancards. Il rechigne et les «houf» nerveux alertent le quartier. Voilà la bête sanglée après ses brancards, les longues lanières du mors fixées au crochet, le fouet au garde-à-vous dans son embout. La capote repliée comme un soufflet d'accordéon s'ouvre en parapluie; vers l'arrière, sa lunette ovale de mica reluque par-dessus le caisson bâché. Le Folchen grimpe sur le siège surélevé, fier comme un postillon et accroche de chaque côté le tablier de cuir qui le protège jusqu'à la ceinture. Hu! et ça démarre au petit trot. Selon la tournée, l'équipage reviendra vers midi ou dans la soirée, une vache accrochée à l'arrière, suivant difficilement le train, un veau ou une chèvre sous la bâche ou… bredouille.

Patté parlait depuis peu de vendre Mazette, la perle de son étable car elle commençait à vieillir. Vague projet dont personne, croyait-il, n'était au courant. Qui porta la nouvelle à la connaissance des écumeurs d'étable? Mystère!

Léon arriva le premier, l'Ernest le lendemain. Commença dès lors un jeu serré où l'on ne cédait du terrain que pouce après pouce et où les négociations pouvaient durer des heures, voire des semaines.

La main experte du Léon courait le long de l'échine de la bête, sondait ses flancs, tâtait le pis, remontait vers les cuisses, inspectait les sabots et vérifiait l'encolure. Un coup d'œil aux naseaux, au coin de l'œil, un contrôle de la dentition. C'était pire qu'un généraliste auscultant son patient pour une maladie imaginaire. Celui-ci pouvait se tromper, mais en affaire on n'a pas droit à l'erreur.

– Voilà un pis qui manque de volume, dit le Léon.

– Faut-il une grosse tête pour être intelligent, répondit Patté, fier de sa bête et blessé dans son amour-propre?

– Quel âge a-t-elle?

– Moins que Mathusalem !

Et soudain...

– Quel est ton prix ?

– Quel est le tien ?

On ne le saura pas aujourd'hui. Prudence. C'était à qui avancerait la première estimation, fatalement jugée abusive par l'un ou sous-estimée par l'autre et qui servirait, par la suite, de base de négociation. Quelle somme réelle était inscrite derrière deux fronts têtus et rusés ? Certes, Patté menait les tractations ; c'était affaire d'homme ; mais dans l'ombre, Grand-Mère tirait les ficelles.

Le lendemain, l'Ernest fit avancer la bête sur l'usoir, au grand jour. Son regard inquisiteur était ponctué de oh ! – aïe ! dans le but de déstabiliser son interlocuteur.

– Ça suffit ! dit Patté qui, très digne, rentra Mazette à l'écurie.

– Te fâche pas Péta !

La porte claqua au nez d'Ernest. Il reviendra le lendemain. Ça faisait sans doute partie du scénario.

– Chassez le juif par la porte avant, il vous revient par la porte arrière, entendait-on souvent[4].

La conversation allait bon train entre le Péta et la Rocke-Bibi.

Méfie-toi de ces deux coquins, disait la Godé. Ils vont se disputer comme des chiffonniers puis s'entendre comme larrons en foire !

Ce jour-là, Patté et Léon se tapèrent dans la main ; l'affaire était conclue, sans rémission, et plus rien ne pouvait changer le cours des choses. Les deux hommes se dirigèrent vers la Kama, je leur collai aux talons, et pour cause...

– Cinq francs de pourboire pour le petit... et ce n'est pas négociable, ajouta Patté.

Le Léon pesta, jura qu'on l'étranglait, mais me paya, rubis sur l'ongle. J'exultais. J'étais assurément un gagnant certain dans l'affaire. Et, devant deux verres de schnaps, le Léon affirmait ne pouvoir faire mieux que chou-blanc

---

4. Il n'y avait, dans cet aphorisme relationnel, nulle connotation péjorative ou discriminatoire. Il concernait la fonction avec sa pugnacité, son opiniâtreté, son savoir-faire.

dans cette opération et le Patté parlait de vente au rabais. Ils n'étaient sincères ni l'un ni l'autre.

De nos jours, il n'y a plus de juifs au village. Leurs descendants sont partis ailleurs pour des emplois plus lucratifs. Ainsi s'en est allé vers les Ardennes, il y a cinquante ans et plus, mon compagnon de jeu Roger. On laisse toujours un peu de soi-même quand on quitte son pays. Aimable et souriant, il était brave comme le bon pain. Mais il était juif, donc théologiquement un condamné en puissance. Je trouvai cela révoltant. Que de prières pour sa conversion n'ai-je pas adressées naïvement et en secret à la Sainte Vierge vers l'âge de ma communion, durant une courte crise de mysticisme ! Plus tard, incorporé dans l'équipe locale de foot comme gardien, son adresse et sa témérité en firent l'un des piliers ; mais ses envolées spectaculaires dans les buts étaient freinées par la sévérité d'un père qui ne concevait point qu'on puisse perdre son temps en activités ludiques.

Episodiquement, lorsqu'il revient en coup de vent au pays de ses ancêtres à l'occasion d'un enterrement, nous évoquons tous deux – avec quel plaisir – des souvenirs d'autrefois.

Chers souvenirs !

LA MORT DU GRAND-PÈRE

Patté est mort ; le glas a répandu la nouvelle par-dessus les toits et la rumeur publique a glissé le nom du défunt sous l'huis de chaque chaumière.

A treize ans, a-t-on idée de la mort ? Jamais la maison de la Godé ne m'a semblé aussi vivante ! Des gens s'affairent partout : proches, oncles et tantes, nièces et voisins, etc. Quel remue-ménage ! Il faut préparer la chambre mortuaire, faire la toilette du défunt, alerter le curé, l'état civil, le fossoyeur, les porteurs ; organiser le repas d'enterrement, prévenir la famille essaimée à l'entour, s'occuper des bêtes... que sais-je encore ?

Pendant ce temps, le grand-père, les yeux fermés, étrangement pâle sur son lit, attend calmement le cercueil commandé chez le menuisier du village. Sa moustache, relevée sur les côtés, semble lancer un défi à la mort.

Pourquoi s'est-il éteint ? Et comment ? Je ne l'ai jamais su pour ne m'en être jamais soucié. Et pourquoi n'ai-je pas posé ces questions aux adultes ? On meurt parce qu'on est vieux. N'est-ce pas dans l'ordre naturel des choses ? Et puis, à cette époque, dans nos campagnes, on mourait chez soi, non dans quelque anonyme chambre d'hôpital !

La mort n'était point révoltante.

– Il a fait son temps, disaient philosophiquement les moins concernés.

– Il n'a pas trop souffert, disaient d'autres en guise de consolation.

– Le Péta a eu une belle mort, racontaient entre elles les dévotes, le curé l'a achevé[1].

La Godé n'a pas perdu le nord et dirige les opérations.

– Pauvre Patté ! me dit-elle au passage dans un soupir. Tout son chagrin se résume pour le moment en ces deux mots.

---

1. «*Da Pachtoah hat'en fiatig gemach*» : le curé lui a administré les derniers sacrements.

Désemparé, je ne sais quoi lui répondre. A mon âge on se tait. C'est mieux ainsi.

Toute la nuit, ainsi que la suivante, on veillera le mort. Jusqu'à minuit c'est le village qui participe à la veillée funèbre. La famille prendra le relais jusqu'au matin. On a vidé la Stouf; n'y restent que le catafalque avec son cercueil et ses rangées de chaises. Dans le huis-clos de la pièce, à la lueur de quelques chandelles tremblotantes, s'est enfermé un silence recueilli. A la longue, l'immobilité des vivants devient plus insoutenable que le silence de la mort. Celle-ci s'est réfugiée dans l'horloge qu'elle a arrêtée à l'instant fatal. Elle rôde sans cesse autour des candélabres, soufflant sur la flamme des cierges et promenant son ombre vacillante sur les murs. Soudain, la voix sacrilège d'un «Je vous salue» rompt cette atmosphère d'outre-tombe, traînant à sa suite sa cohorte cacophonique des «Sainte Marie, mère de Dieu...» de l'assistance. Il était temps! La vie triomphe, l'espace des cinq versets du chapelet.

Voilà que Patté doit s'agiter dans son cercueil car on l'utilise pour meubler les silences. On lui reconnaît tant de qualités. Bizarre! Nos gens ne trouvent jamais les mots qu'il faut pour dire ces choses-là pendant qu'il est encore temps.

Le pêne qui tombe annonce l'arrivée d'une relève. Par la porte entre une bouffée d'air frais et vivifiant de la nuit. La branche de buis trace des signes de croix ruisselants. Ceux qui viennent prennent la place de ceux qui partent. La mort règne à nouveau dans le silence.

Ce n'est qu'au petit matin que la vie renaît avec le jour. Mais l'inquiétude s'est propagée peu à peu parmi le peuple de l'arrière-cour et de l'étable où des inconnus ont pris le relais. Le coq a oublié de rassembler ses poules autour d'une fermière inhabituelle, les cochons gloutons ont renoncé à se précipiter sur l'auge avec des remerciements bruyants pour leur nouvel hôte et les lapins tournent bizarrement en rond dans le clapier. Si placides d'habitude, les vaches ont meuglé lugubrement au réveil alors que les chats, seuls au courant, sont partis confier la nouvelle au voisinage et n'en sont point revenus encore. Tout ce monde devine instinctivement que quelque chose d'inquiétant s'est passé dans la maison où ils cohabitent si harmonieusement avec leurs maîtres. Ne font-ils pas partie intégrante d'une même famille dont ils sont solidaires?

Vaille que vaille, après le désarroi du premier jour, la vie doit reprendre son cours, perturbée par le décès du maître, dans le logis ou personne n'a encore pris l'exacte mesure de l'événement.

Au troisième jour, peu avant dix heures, Patté franchit pour l'ultime fois le seuil de sa maison. C'est l'instant déchirant où la Rocke Bibi voit s'écrouler soudain un demi-siècle de vie commune, où elle réalise subitement qu'elle est veuve et qu'après une longue et douloureuse cérémonie funéraire, elle rentrera désemparée, dans une maison devenue orpheline, vidée de son âme avec le départ de son maître!

Certes, c'était bien elle qui dirigeait et régnait sur le petit domaine. Mais elle sait que, sans son homme, elle ne sera plus rien. Demain, la Marguerite, sa fille, aménagera chez elle avec son mari et ses enfants. Rien ne sera plus comme avant. Et soudain, pour la première fois, la petite vieille éclate en sanglots.

Les porteurs ont installé le cercueil sur l'usoir où il attend le curé, les clergeots et le chantre, tous gens imperturbables qui s'associent pour le déroulement d'une liturgie immuable. «De profundis...» et le long cortège noir s'ébranle et déambule lentement dans la rue, vers l'église.

Toute menue dans son banc, la Godé est absorbée par son voile. Elle ne connaîtra plus la chaleur de ces vieux couples, usés par la vie et qui grignotent ensemble leurs derniers jours. Déjà commence à ronger l'affreuse solitude. Elle a conscience que le bonheur est éphémère et la vie trop courte.

Qu'est-ce en effet qu'une existence, sinon un instant d'éternité!

IL ÉTAIT UNE FOIS...

Il était une fois... un petit village comme bien d'autres, qui, à la fin du siècle dernier vivait encore presque exclusivement du rude travail de la terre, peuplé de gens modestes qui savaient ce qui leur manquait et qu'ils n'auraient peut-être jamais. Non le pain quotidien qu'on finit toujours par gagner, mais la certitude d'une vie meilleure, l'assurance de pouvoir souffler un jour, la sécurité pour l'avenir de leurs enfants, un peu plus de justice et de considération.

Lorsque le patrimoine trop modeste et trop dispersé ne suffit plus, que les métiers se meurent, que la maison a trop d'enfants, ceux-ci quittent le nid et vont ailleurs pour gagner leur vie. Ils partaient donc aux alentours ou en ville pour être garçon de ferme, apprenti, servante, etc. La Louise Eppert, bientôt nonagénaire, n'avait-elle pas passé toute sa vie à Paris, à servir un seul maître ?

Et voilà qu'en début de siècle « notre petit village comme bien d'autres » s'éveille et s'ouvre sur l'ère industrielle qui lui fait découvrir d'autres horizons. Et ses fils, paysans ou journaliers, allaient dès lors à la Fabrik, au chemin de fer, aux P.T.T., se transformaient en mineur de fer, de charbon. Les uns restaient sur place, le trop-plein partait au Sablon, vers Thionville, Berlaimont (Nord), etc.

Timidement, « notre village comme bien d'autres » commença alors à envoyer quelques-uns de ses fils « aux écoles », d'autres au séminaire. Fier de ses deux instituteurs et de ses deux professeurs, il lui resta toujours le regret de ne point avoir su enfanter un curé.

Et c'est, ainsi qu'une fois l'an, – avec leur femme et les gosses – revenaient au pays ceux qui l'avaient quitté.

On les voyait soudain dans leurs habits du dimanche, désœuvrés, allant et venant, heureux de retrouver la familiarité des choses : la maison, les champs, les compagnons d'autrefois. Certains caressaient la patine des mancherons de la vieille charrue, d'autres s'emparaient de la fourche ou de la bêche dont le maniement s'était inscrit dans leurs muscles. Ils évoquaient alors les rudes journées dont ils bannissaient tous les mauvais souvenirs. Les femmes, qui en avaient des choses à raconter, cherchaient, dans un minois de gamin étonné, sa filiation.

Etaient-ils vraiment heureux ailleurs ?

Il est resté longtemps un petit village comme bien d'autres, vivant son présent sans oublier son passé, reliés l'un à l'autre par la cohorte invisible de ceux qui sont partis, pas loin, au petit cimetière, à l'abri de l'église et de son clocher. Et là, il y avait foule, et parmi elle :

– ceux dont, chaque jour, le nom s'efface un peu plus sur la pierre trapue qui, tels les vieux dos courbés, n'arrive plus à se redresser. Devinait-on leurs noms rongés par deux siècles qu'ils n'évoquaient plus rien, sinon une résonance qui ne semblait point étrangère !

– ceux dont parlaient nos patriarches et que d'autres avant eux avaient connus ;

– ceux dont nous entretenaient nos vieux et qu'ils avaient connus de leur temps ;

– ceux qui étaient les compagnons de nos pères ;

– ceux qui étaient les nôtres.

Ne sont-ils pas bien plus nombreux que ceux qui restent ?

Et parmi eux, tout comme parmi nous, il y avait :

– ceux qu'on a aimés ;
– ceux qui sont partis sans éclat comme ils ont vécu ;
– ceux qui ont un gros monument sur leur tombe ;
– ceux qui, depuis leur mort, se sont bonifiés ;
– ceux enfin qu'on ne pense pas rencontrer un jour au paradis.

Imagine-t-on la vie des disparus des villes ? Inconnus de leur vivant, ils sont anonymes dans leur mort. Où trouver le temps pour leur rendre visite, quand il manque le temps de leur accorder une pensée ?

Ici, « au petit village comme bien d'autres », ils ne sont jamais morts et continuent à vivre avec les vivants.

Pendant combien de temps encore ?

SOMMAIRE

Chapitre 1 – Une famille parmi d'autres

    Le Jean et la Lisa 13
    Premières années 18
    Tendres souvenirs 23
    Travaux domestiques 35
    Retour au bercail 46
    Changement de décor 53
    La demi-douzaine au complet 62
    Un village au pays de Nied 72

Chapitre 2 – Notre petit monde au quotidien

    La société rurale 81
    Mères de famille 97
    La vie religieuse 103
    Le dimanche 109
    Notre école 116
    Hygiène, pudeur et candeur 126
    Coutumes du terroir 131
    Galerie de portraits 145

Chapitre 3 – Travaux du terroir

    La fenaison 159
    La moisson 165
    La batteuse 171
    Vergers et maraudeurs 176
    La pomme de terre 180
    Automne en prairie 185
    L'énigmatique poirier 191
    Mutations 194

Chapitre 4 – Glanes

Le monde des petits	203
Espiègleries	211
Les trépassés	214
Expéditions lointaines	217
Joies de l'hiver	221
Fête patronale	228
Fontaines	233
L'auberge de la Marie God	237
Les juifs de chez nous	243
La mort du grand-père	248
Il était une fois	251

Achevé d'imprimer en mars 1992
sur les presses de l'Imprimerie Saint-Paul
55000 Bar le Duc, France
Dépôt légal : mars 1992
N° 1-92-0002